四川省绿色低碳发展形势与展望（2023）

——全面开启碳达峰碳中和新征程

罗　彬◆主　编

西南交通大学出版社
·成　都·

图书在版编目（CIP）数据

四川省绿色低碳发展形势与展望. 2023：全面开启碳达峰碳中和新征程 / 罗彬主编. 一成都：西南交通大学出版社，2023.3
ISBN 978-7-5643-9203-1

Ⅰ. ①四… Ⅱ. ①罗… Ⅲ. ①绿色经济一区域经济发展一研究一四川 Ⅳ. ①F127.71

中国国家版本馆 CIP 数据核字（2023）第 041128 号

Sichuansheng Lüse Ditan Fazhan Xingshi yu Zhanwang（2023）
——Quanmian Kaiqi Tandafeng Tanzhonghe Xinzhengcheng

四川省绿色低碳发展形势与展望（2023）
——全面开启碳达峰碳中和新征程

罗 彬 主编

责任编辑 孟秀芝
封面设计 原谋书装

出版发行 西南交通大学出版社
（四川省成都市金牛区二环路北一段 111 号
西南交通大学创新大厦 21 楼）
邮政编码 610031
发行部电话 028-87600564 028-87600533
网址 http://www.xnjdcbs.com
印刷 成都蜀通印务有限责任公司

成品尺寸 185 mm×260 mm
印张 13.75
字数 342 千
版次 2023 年 3 月第 1 版
印次 2023 年 3 月第 1 次
定价 88.00 元
书号 ISBN 978-7-5643-9203-1

序 言 FOREWORD

良好的生态环境、稳定的资源供给是人类生存与发展的重要基础。工业革命以来，人类在物质文明取得前所未有成就的同时，对自然的破坏、对资源的开发、对环境的干扰也达到空前的强度，气候变化、环境污染、生物多样性、资源危机等全球性生态环境资源气候问题不断出现，已成为全球可持续发展的重要挑战。处理好人与自然、开发与保护、发展与减排的关系，成为人类社会发展与进步必须直面的重大课题。

人类社会的发展史也是一部处理人与自然关系的历史。20 世纪 70 年代以来，全球生态环境保护事业取得长足进步，《变革我们的世界：2030 年可持续发展议程》已然是当前和今后一段时期国际社会十分重要的工作议程。20 世纪 90 年代以来，全球气候治理从《京都议定书》迈向《巴黎协定》时代，开启了应对气候变化新征程。21 世纪 10 年代以来，我国生态环境保护取得历史性成就，成为作为全球生态文明建设的参与者、贡献者和引领者。

当前，新冠疫情仍在全球肆虐，极端天气气候事件更加频繁，环境污染治理、生物多样性保护、应对气候变化、能源绿色转型等挑战愈加突出。如何抉择，关系人类的未来。我国旗帜鲜明地指出，“这场疫情启示我们，人类需要一场自我革命，加快形成绿色发展方式和生活方式，建设生态文明和美丽地球”。“十四五”时期，我国生态文明建设进入以降碳为重点战略方向、推动减污降碳协同增效、促进经济社会发展全面绿色转型、实现生态环境质量改善由量变到质变的关键时期。亟须完整、准确、全面贯彻新发展理念，保持战略定力，站在人与自然和谐共生的高度来谋划经济社会发展，使发展建立在高效利用资源、严格保护生态环境、有效控制温室气体排放的基础上，努力建设人与自然和谐共生的现代化。

作为长江、黄河上游重要生态屏障，四川积极践行习近平生态文明思想，争当绿色低碳发展排头兵。坚持上游意识，共抓大保护、不搞大开发，守护一江清水向东流。协同成渝地区双城经济圈建设，深入打好蓝天保卫战，实施大规模绿化全川行动，“雪山下的公园城市”成为亮丽名片。发挥清洁能源资源禀赋，推动以清洁能源生产、支撑、应用产业为核心的绿色低碳优势产业高质量发展，加快建设世界级优质清洁能源基地。碳达峰碳中和目标愿景引领下，绿色低碳发展迎来了新的历史机遇，也面临新的挑战和压力。如何抓住机遇、直面挑战，亟待四川去探索。

在此形势下，四川省环境政策研究与规划院联合省内专家编著的《四川省绿色低碳发展形势与展望（2023）》为《四川省绿色低碳发展形势与展望》系列图书第二册，为全省首部聚焦碳达峰碳中和的图书。该书聚焦“全面开启碳达峰碳中和新征程”主题，汇聚了四川重点领域碳达峰路径、绿色低碳产业发展、区域绿色低碳转型、碳资产碳标签的最新研究成果，同时吸收了成都公园城市建设、气候适应型发展、减污降碳协同、碳边境调节机制、低碳发展法制标准等研究成果。该书既紧扣世界议程，突出气候变化主题，又提出区域方案，探讨四川时间表和路线图；既有战略路径层面的研究，也有机制制度层面的探讨；既有全域全维的分析，也有区域领域的剖析。该书具有较强的针对性、引领性和参考性，相信可为四川应对气候变化、推动绿色低碳发展提供新助力。

是为序。

四川省生态环境厅总工程师　赵乐晨

2022 年 9 月

前 言 PREFACE

当前，全球气候变化不利影响日益突出，极端天气气候事件及其诱发灾害发生范围更广、频率更高、强度更大，应对气候变化紧迫性持续上升。应对气候变化、推动碳达峰碳中和，已然是当今世界面临的重要时代课题，也是可持续、高质量发展的应有之义。2015 年以来，应对气候变化《巴黎协定》从谈判达成到全面实施，标志着全球应对气候变化开启了新的征程。

面对百年未有之大变局，中国秉持人类命运共同体理念，坚定多边主义、绿色复苏，实施积极应对气候变化战略。2020 年 9 月 22 日，在第七十五届联合国大会上，我国提出“二氧化碳排放力争于 2030 年前达到峰值，努力争取 2060 年前实现碳中和”的战略目标。2021 年 4 月，又强调“十四五”时期生态文明建设进入了以降碳为重点战略方向、推动减污降碳协同增效、促进经济社会发展全面绿色转型、实现生态环境质量改善由量变到质变的关键时期。随着“1 + N”碳达峰碳中和政策体系的逐步构建，我国推动绿色低碳发展进入定位更高、路径更细、协同更多的新阶段。

四川是长江黄河上游重要生态屏障，自然生态本底良好，清洁能源资源富集，具备绿色低碳发展的现实基础和广阔空间。近年来，加快建设全国优质清洁能源基地和国家清洁能源示范省，清洁能源及相关产业迅速发展，在全国产业版图中的地位和作用日益凸显。启动成渝地区双城经济圈碳达峰碳中和联合行动，协同推动能源结构、绿色产业、交通运输、区域空间布局、财税金融、标准体系、科技创新、绿色市场、绿色生活、试点示范，加快形成区域绿色低碳发展的新格局。

面对复杂严峻的外部环境和疫情灾情的冲击影响，我国亟须立足新发展阶段、贯彻新发展理念、服务和融入新发展格局、推动高质量发展，统筹发展和安全、发展和保护，以实现碳达峰碳中和目标愿景为引领，以能源绿色低碳发展为关键，牢牢把握将清洁能源优势转化为高质量发展优势的着力方向，加快推动能源结构、产业结构战略性调整，促进经济社会发展全面绿色转型，走出一条服务国家战略全局、支撑四川未来发展的绿色低碳发展之路。

方向已明确，路途依漫长，任务很艰巨，亟须摸清家底、理清思路、突出重点、改革创新。为此，特组织编制《四川省绿色低碳发展形势与展望》第二册，聚焦“全面开启碳达峰碳中和新征程”主题进行研究。全书包括七个部分。第一篇为总报告，呈现面向2030年的四川碳达峰形势研判、机遇挑战和实施路径。第二篇为热点篇，剖析国际气候治理、欧盟碳边境机制等对四川影响深远的外部环境演变。第三篇为产业篇，以绿色低碳优势产业为重点，分析可再生能源、氢能、近零碳园区等新兴领域的发展现状和趋势路径。第四篇为领域篇，紧扣能源、工业、建筑、交通等重点行业领域低碳韧性发展开展研究。第五篇为区域篇，选取典型城市、国家战略区域开展深入分析。第六篇为创新篇，以碳标签、碳足迹、碳资产、碳市场、法制标准等新概念新领域新业态跟踪分析。最后为附录，呈现了四川绿色低碳发展数据图及大事记。

本书出版得到了四川省生态环境厅“应对气候变化政策与管理机制研究”、四川省发展和改革委员会“绿色转型引领下四川碳达峰路径研究”、四川省科技计划项目“面向2030年的二氧化碳排放达峰路线图研究”（编号：2021JDR0105）、四川省社会科学规划项目“四川省‘十四五’碳排放形势及达峰路径研究”（编号：SC21ST002）等项目的支持，特此感谢。

由于时间仓促和水平有限，书中难免有不足之处，敬请读者批评指正！

编委会

2022年9月

目 录 CONTENT

第一篇 总 报 告

第二篇 热 点 篇

第三篇 产 业 篇

第四篇 领 域 篇

第五篇　区 域 篇

第六篇　创 新 篇

第一篇　总报告

面向2030年的四川省碳达峰战略路径研究报告

罗彬，陈明扬，向柳，李言洁，文新茹，周鑫，向文怡[①]

【摘　要】作为经济大省、人口大省，四川省既有优越的清洁能源、林草碳汇等环境资源禀赋优势，又存在发展不平衡不充分及高碳锁定等突出挑战，经济社会低碳转型具有显著的区域性特征。本研究在评估现状和研判形势的基础下，统筹考虑发展与减排、发展与安全，尝试构建了符合四川省战略定位、发展阶段、产业特征、能源结构、资源禀赋的碳达峰战略路径，分析了碳达峰支撑指标体系和实现碳达峰的不确定性，提出了能源、工业、建筑、交通等重点领域及重点区域降碳的方向和措施，明确了稳妥有序推动碳达峰的关键驱动机制，探讨了碳达峰所需的支撑保障政策措施，可为区域实现高质量碳达峰提供工作参考。

【关键词】四川省；2030年；碳达峰；实施路径

全球气候变化是21世纪人类可持续发展面临的重大挑战。积极应对气候危机，保护人类赖以生存的地球家园，是义不容辞的责任。实现碳达峰、推动碳减排、迈向碳中和是世纪潮流、大势所趋。面对日益突出全球气候变化风险、新一轮科技革命和产业变革，我国统筹国内国际两个大局，做出“二氧化碳排放力争于2030年前达到峰值，努力争取2060年前实现碳中和”的重大战略决策，标志着我国生态文明建设进入以降碳为重点战略方向，为新时代高质量发展指明了方向、注入了新动能。四川省作为人口大省、经济大省、资源大省、长江和黄河上游重要生态屏障，应充分认识和把握好碳达峰碳中和的重大挑战和历史性机遇，发挥生态、环境、资源等禀赋优势，推动以绿色化、数字化为突出特征的高质量发展，为我国实现碳达峰目标碳中和目标做出应有贡献。

一、低碳发展现状和特征

近年来，四川坚持以生态优先、低碳引领、绿色发展，统筹推进供给侧结构性改革、国家清洁能源示范省建设、污染防治攻坚战，扭转二氧化碳排放过快增长态势，低碳产业加快培育，低碳经济占比持续提升。“十三五”时期，以二氧化碳排放总量基本稳定支撑经济年均增长7%和能源消费年均增长3%。

---

① 罗彬，四川省环境政策研究与规划院院长、教授级高工，硕士，从事环境政策规划研究；陈明扬，四川省环境政策研究与规划院能源与气候变化研究中心主任、高级工程师，硕士，从事环境政策及应对气候变化研究；向柳，四川省环境政策研究与规划院工程师，硕士，从事能源环境经济及应对气候变化研究；李言洁，四川省环境政策研究与规划院助理工程师，硕士，从事能源系统及应对气候变化研究；文新茹，四川省环境政策研究与规划院助理工程师，硕士，从事能源环境经济及应对气候变化研究；周鑫，四川省环境政策研究与规划院工程师，硕士，从事环境规划、环境政策及应对气候变化研究；向文怡，四川省环境政策研究与规划院工程师，硕士，从事能源与气候变化研究。

从排放占比看，四川已形成清洁能源为主的能源消费结构，非化石能源在能源消费增量中占据越来越大的权重（见图 1），二氧化碳排放总量占全国的比重低于人口、经济占比，是人均二氧化碳排放最低的省份之一。2010 年以来，能源消费结构发生深刻变化，2017 年非化石能源消费占比达 34.1%，成为主要用能品种。2005 年以来，单位用能二氧化碳排放降低 32%。到 2020 年，全省二氧化碳排放占全国的比重不到 3%，低于四川面积占比（5.1%）、人口占比（5.8%）、经济总量占比（4.8%），实现以较少的二氧化碳排放贡献更多的经济产出。

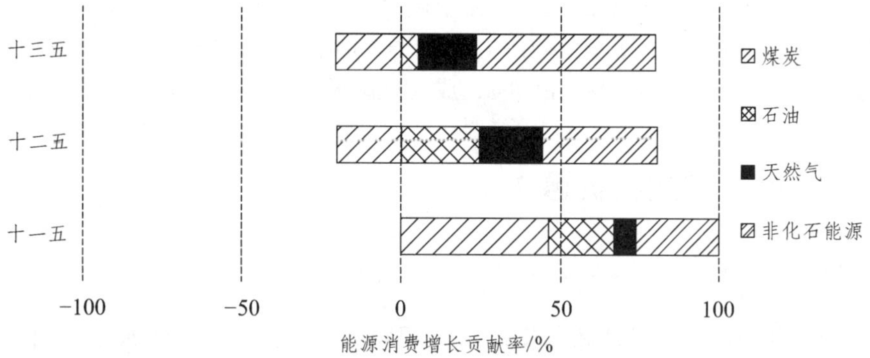

图 1　2005—2020 年四川省能源消费增长贡献率

注：根据《四川统计年鉴》数据测算和制作。

从排放增速看，四川二氧化碳排放已进入低增量、低增速阶段，“十三五”时期二氧化碳排放总量趋于稳定。初步测算，“十一五”、“十二五”和“十三五”时期，单位 GDP 二氧化碳排放年均降幅分别为 4.9%、9.0%、6.9%，2020 年碳排放强度已较 2005 年下降 65%左右。

从排放结构看，工业领域仍是全省最大的排放来源，交通运输领域排放增量大，见图 2。2012 年以前工业领域二氧化碳呈增长态势，2012 以后受供给侧结构性改革、污染防治攻坚战、工业用能结构清洁化协同带动，占二氧化碳排放总量比重的稳定在 55%左右。2005 年以来，交通运输领域二氧化碳排放呈现增长态势，“十一五”、“十二五”和“十三五”时期年均增速分别为 12.0%、11.2%、4.27%，是“十三五”排放增长最快行业领域，排放占比已从 2005 年的 6.9%增至 2020 年的 15.9%。

图 2　2020 年四川省能源活动二氧化碳排放关系图

注：根据《四川统计年鉴》数据测算和制作。

从增长贡献看，煤炭消费2012年达峰后，随着煤电去产能、电力绿色调度、工业终端用能结构优化，煤炭消费稳步缩减，煤炭消费占能源消费总量比重逐步降至2020年的27%，低于全国水平29.8个百分点，但煤炭消费产生的二氧化碳占比仍高达55.4%。2005年以来，天然气消费产生的二氧化碳排放持续增加，“十三五”成为增长最快、贡献最大的排放源。“十三五”时期，跨省输入煤电蕴含二氧化碳排放年均增长33.9%，成为一大增量来源。

从电力发展看，率先在经济大省中形成以可再生能源为主的电力结构，能源活动二氧化碳排放占全省二氧化碳排放总量的比重低于全国平均水平。2020年可再生能源电力装机、发电量、消纳量分别达8 782.5万千瓦、3 677.4亿千瓦时、2 344亿千瓦时，全省可再生能源电力装机和发电量占比分别为85.3%、88.8%，成为全国最大的可再生能源电力消纳省份之一[1]。

二、碳达峰的挑战和机遇

（一）面临的挑战

四川作为内陆地区和后发地区，未来10年仍将处于经济社会发展加速期。同时，发展不平衡不充分问题突出，天然气、石油、电力消费刚性增长，建材、钢铁、煤电、化工等传统产业高碳锁定严重，电力系统减煤降碳空间十分有限，达州、内江、乐山、攀枝花等地区高碳发展路径依赖短期内难以摆脱，低碳转型任务艰巨。

——四川仍将处于城镇化加速期（城镇化率30%～70%），城镇人口持续增长（见图3），经济社会发展用能需求刚性增长。预计未来10年，全省常住人口规模趋于稳定，保持在8 300～8 800万人，城镇化率年均提高1.2～1.5个百分点，城镇人口年均新增100万人左右，2030年城镇化率有望达到70%，将带来更多基础设施建设和日用品消费，释放更大用能和二氧化碳排放需求。

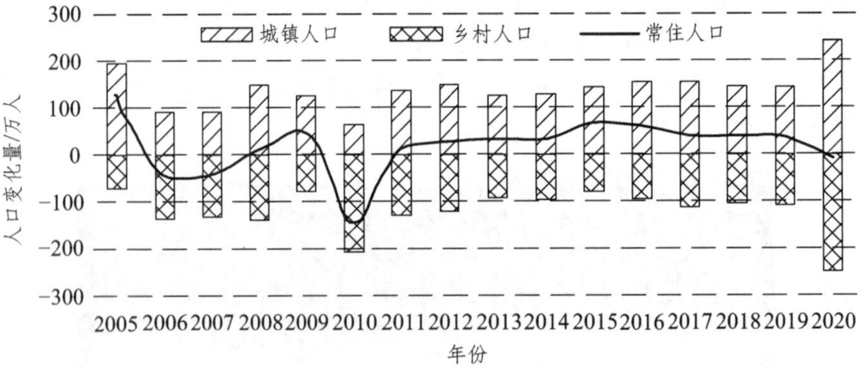

图3　2005—2020年四川省常住人口变化量

注：根据《四川统计年鉴》数据测算和制作。

——国内国际“双循环”战略、成渝地区双城经济圈建设战略赋予布局战略性产业。成渝地区双城经济圈是我国西部人口最密集、产业基础最雄厚的区域，在国家发展大局中具有独特而重要的战略地位。将其打造为“具有全国影响力的重要经济中心”将为经济发展注入新动能，预计未来10年四川全省经济年均增长5%左右。

——区域发展不平衡问题突出，用能和碳排放需求空间差异较大。21 个市州中，2020 年成都市 GDP 达 1.8 万亿（当年价），约占全省的 36.5%，“一城独大”特征突出。除成都外，仅绵阳市 GDP 超过 3 000 亿元，宜宾、德阳、南充、泸州、达州、乐山 6 个市均为 2 000 ~ 3 000 亿元。全省仅攀枝花、成都、德阳、乐山、绵阳 5 市人均 GDP 超过全省平均，其中攀枝花、成都、德阳超过 1 万美元。经济社会发展仍是当前用能和碳排放的主要驱动力（见图 4）。

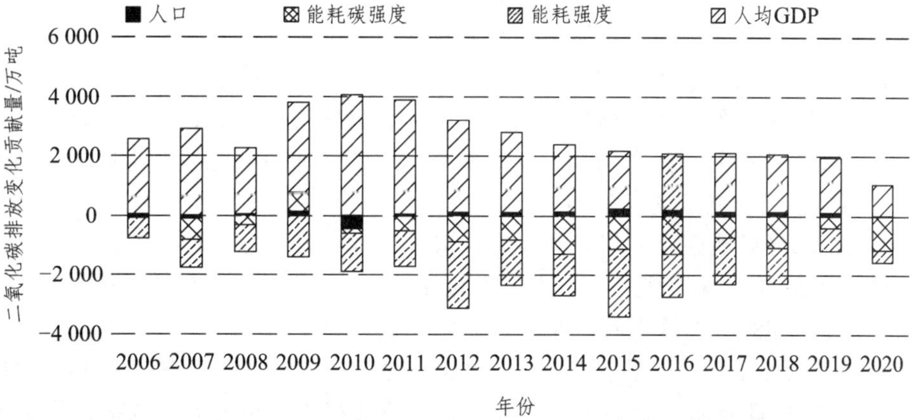

图 4　2006—2020 年四川省不同因素对二氧化碳变化的贡献量

注：根据《四川统计年鉴》数据测算和制作。

——业已形成的以可再生能源为主的电力系统决定了电力降碳空间十分有限，天然气发电将成为新的二氧化碳增长点。近年来，随着一批大型水电站投产，四川实现从资源大省向绿电大省的跨越式转变。2005 年以来，可再生能源发电量占电力生产量的比重从 66.4%增至 87.6%，对同期电力生产量增长的贡献达 95.3%，成为主流电源。2020 年火力发电规模和装机占全省的比重分别为 15.5%、12.5%，且运行小时数比全国低约 1 000 个小时。燃气发电装机仅为火电的 8%，增长潜力较大。

——钢铁、建材、化工等传统优势产业高碳锁定问题突出，供给侧结构性改革潜力十分有限。2019 年规上工业企业营业收入中，重工业占比 69.05%。“十三五”时期，传统六大高耗能行业能耗占工业总能耗比重不降反升，提升至 77.2%，累计提升 4.5 个百分点，工业结构重化工特征较为突出。

——部分工业型资源型城市和地区高碳发展路径锁定效应较强，短期内降碳难度较大。从总量看，达州、内江、攀枝花、乐山、宜宾、泸州、广安、凉山、绵阳、德阳排放均较大。从强度看，攀枝花作为“钢城”，碳排放强度最高，内江、乐山、广安、达州、泸州 5 个工业化城市强度均高于全国平均水平。受到高碳锁定影响，低碳转型压力较大。

——新能源汽车保有量占比低，货物高碳运输方式占比高于全国，交通运输低碳转型任重道远。新能源汽车保有量规模偏小，2020 年占全省汽车保有量的 1.1%，低于全国平均水平（1.5%）。绿色基础设施不完备，铁路路网密度 109.3 公里/万平方公里，仅为全国的 71.8%，无一、二级内河航道。2020 年公路货运量占全社会货运量的比重为 92.6%，较 2015 年提升 2.2 个百分点，高于全国 18 个百分点。铁路货物发送量占全社会货运量的 3.6%，较 2015 年降低 0.2 个百分点，低于全国 6 个百分点左右。水路货运量占全社会货运量连续六年下降，低于全国 12 个百分点左右，远低于内河航运里程占比[2]。

（二）潜在的机遇

推动碳达峰、加快碳减排是新一轮科技革命、能源革命和产业变革的重要特征，是未来产业竞争的重要方面，将促进全球发展方式和生活方式的根本性变革。谁先实现转型，谁就能在未来竞争中占据制高点，在全球创新格局和产业分工占据更多优势。

——水能、天然气（页岩气）等清洁能源禀赋优越，且可再生能源和清洁化石能源资源组合条件相对较好。四川是世界级水能资源富集区，水电可开发量居全国首位，大渡河、金沙江、雅砻江三大流域水能密度比瑞士（世界上水能密度最大的国家）的水能密度高 2 倍以上。四川是我国三大天然气（页岩气）富集区之一，天然气探明储量居全国第一，页岩气地质资源量、可采资源量分别占全国 36.4%和 34.75%。清洁能源资源组合为形成电力为主、天然气为辅的用能格局创造了良好条件。

——相比东部沿海地区，四川具有后发优势，在推动发展方式转变、培育新动能方面有更大选择权。2020 年全省经济总量约为广东的 43.9%、江苏的 47.3%、山东的 66.5%、浙江的 75.2%、河南的 88.4%，均不到广东、江苏的 1/2，人均 GDP 仅为 5.8 万元（当年价约合 8427.2 美元）仅为北京和上海的 1/3、江苏和福建的 1/2、重庆的 74.4%、陕西的 87.7%，见图 5[3]。层出不穷的新技术、新需求、新业态和产业转移为四川发展方式提供了更多选择和可能，现代产业加快在川聚集发展。

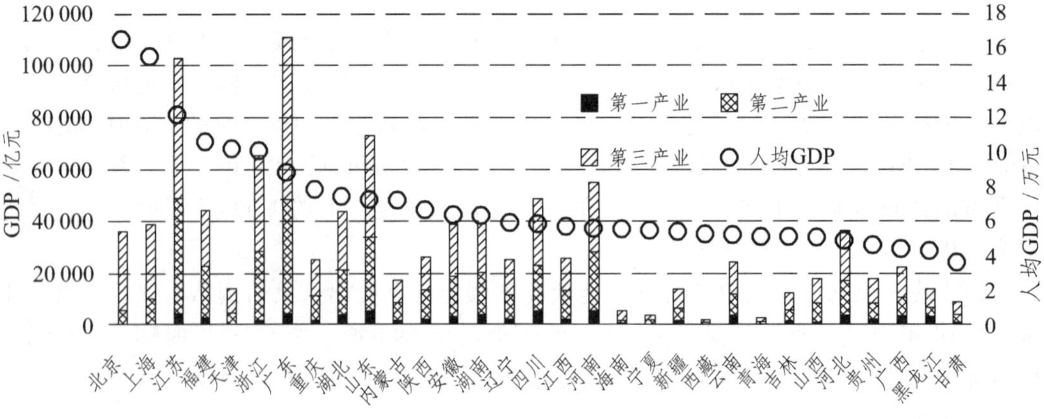

图 5　2020 年各省（市、区）GDP 及人均 GDP

注：根据《中国统计年鉴》测算和制作。

——区位优势、资源优势、市场优势突出，绿地低碳技术创新和产业培育初具规模。四川已建成西部金融中心，绿色金融和气候投融资需求规模较大，发展基础条件较好。能源装备、动力电池、光伏晶硅、短流程炼钢等低碳支撑应用产业基础扎实。节能环保、清洁能源、轨道交通、新能源汽车、二氧化碳矿化利用、氢能等领域技术创新和产业具备一定基础。

——国土空间广阔而多样，生态系统碳汇提升潜力较大。四川地跨青藏高原、横断山脉、秦巴山地、四川盆地几大地貌单元，地貌和气候多样，土地利用以林草地为主，是全国第二大林区、第五大牧区、最大高原泥炭沼泽地，森林面积和蓄积量分别居全国第四、第三，林牧地集中分布于盆周山地和西部高山高原，占全省面积的 68.9%，耕地集中分布于东部盆地和低山丘陵区，固碳增量潜力较大。

三、碳达峰目标及不确定性

综合考虑四川战略定位、发展阶段、城镇化态势、产业特征、能源结构、资源禀赋等，在有效的政策引导和约束下，预计全省2030年前可实现二氧化碳排放达峰。“十四五”“十五五”时期，碳排放强度降幅均达19%～20%。“十六五”时期，碳排放强度降速高于GDP增速，二氧化碳排放总量稳中有降。成都、攀枝花城镇化率分别为78.8%、69.6%，高于全国平均水平，基本完成城镇化加速期。此外，攀枝花、成都人均GDP均超过1万美元，考虑区域产业结构演化和清洁能源配置条件，具备实现先行达峰条件。

构建控制二氧化碳排放关联支撑指标体系关系碳达峰的实现。结合区域二氧化碳排放结构、产业结构和用能结构，应重点纳入可再生能源消费占比、可再生能源电力占比、单位GDP能源消费降低、重点领域电能占终端能源消费比重、单位重点产品二氧化碳排放、新能源汽车量占比、绿色运输方式承运货运量比例、绿色出行占比、单位建筑面积二氧化碳排放等指标。

需要指出的是，二氧化碳排放达峰时间和具体峰值具有不确定性。温室气体排放因子、经济和能源统计口径、二氧化碳排放边界等调整与变化均会造成二氧化碳排放总量和增量的差异。作为全国最大清洁能源基地，四川能源将被纳入全国大局统一考虑，清洁能源输送廊道的规划布局、外输比例、电力交易体制改革、能耗增量控制、绿电消纳比例、资源价格等均会影响二氧化碳排放的增长和减排。我国调整人口政策，也将影响二氧化碳排放需求。

四、重点领域碳达峰策略

四川可发挥清洁能源、生态碳汇资源禀赋优势，将节能、减污、降碳、增绿纳入治蜀兴川全局，统筹推动能源、工业、建筑、交通、碳汇“四降一增”，探索一条以较少的排放、较低的成本、较高的效益实现经济社会发展低碳转型路径，加快建设国家清洁能源示范省、西部低碳高质量发展示范区、全国重要的绿色低碳技术产品供给区。

（一）能源绿色低碳转型

能源低碳转型是实现碳达峰的重中之重，应按照能源生产低碳化、能源消费电气化、能源使用高效化的思路，坚持“稳煤、限油、控气、电能替代”原则，实施碳排放总量和强度“双控”行动。一是稳定煤电规模并逐步减少运行小时数。全面停止核准和新建煤电项目，既有煤电机组按期退役。除枯水年外，全省煤电年均运行小时数应力争控制在3000小时左右并实现逐年稳步下降。发电调度指标向高效低碳机组倾斜。二是合理布局天然气消费项目控制天然气增量。实施“电力为主、天然气为辅”的新增用能策略，合理控制天然气消费年均增速，天然气优先用于城乡燃气和工业“煤改气”。加强天然气发电项目省级统筹，实施退役煤电的天然气发电等量替代。严控天然气化工项目，充分论证布局规模、投产时序，避免“遍地开花”，严防消费需求过早和过高释放。三是控制石油化工产能规模。严格控制新布局石化基地，推动既有化工基地严控新增炼油产能，优化产品结构，依托现有产能并通过节能降耗提升产量，减少单位产品石油损耗。四是加快构建新型电力系统。加快建设金沙江、雅砻江、大渡河等流域水风光储一体化可再生能源综合开发基地。优化省内川西至四川盆地电网骨架，争取更多优质水电留存成渝地区双城经济圈。五是优化电力购入结构。加强省级规划统筹，严格控制煤电甚至气电调入，尽量压低增量增速，积极扩大可再生能源电力调入。

（二）工业绿色转型升级

工业是实现碳达峰的关键，可统筹供给侧与需求侧、存量与增量，严控“两高”项目，实施高耗能产业产能等量和减量替代，大力培育绿色低碳产业和先进制造业，持续优化用能结构和提升用能效率。一是推动建材行业低碳转型。加快水泥、砖瓦等行业的落后和过剩产能淘汰，实施产能等量减量置换，确保水泥熟料产能指标省内“只出不进”。鼓励采用电石渣、造纸污泥等非碳酸盐原料替代石灰石原料。优化工业用能结构，逐步提高使用电力、天然气等清洁能源的比重，推广纯低温余热发电和水泥窑协同处置废弃物模式。二是遏制冶金产能盲目扩张。严防以“钒钛”“减排”之名布局长流程、低附加值的钒钛钢铁和焦炭项目。鼓励废钢回收利用，推动钢化联产，发展短流程电炉钢和具有战略意义的高附加值钒钛产业。严格控制布局无高附加值下游产业链的电解铝项目。三是提升工业电气化水平。以有色金属冶炼和压延加工业、非金属矿物制品业、化学原料和化学制品制造业、酒饮料和精制茶制造业、纺织业、农副食品加工业等行业与领域为重点，逐步实施“煤改电”，提升白酒、茶叶产业电气化水平，推动提高绿电消纳和能效提标。

（三）城乡建设绿色发展

坚持绿色化、电气化、集约化方向，优化城市规划设计理念，推动新建建筑落实节能绿色要求，推动存量建筑绿色改造和电气化，推动建筑全生命周期降碳。一是改变建材使用方式和强度。提高城市建设用地效率。延长建筑使用寿命，严控“大拆大建”，推动老旧建筑节能改造。控制写字楼玻璃幕墙使用。提高基础设施和政府工程中绿色建材使用比例，减少建材浪费和滥用。二是提升建造施工电气化水平。推广建筑信息模型（BIM）技术、优化运输路线，减少工程土方、建筑材料运输量和运输强度。有序推广燃料电池重卡等新能源车辆和工程机械。三是推广新型节能绿色建筑。全面推广装配式建筑模式。依托成都天府新区、成都东部新区、宜宾三江新区等打造超低能耗、零能耗建筑示范区。以公共建筑示范引领，提高浅层地热、光热光伏、沼气在建筑领域应用规模。四是减少建筑对化石燃料的依赖。减少农村、乡镇、县城散煤使用，逐步深化餐饮等领域的清洁替代，加大城乡燃气供给，鼓励利用电锅炉、电热泵等方式相对集中供暖。结合小区改造、城市更新，推动既有建筑的电能替代改造。推动在攀西地区打造一批光伏工厂、光伏社区和光伏村庄。

（四）绿色交通体系构建

重点围绕运输结构调整、用能结构优化、运营效率提升三方面，加大绿色基础设施供给，推广节能和新能源汽车，发展绿色出行、绿色物流、共享交通、智慧交通模式。一是大力推广新能源交通工具。深入论证成都都市圈 2030 年前燃油车限牌政策，通过清洁能源车不限购、不限行和财税优惠等措施大力推广新能源汽车。加快本土汽车产业电气化、智能化转型。

二是加快新型交通基础设施建设。以四川盆地为重点，加快构建由干线铁路、城际铁路、城市轨道组成的多层次轨道交通体系，基本联通城区常住人口 20 万人以上的大部分城市。加快新能源汽车充电、加氢智慧共享网络建设。三是缓和公路货运量占比居高态势。优化铁路货运线路网络，推动运能紧张铁路扩能改造和复线建设，提升铁路货运承载力和运输效率，提升铁路货运量占比。聚力打造多式联运型物流枢纽，促进适水货物“公转水”、铁水联运。

（五）生态系统碳汇提升

四川省拥有全国第二大林区、第五大牧区，森林面积、森林蓄积量分别占到全国的 8.3%、10.6%，生态系统碳汇种类多、分布广、增量大，可大力发展林草碳汇，推动林草碳汇项目规模化开发和市场化交易，拓展生态产品价值实现路径。一是提升森林生态系统碳汇。定量评估森林、草原、湿地、土壤、冻土、农田等生态系统活动在减排增汇中的作用，坚持因地制宜、适地适树推动宜林荒山、荒坡、荒丘、荒滩造林和退耕还林，加强长江廊道、黄河上游水源涵养区、秦巴山区、乌蒙山区等区域绿化，加强沙化、干热河谷、石漠化等脆弱地区生态修复。推进森林进城、森林围城，加快龙泉山城市森林公园建设，推进村内绿化、围村片林和农田林网建设。二是巩固和提升其他生态系统碳汇。推广实施草原生态修复、人工种草、禁牧休牧轮牧，严格控制草地载畜量，有序推进川西地区退化草地综合治理和草地改良，恢复并提高草原湿地涵养水源、保持水土和固沙能力，加大草原虫鼠害监控和防治力度，控制毒害草危害。增强湿地储碳功能，加强泥炭地保育。提升土壤有机碳储量。三是推动林草碳汇高质量发展。科学评价林草碳汇发展潜力，逐步建立覆盖森林、草原、湿地等生态系统的碳汇监测网络。建设林草碳汇项目信息化平台，完善林草碳汇项目开发机制，加强林草碳汇项目管理，促进林草碳汇交易，树立四川林草碳汇品牌形象。四是提升生态系统恢复力。完善重点生态功能区林业观测站网，加强气候变化对林业影响的监测评估。根据气温、降水变化合理调整与配置造林树种和林种，增加耐火、耐旱（湿）、抗病虫、抗极温等树种造林比例，提高乡土植物和混交林比例，合理配置造林树种和造林密度，优化林分结构，构建适应性强的人工林系统。健全“五位一体”的森林草原火情监测即报系统，营造生态经济效益兼具的生物隔离带。强化有害生物监测预警，抓好分布较广、危害较大的林草有害生物防控。

（六）重点区域低碳转型

重点领域降碳要充分与区域发展战略衔接。成都可实施更为严格的碳排放管控，力争尽早实现碳达峰。达州、内江、乐山、攀枝花等地区应深化供给侧结构性改革，持续推动系统性去产能、结构性优产能，着力巩固钢铁、水泥、煤电等去产能成果。南充、巴中、广元、雅安等地区要加快发展服务业和新兴制造业。重点生态功能区要着力发展生态文化旅游、特色农牧业和生态经济，有序开发利用可再生能源，提升生态系统碳汇能力。

五、碳达峰关键驱动机制

推动可持续、系统性降碳需建立健全行之有效的驱动机制，充分调动各方的积极性和推动力，推动政府、市场、社会三方协同发力，为碳达峰注入强劲动力。

（一）构建现代温室气体监测核算披露机制

建立健全温室气体排放监测评估、统计核算、信息披露体系是实现碳达峰碳中和目标愿景的基础和前提，也是积极应对气候变化国家战略的重要支撑。自 20 世纪末开启气候变化议程以来，温室气体排放监测和统计从研究走向实用、从多元走向统一、从国外走进国内、从政府走向市场，有效支撑了国家气候变化国际履约、地方控制温室气体排放、企业碳排放权交易、碳信用项目开发。立足碳达峰、碳中和新形势，应坚持“核算为主、监测为辅”的大方向，按照方法科学、口径一致、结果可比、满足需要的大原则，塑造区域、行业、企业温室气体排放监测、核算和发布的大格局，构建相互兼容、分工明确的温室气体排放数据管理大体系，全面支撑温室气体排放控排和评价考核。一是扩大监测范围，有效支撑区域和企业温室气体核算。推动温室气体环境浓度监测，开展水泥熟料、钢铁冶炼、化石能源发电等行业二氧化碳在线监测，试点天然气（页岩气）、煤炭开采和废弃物填埋企业甲烷和氧化亚氮监测。实测碳排放配额参数，对化石能源低位发热量和单位热值含碳量、水泥熟料中关键物质含量等开展实测。二是强化统计基础，夯实温室气体排放核算数据基础。试点推动具备条件的县（市、区）常态化编制县级能源平衡表。完善工业、交通、建筑等领域能源统计体系，优化土地利用、农业农村、废弃物、工业生产等统计。三是规范核算规则，构建统一温室气体排放核算体系。加强监测和统计核算省级统筹。制定城市温室气体清单编制指南，常态化编制省、市、县三级清单。统一开展全省、分领域、分地区二氧化碳排放量核算。明确三次产业单位增加值二氧化碳排放核算方法，明确主要工业产品、交通运输周转量、建筑面积等碳排放强度表征指标和核算方法。四是提高频次效率，满足温室气体排放过程管控需要。构建能够动态反映全省月、季度整体碳排放情况的模型和指标，建立二氧化碳排放月、季度监测机制，实施降碳形势区间预警。五是开展基础研究，强化温室气体排放数据技术支撑。加强基础平台和能力建设，完善重点行业温室气体排放报送系统。推动温室气体排放因子本地化，开展高精度温室气体遥感观测研究。制定白酒等特色优势行业企业排放报告与核算标准。六是规范信息发布，增强各类气候变化信息透明度。制定应对气候变化信息发布指引，建立温室气体排放数据复核和审查制度。编制应对气候变化白皮书，定期发布区域温室气体排放信息。

（二）实施二氧化碳排放总量和强度双控制度

碳排放目标管控是各国应对气候气候变化、控制温室气体排放的重大导向。2009 年 11 月，国务院决定将我国 2020 年碳排放强度比 2005 年下降 40%～45%作为约束性指标纳入国民经济和社会发展中长期规划，并制定相应的国内统计、监测、考核办法，此后碳排放强度降低指标开始纳入五年规划和国际承诺目标体系。“十二五”以来，我国对省级人民政府分解下达单位 GDP 二氧化碳降低约束性目标。实现碳达峰时间紧、任务重、难度大，必须实施更加科学、精准、有力的二氧化碳排放目标管理。一是研究论证到 2035 年碳排放需求和增量空间。立足成渝地区双城经济圈建设战略、“双循环”下的战略大后方开发建设、中东部产业向西转移等，结合未来人口规模、结构、分布变化，以及工业化、城镇化阶段性趋势，考虑能源结构、产业特征、资源禀赋、自然条件等，研判未来碳排放增长潜力和减排空间。二是科学设置碳排放“十四五”及峰值目标。根据国家“十四五”、2030 年及中长期愿景目标，结合疫后复苏、经济发展等需求，科学设定“十四五”碳排放控制目标，确保既完成国家下达的约束性目标又实现经济社会高质量发展。三是实施碳排放预算管理和目标分解。坚持以“单位碳排放经济产出论英雄”，挖掘存量碳减排潜力，推动碳排放和新增碳排放指标向先进制造业、现代服务业和民生领域倾斜，助力经济高质量发展。按照全省“一盘棋”理念，充分考虑各地区战略定位、发展阶段、经济增长、产业特征、能源结构、重大项目布局、碳排放惯性、减排潜力、能源禀赋等因素，差异化分解目标。坚持碳排放强度目标的约束性和总量目标的引导性，压实压紧各级政府责任。四是制定碳排放目标责任弹性考核制度。对能源结构低碳化程度较高、碳排放强度极低的地区，弱化碳排放总量和强度指标，更加突出生态系统碳汇指标和外输绿电贡献指标。在“十三五”探索实践的基础上，研究制定碳排放控制目标责任考核和追责办法，按年度制定计划、分解目标、实施考核。五是严格碳达峰考核和追责问责。加强碳排放月、季、年形势分析预警，实施事前、事中、事后全程管理，加强监测预警、会商调度和宏观调控。将碳达峰目标完成和工作推进情况纳入国民经济社会发展、生态文明建设考核体系，纳入省级生态环境保护督察，实现压力传导。

（三）探索区域减污降碳协同增效路径机制

减污降碳协同增效旨在树立系统思维和全生命周期理念，避免环境和气候治理“单兵突进”“顾此失彼”，增强生态文明建设的协同性，实现绿色发展水平的整体跃升。一是加强顶层设计，实现目标协同。把实现减污降碳协同增效作为促进经济社会发展全面绿色转型的总抓手，统筹推进路径协同、要素协同、体系协同。把降碳作为源头治理的“牛鼻子”，以能源、工业、交通为重点率先突破，增强蓝天、碧水、净土保卫战的降碳效益。二是加强部门联动，实现政策协同。推动经济社会发展与减污降碳一体谋划、统筹布局，推动体制机制、规划政策、目标指标、法规标准协同融合，修订生态环境保护责任清单，推动专项规划、区域规划充实减污降碳内容，将能效、碳效提升作为环境治理的重要路径。三是识别重点领域，促进行动协同。在能源方面，禁止新建燃煤机组，控制燃气机组规模和建设时序，实施可再生能源替代行动。在工业方面，提高部分附加值低、产业链短、产能饱和的“两高”产业准入条件，加快火电、冶金、建材、化工等重点行业绿色化改造。在交通方面，构建外部铁路集中输送、内部新能源车配送的城市绿色配送体系，推动城市公用车辆和机械新能源化，大力推广新能源车。在建筑方面，避免大拆大建，延长建筑使用寿命，推广绿色建材和房屋全装修，推广可再生能源建筑应用。四是强化区域联动，打造绿色空间。优化定位，推动成都有序疏解非核心功能、攀西地区优化钒钛钢铁产业布局。互联互通，完善绿电基地至负荷中心的电网通道，扩大城际绿色出行规模，鼓励跨行政区域共建共享污水、垃圾处理设施，有序推动园区集中清洁供热和循环化改造。示范引领，探索区域、城市、园区、行业、企业减污降碳协同试点路径，实施减污降碳“一城一策”，开展碳排放达峰和空气质量达标“双达”试点，建设“无废城市”。五是开展能力建设，构建治理体系。开展探索减污降碳共性问题研究，研发推广减污降碳协同技术“新套餐”。将碳排放要求纳入规划环境影响评价，逐步开展项目碳排放环境影响评价试点，优化项目节能审查规则。打造生态环境监测“一张网”，探索排放清单“一张表”。构建协同增效评估模型，实现绩效评估“一条线”。

（四）完善产业和项目绿色低碳准入机制

随着供给侧结构性改革进入深水期和疫后复苏发展，一些地区节能降碳形势严峻，生态环境改善压力增大，亟须与时俱进建立绿色低碳准入机制。我国尚未发布统一、明确的高耗能、高排放（“两高”）项目名录，不同行业和部门识别的侧重点不同。“两高”行业和项目界定不仅仅是科学问题，更涉及地方产业政策。推动碳达峰碳中和、促进经济社会发展全面绿色转型，必须坚决、科学遏制高耗能高排放项目盲目发展，既要防止“滥竽充数”“浑水摸鱼”，也要防范“矫枉过正”“一刀切”，使高质量发展建立在高效利用资源、严格保护生态环境、有效控制温室气体排放的基础上。一是准确界定“两高”项目属性，建立监管“信息库”。建立“两高”项目分类分级识别体系，明确“两高”项目范围界限，梳理排查在建拟建“两高”项目，建立“两高”项目管理台账，制定“两高”项目正面清单，部分行业项目“两高”属性见表1。二是强化源头管控，守好低碳“准入关”。做好“三线一单”成果应用“后半篇文章”，强化“三线一单”硬约束，将碳排放影响评价纳入环境影响评价体系，完善环评体系和机制，增强节能审查机制统筹性和有效性，强化项目节能审查。三是完善产业政策，确保项目“有品质”。严控煤电供热、钒钛钢铁、电解铝、水泥、石灰、焦炭、造纸等行业产能，提高环境准入条件，完善产业转移承接政策，按照产业转移优先次序，将节能降碳约束摆在前面，坚决遏制高耗能产业盲目发展和低水平重复建设。四是落实分类管理，确保处置“提效率”。严肃处理未批先建的“两高”在建项目，科学稳妥推进拟建“两高”项目，深入挖掘存量“两高”项目节能减排潜力。五是坚持有扶有控，避免简单“一刀切”。推动产业集聚集约发展，建设一批钒钛钢铁、建材、化工等产业集聚发展区。推动新建“两高”项目实施产能、能耗和煤耗、温室气体排放、污染物排放等量或减量替代。六是实施综合激励，调动各方“能动性”。完善绿色价格政策，严格实施差别电价、阶梯电价、惩罚性电价，全面清理不合理支持政策措施，推进节能信用体系建设，探索指标收储交易机制，深化用能权交易试点，加大财政统筹支持力度。七是健全体制机制，强化管控“见实效”。建立跨部门工作机制，强化统筹协调、工作会商和信息共享，强化责任和压力传导，将“两高”管控、去产能“回头看”情况作为生态环境保护重点督察内容，进一步加强监督监察，完善节能基本制度，强化监督监察，强化舆论导向和社会监督。

表1 四川省部分行业项目“两高”属性

序号	行业	高耗能、高排放属性						
		电力消费	化石能源消费	二氧化碳	其他温室气体	大气污染物	水污染物	土壤污染物
1	发电		●	●		●		
2	炼油		●	●		●	●	●
3	乙烯		●	●		●	●	●
4	氮肥		●	●			●	
5	合成氨		●	●	●			
6	烧碱		●	●	●			
7	纯碱		●	●	●			

续表

序号	行业	高耗能、高排放属性						
		电力消费	化石能源消费	二氧化碳	其他温室气体	大气污染物	水污染物	土壤污染物
8	电石		●	●		●		
9	粗钢		●	●		●		●
10	钒钛		●	●		●		●
11	铁合金		●	●		●		●
12	电解铝	●		●	●	●	●	●
13	铜冶炼		●	●		●	●	●
14	铸造		●			●		
15	水泥		●	●		●		
16	玻璃		●	●		●		
17	晶硅	●						
18	陶瓷		●	●		●		
19	石灰		●	●		●		
20	焦炭		●	●		●	●	
21	造纸		●	●		●	●	
22	印染		●				●	
23	制革		●				●	
24	电镀	●					●	
25	数据中心	●						

（五）充分发挥环境资源权益交易机制作用

环境资源权益交易是市场经济体系的重要组成部分，以碳排放权、国家温室气体核证减排量（CCER）、用能权、绿色电力、绿色电力证书等环境资源权益交易制度为代表的市场化机制将是减缓资源、环境、气候危机的重要政策工具。碳定价是实现《巴黎协定》目标“必不可缺且最具成本效益”的武器，包括碳排放权交易、碳税和碳信用机制。其中碳交易因具有灵活性较强、社会成本较低、衍生功能多等特点而成为控制二氧化碳等温室气体排放的重要政策工具。全国碳排放权交易市场是利用市场机制控制和减少温室气体排放、推动绿色低碳发展的一项重大制度创新，也是实现碳达峰、碳中和与国家自主贡献目标的重要政策工具，事关四川省传统产业转型和碳减排资源开发消纳，四川省碳排放重点排放单位行业分布见图 6。推动实现碳达峰碳中和，要充分利用“无形的手”的作用，充分调动全社会绿色低碳转型的积极性、主动性。一是明确定位，强化碳交易监督管理。理清省、市州两级监管权责，建立工作协作机制。充实碳市场工作力量，落实必要的核查、复查、复核、培训等工作经费。建立健全管理制度，制定四川省碳排放权交易管理配套规范性文件。强化名录管理、数据质量、清缴履约等重点环节监管，确保排放数据质量和按时履约率“双提高”。二是强化弱项，开展碳定价监测研究。开展配额分配研究，争取公平合理的配额分配方法。建立碳交易跟踪研究小组，实施多形式多层次预警提示。深化重点行业减污降碳协同增效路径研究，引导企业调整投资和发展战略，逐步缩小配额缺口甚至实现盈余，避免资产搁置和转型风险。三是培育队伍，提升碳资产服务能力。培育碳排放管理高素质专业化人才队伍，培育一批本土碳监测、碳盘查、碳认证、碳资产管理、碳信用开发、碳交易研究等专业机构。引导大型企业组建碳资产管理机构和分公司，推广碳资产委托管理商业模式。四是夯实基础，开展碳市场能力建设。以纳入交易的企业重点开展专题培训并逐步扩大范围。围绕监测计量、配额交易等薄弱环节开展培训，拓展线上＋线下、集中＋分散培训模式。五是全面深化用能权有偿使用和交易试点。适当衔接、错位全国碳排放权交易覆盖行业范围，尽早覆盖年综合能源消耗 1 万吨标准煤以上的用能单位，适时纳入大数据中心、公共建筑和交通运输企业，平衡好节能降碳和成本可负担性。优化用能权指标分配方法，坚持基于先进行业基准的分配策略，统筹行业间公平性。实施用能权指标总量管控，探索增加用能权指标拍卖机制，并逐步提高有偿分配占比。加快重点用能单位能耗在线监测系统建设、优化和升级，提高能源消费数据质量。扩大交易主体，引入投资机构，逐步增加节能量等补充交易产品，增加市场交易活跃度，形成合力的用能权价格信号。六是做大环境资源交易服务平台。强化服务西部的战略定位，创新拓展发展路径，争取国家政策支持，有效支撑西部环境资源交易中心建设。

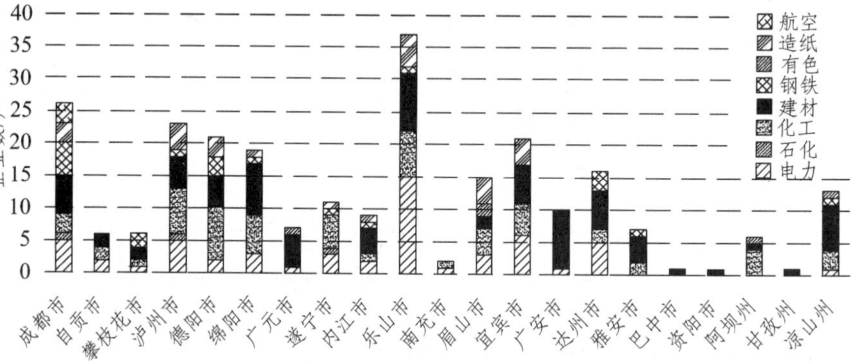

图 6　四川省碳排放重点排放单位分布

注：根据四川省生态环境厅数据测算和制作。

（六）加快完善有利于低碳发展的价格机制

实现将生态、环境、资源成本纳入经济运行成本，是创新和完善促进绿色低碳发展价格机制的核心要义。市场经济条件下，可运用价格杠杆促进绿色发展，坚持用能者付费、产生者付费、污染者付费，坚持激励约束并重，坚持市场化改革方向，推动能源、环境、资源等领域价格制度和机制完善和创新。一是深化电力交易价格改革。按照“能放尽放”原则，坚持市场配置资源的理念，在保障民生和经济安全的基础上，根据条件成熟度有序放开发电量上网电价，扩大市场交易电价上下浮动范围，完善风电、光伏发电、抽水蓄能价格形成机制，建立新型储能价格机制，逐步形成有利于可再生能源电力消纳、化石能源发电逐步减少的环境。二是提高电价支持政策精准性。用好计划电量调节、直接交易电量、富余电量、留存电量等各项支持政策，支持可再生能源制氢、优质大数据中心、动力电池、太阳能电池等绿色低碳优势产业发展。持续实施电能替代电价支持政策，推动使用化石能源的锅炉、窑炉和产业提高电能占终端用能比例。实行丰水期居民生活电能替代电价，降低居民生活成本。三是发挥价格约束用能和碳排放作用。针对高耗能、高排放行业，完善差别电价、阶梯电价、分时电价等电价政策，促进节能减污降碳。四是重要物资和商品价格保护。加强煤炭、石油、天然气等价格区间管控，避免降碳步骤过快、力度过大造成能源危机、经济危机和物价上涨，增强降碳的可持续性和有效性。

（七）创新发展绿色低碳导向的投融资格局

气候投融资是指为实现国家自主贡献目标和低碳发展目标，引导并促进更多资金投向应对气候变化领域的投资和融资活动，是绿色金融的重要组成部分。支持范围包括减缓和适应两个方面。低碳转型将创造巨大的投融资需求，大力发展绿色金融和气候投融资，既有利于经济社会发展全面绿色转型，也可以为金融机构创造新的业务增长点。一是成立相关财政专项资金。加强财政统筹，整合相关资金，研究设立应对气候变化或低碳转型专项资金，成立公正转型基金，重点支持低碳产业发展、传统产业转型、低碳城市建设、碳市场能力建设等。推动财金互动，进一步撬动社会资金。推动国资国企优化投资布局，积极投入绿色低碳发展。二是加快制定出台气候金融支持政策。制定金融支持碳达峰碳中和的行动方案，细化减缓气候变化的融资政策，推动绿色金融、转型金融发展。三是完善气候金融基础能力。建立气候金融统计体系，加快形成清晰可执行的气候金融标准和规范体系。建立气候金融信息共享制度，将企业碳排放量、碳交易履约、节能减排建设等信息，纳入企业环境信用信息共享平台和企业征信系统，建立覆盖面广、共享度高、时效性强的气候信用评价机制。四是加强气候金融专业人才培养。提升金融机构的气候金融认知，加强向金融机构传递绿色低碳发展理念，指导金融机构内部设立专门绿色（气候）金融业务的部门，针对绿色（气候）金融业务人员进行系统的专业培训。五是加强监督管理防范金融风险。构建针对气候金融项目的保险机制和投融资风险补偿制度，完善金融机构气候金融风险预警机制。六是积极申报创建国家试点示范。推动成都市申报国家绿色金融试验区和气候投融资试点，提升气候投融资规模、质量和国际化水平，突出支持碳达峰碳中和，打造中国绿色金融的“天府品牌”[4]。

（八）探索公众和小微企业的碳普惠生态圈

碳普惠等区域减排机制是在全国碳排放权交易机制之外，考虑更好地将小微企业、非八大行业排放企业、公众生活融入碳排放管控体系。区域碳减排机制有利于充分挖掘本地区减排和碳汇潜力，如贵州省利用丰富的林业资源，开展单株碳汇精准扶贫项目，助力乡村振兴和生态建设；福建省通过区域碳交易机制，将林业碳汇项目减排量纳入抵消和交易机制，为植树造林、森林保育和生态补偿提供了新动能；广东省将社区光伏发电产生的碳减排量纳入碳普惠机制，有效推动了可再生能源社会化推广，也让低碳更好造福公众。碳达峰碳中和目标愿景下，要顺应转型大势，加快探索区域碳普惠机制，构建人人参与的碳普惠生态圈。一是开展碳普惠制建设论证研究。借鉴省内外地方碳普惠建设经验，结合四川省区域资源禀赋、战略定位、发展差异、能源结构、产业特征、市场成熟度等实际，研究提出区域协同视角下的四川省碳普惠机制建设的主要目标、基本思路、路线图、重点任务及支撑保障体系，制定四川省碳普惠机制建设试点工作方案、省级碳普惠制核证减排量管理规范性文件。二是构建省级碳普惠项目开发。整合现有的农村沼气、林草碳汇碳减排项目开发机制，研究编制林草碳汇、农村沼气和新能源等碳普惠项目方法学，开发备案一批优质碳减排项目和减排量。三是有序推动社会活动碳中和。以绿色生活和低碳发展为归宿，以赛事、会议、论坛、展览等大型活动为重点，以平台建设、宣传推广、项目示范为抓手，推动各类社会活动实施碳中和，构建起碳中和政策标准和支撑服务体系。依托一批具有国际性、全国性影响力的重大会议，规范实施大型碳中和。四是创新城市碳普惠场景。坚持“政府引导、市场运作、公开公正、广泛惠民”原则，以公众碳减排积分奖励、项目碳减排量开发运营为路径，着力拓展公众低碳场景、构建碳减排量消纳机制、创新运营管理模式，加快构建自生长、可持续的碳普惠生态圈，将“碳惠天府”打造为成都践行生态优先、绿色发展的新名片，成为国内碳普惠机制建设的新样板。六是推动碳普惠机制兼容共通。推动数据互联互通、规则融合衔接，推动探索相互认可的成渝地区等区域核证减排量。

六、碳达峰支撑保障体系

围绕降碳重点领域和重点环节，应推动理念创新、技术创新、机制创新，推动碳排放治理体系和能力现代化，推动形成多方参与、多元投入、可持续的格局。

（一）建立权威高效的碳达峰工作推进机制

气候变化是科学问题、环境问题，是政治问题、非传统安全问题，也是社会问题、民生问题，但根本上是能源利用问题和可持续发展问题。应对气候变化工作具有国际性、科学性、长期性和现实紧迫性，涉及工作领域宽、内容广、主体多，并强调结构减排和源头治理。相比常规环境污染治理，应对气候变化更加长期、综合、复杂。应建立有效的领导机制和工作推进机制。一是建立碳达峰工作议事协调机构。强化省生态环境保护委员会统筹作用，加强节能、减污、降碳、增绿等生态文明的统筹。研究设立省、市、县三级碳达峰工作领导机构。进一步发挥各级生态环境保护委员会、节能减排及应对气候变化工作领导小组及其办公室的作用。二是明确部门和各级政府职责分工。在生态环境保护清单的基础上，研究制定各级生态文明建设职责清单，进一步明晰部门职责，形成降碳合力。

（二）发挥城市统揽作用和企业主体责任

实现碳达峰更多强调区域层面，需要坚持系统思维，树立区域“一盘棋”理念，避免“一时一地一企”的碳减排产生过大的成本、造成能源供给问题、影响经济可持续发展。城市、企业的边界清晰，统筹效率更高。一是建立权威高效的城市碳达峰统筹机制。坚持高位推进，建立党委、政府主要负责人牵头的议事协调机制，涵盖经济、能源、产业、住建、交通、财政、金融等关键部门，实现战略的统筹性、协调的高效性。二是将节能降碳纳入企业经营战略。优化企业经营布局，提升企业发战略绿色化程度，研究制定企业近期和中长期降碳战略，增强战略投资的前瞻性，避免重复投资、资产搁置。三是推动重大决策、重大项目碳绩效评估机制。提升生产力布局、重大项目决策部署的科学性，充分听取碳排放管理部门和专家意见，避免形成新的高碳锁定，恶化本地区节能降碳和能源供需形势。四是发挥国有企业和大型企业带头示范作用。推动中央国有企业及其在川分支机构实施碳达峰战略，推动军民融合、航空航天、电子信息、装备制造、能源供应、金属冶炼等领域加快转型。以能源、交通等领域省属企业为重点，引导制定碳达峰和降碳战略，推动转型升级和优化布局，培育新的增长点和动能。

（三）强化能源安全和产业安全红线底线

实现碳达峰碳中和的过程中，可能出现局部经济下滑、能源安全、金融稳定、物价上涨、社会稳定、贸易壁垒等风险和挑战，我们要增强忧患意识，树立底线思维，坚持先立后破，开展重大政策风险评估，采取有效措施防范风险、化解矛盾，实现高质量发展、高品质生活与减污降碳的多赢。一要坚持以人民为中心的发展思想，着力保障人民群众生活。要严防“一刀切”和“运动式”减碳，减少碳达峰碳中和对人民群众基本生活的负面影响。坚决反对平时不作为、考核时乱作为的行为，严防因降碳造成日常生活物资价格大涨，确保电力供需紧张特殊时段“限电不拉闸”“限电不限民用”。二要加强用能重点风险管控，着力保障能源供应和安全。要加强用能和碳排放预算管理，严格管控不符合要求的“两高”项目，坚决遏制不合理用能需求。要防止传统高耗能行业用能“大起大落”，恶化年度节能降碳和能源供需形势。要加强电源侧、电网侧和消费侧储能调峰能力，有序规划建设一批天然气发电调峰和抽水蓄能项目，增强电网调节能力和韧性。要加强天然气、煤炭等能源需求预警和储备，严防极端天气事件、能源价格大幅上涨等造成的短期用能紧张冲击经济社会秩序。三要增强产业降碳的整体性，着力保障产业链供应链稳定。要在充分评估论证可行性、可替代性的基础上，统筹推进产业链、供应链节能降碳，把握好工作节奏和降碳力度，坚持“疏”“堵”有机结合，避免简单粗暴关停产业链中的高耗能环节，造成产业链供应链“停摆”和上游产品价格大幅上涨。要加强对企业参与全国碳排放权交易的帮扶指导，多措并举降低企业碳排放配额缺口和清缴履约成本，主动防范群体性事件。

（四）形成多层级、多类型试点示范合力

四川是经济社会和自然地理异质化特征比较突出的区域，不同地区战略定位、发展阶段、产业结构、能源结构、资源禀赋、自然环境等均存在较大差异，降碳路径、减排力度、达峰时间、可承受性均存在较大差异，必须实施差异化降碳减排，因地制宜打造试点示范。一是开展多层级试点示范。充分论证阿坝州、甘孜州、雅安市和大凉山地区等人口较少、能源结构较优、碳排放不多、碳汇潜力大的地区，探索建设碳中和先行区，进一步将可再生能源电力优势和碳汇优势转化为绿色发展优势。以城市为单元，开展低碳城市示范和城市碳达峰试点，鼓励成都、广元等具备条件的地区建设低碳示范城市，推动空气质量达标和碳排放达峰试点工作。以县区为单元，结合生态文明示范县区创建，融入减污降碳要求。以园区为单元，开展绿色园创建和园区碳达峰试点、园区减污降碳协同试点。二是探索多类型试点示范。在重点排放行业，开展减污降碳协同、循环化低碳化改造试点。在终端用能环节，建设近零碳排放示范工程，推动 100%可再生能源。在投融资领域，开展绿色金融、气候投融资地方试点，支持成都等具有条件的地区申报国家绿色金融试验区和气候投融资试点。在监测统计领域，开展县级能源平衡表和温室气体清单编制试点，推动碳监测评估试点工作。三是加强试

点示范政策支持。加强试点示范统筹和整合融合，防止名目过多过泛，明确申报和创建流程。制定试点示范综合性指导文件，明确试点示范目标任务和实施路径。加大财政资金配套，通过投资补贴、以奖代补等方式予以激励，撬动社会资本投入。四是完善试点示范评估考核机制。科学制定不同试点示范评估标准规范体系，定期开展过程评估和考核验收，对达到要求的予以授牌，对推动不力予以通报批评。建立试点示范动态进出机制，形成长效创建巩固机制。五是加强试点示范经验总结和推广。定期开展同类试点示范经验交流、案例分享和宣传报道，总结提炼可复制、可推广的经验和做法，适时面向全省推广。

（五）谋划布局低碳零碳负碳科技创新

气候变化研究和绿色低碳技术研发是当前乃至未来国际科学研究和技术研发的前沿与核心之一。从近期看，控制温室气体排放，无论是燃料替代、原料替代、产品替代，还是效率提升等方面，均离不开科技的有效支撑。从长远看，应对气候变化的根本出路在于科技创新，特别是颠覆性、关键性技术的突破。四川绿色低碳技术创新和产业培育方面拥有扎实的基础和能力。一是编制绿色低碳技术研发路线图和行动方案。立足四川的现实基础、战略需求、创新规律，统筹基础研究和应用研究，制定面向 21 世纪中叶的绿色低碳技术研发路线图和配套行动方案，明确总体布局、重点方向、时间表、投入机制等，增强可预期性，四川省降碳十大潜在技术见表 2。二是布局打造高能级研发平台。依托创新型高等院校、科研院所和企业，整合打造一批低碳零碳负碳技术研发平台，加快建设碳中和天府实验室、碳中和技术创新中心，支持相关平台建设国家重点实验室、工程中心、技术中心等。三是加强亟须、适用技术研发。围绕智慧电网、工业互联网、智联网汽车、先进储能、氢能、动力电池、太阳能电池、新型材料、高效燃机、原料替代、节能降耗、减污降碳协同、甲烷回收利用、氢氟碳化物销毁替代等开展技术研发和应用。四是加强零碳、负碳技术储备。加强基础研究，布局碳捕集利用与封存、空气直接碳捕集、绿色氢能、氢冶金等中远期规模化应用技术研发和示范。五是推动技术创新成果转化和应用。强化科技成果转化激励，深化职务科技成果权属改革。依托四川联合环境交易所，进一步拓展绿色低碳技术交易规模和品质。加大政府引导，推动先进、适用技术规模化、商业化示范，提升规模化效益，逐步降低应用成本。

表 2　四川省降碳十大潜在技术

序号	技术名称
1	一体化安全高效燃料电池技术
2	可再生能源低成本、规模化制氢技术
3	高效太阳能光伏电池技术
4	长续航、可回收动力电池技术
5	大型高效水力发电成套技术
6	新型低风险、规模化储能技术
7	规模化氢还原冶金技术
8	水泥熟料原料替代技术
9	浅层地热能高效利用技术
10	轨道交通节能高效技术

（六）加强绿色低碳消费侧需求端管理

温室气体排放既有“有形、可见的烟囱”，也有无形的碳源。随着应对气候变化纵深推进，温室气体排放管控已逐渐从二氧化碳拓展到其他温室气体、从直接排放延伸到间接排放。间接碳排放、全生命周期碳排放既关系到控制温室气体排放绩效甚至成败，也涉及减排责任、减排公平性问题。要根本解决排放特别是含碳产品问题，必须更加关注消费侧和需求端，实现前端与末端、供给与消费协同发力。一是完善政府采购碳标签产品激励机制。实施绿色政府采购，在采购节能环保产品政策的基础上，进一步拓展到更多具有绿色、低碳、有机等标签的产品，稳步提升绿色产品采购比例，形成碳标签推广内生动力。二是鼓励头部企业打造绿色供应链。借鉴苹果等跨国企业绿色供应链构建经验，引导省内智能终端、食品饮料等先进制造业和现代服务业头部企业，在实现运营环节碳中和、成本可承受的基础上有序推进供应链碳足迹管理体系建设。三是深化生产者责任延伸制度。推动电子电器、汽车、动力电池、快递包装等行业通过自主回收、联合回收或委托回收等模式，规范回收废弃产品，降低产品全生命周期碳足迹。四是完善碳标签、碳披度制度。面向国内市场，加大政策支持力度，鼓励钢铁、铝材、建材等高碳产品和纸张、白酒等轻工业消费品开展低碳产品、碳足迹认证。完善企事业单位温室气体排放信息披露制度和机制，增强企业降碳行动和履责履约透明度，更好与环境信息披露对接融合。五是试点开展出口产品碳标签制度。利用成都探索经验和工作基础，创新在中国（四川）自由贸易试验区推广碳标签，鼓励太阳能电池板等优势出口产品发挥四川绿电优势，推行出口产品碳标签，积极应对“碳边境调节机制”，展示“四川制造”绿色竞争力。

（七）提升公民和领导干部气候变化意识

相比一般环境资源和经济社会问题，全球气候变化风险及其应对的时间跨越代际、空间覆盖全球、范畴涉及广泛，必须坚持科学主义、长期主义和全民行动。发挥社会主义制度下的社会动员优势，以新型举国体制应对气候变化挑战、实现碳达峰碳中和，抓好广大公民和领导干部的认识提升、理念升华，将人与自然和谐共生理念拓展到应对气候变化领域，转化为更多人的自觉行动。一是将应对气候变化、地球科学教育纳入国民教育体系。发挥地理、气象、生物、水文等领域名师带动示范作用，打造应对气候变化师资队伍。研发应对气候变化科普图书和教材，形成一批优质课程。增强气候变化教育的可及性、多样性、兼容性、实践性，实现中小学教育、高等教育全覆盖。依托雪山、企业、园区、景区、社区、高等院校、科研院所、自然博物馆等载体，就近就地打造一批实践教学基地，打造侵入式体验场景。二是加大短缺、新兴领域人才培养和供给。推动高等院校、科研院所围绕基础研究和科技创新，发挥理学、工程、经济学等学科优势，面向未来布局设立气候变化和碳中和学院、研究院、技术创新中心、实验室等创新平台与人才培养基地。扩大应对气候变化管理、碳排放管理、碳金融等新领域专业管理人才培养规模，加大智能电网、新能源、新能源汽车、储能、减污降碳、温室气体计量监测等领域技术人才培养。加大科技资金投入，实现以项目和资金调动积极性，提升人才培养的多样性和品质。三是将气候变化教育纳入干部学习培训体系。编制应对气候变化、碳达峰碳中和、减污降碳干部辅导读本，推动干部继续教育课程体系增加绿色低碳内容。发挥党校、行政学院作用，针对不同层级、不同领域的领导干部，针对性制定培训方向和重点。推动各级党委、党组将生态文明建设、碳达峰碳中和、可持续发展常态化纳入集体学习范畴。以考试、比赛等为切入口，渗透式学习绿色低碳理念和要求。

（八）讲好四川特色、天府韵味的降碳故事

《巴黎协定》将建立透明度框架、透明度安排作为重点内容之一。应对气候变化事关国际国内两个大局，增强透明度、讲好降碳故事，有利于调动公众和企事业单位参与降碳减排的积极性，并增强参与感和获得感，有利于绿色低碳产业招商引资和对外开放，有利于展现中国可持续发展、应对气候变化地方优良实践，有利于四川树立绿色形象、增强美誉度。一是谋划打造一批宣传平台和展示窗口。依托四川节能环保、新能源、新能源汽车等产业优势，举办高能级展览和高峰论坛，提升现有相关会展的影响力和国际化水平。将绿色低碳政策行动和成效纳入对外宣传和营销体系，实施“润物细无声”式的信息传导、理念传播。二是打造既分工又联动的宣传矩阵。发挥广播电池、报纸杂志等传统媒体的作用，也创新运用新媒体、互联网等新传播方式，以融媒体促进气候变化和绿色低碳。强化川渝联动，提升传播能级。三是发挥研究机构、大型企业和民间组织的作用。鼓励研究机构、大型企业“走出去”“说出来”，以生动鲜活的实践增添低碳四川故事的广度、丰度。发挥环保组织、协会商会等民间组织的灵活性作用，生动呈现低碳转型行动和成效。四是开展面向公众的绿色低碳宣传。通过绿色低碳城市、商场、社区、公共机构等创建行动，拓展宣传要素，强化宣传绩效。

参考文献

[1] 国家能源局. 2020 年度全国可再生能源电力发展监测评价报告[R]. 2021.

[2] 四川省统计局. 四川统计年鉴 2021[M]. 北京：中国统计出版社，2022.

[3] 国家统计局. 中国统计年鉴 2021[M]. 北京：中国统计出版社，2022.

[4] 向柳，文新茹. 以气候投融资体系化创新助推经济社会高质量发展[M]. 四川日报，2022-09-19（11）.

第二篇　热点篇

欧盟碳边境调节机制进展及应对建议

张浩①

【摘　要】本文基于欧盟 CBAM 最新发展形势，通过概述欧盟 CBAM 发展历程和主要核心要素，探讨其实施对我国出口的潜在影响，从国家和企业两个层面提出积极应对欧盟 CBAM 的政策建议，以维护中国绿色低碳发展权益。
【关键词】欧盟；碳边境调节机制；应对建议

一、欧盟碳边境调节机制的由来及进展

（一）欧盟碳边境调节机制的由来

碳边境调节机制（Carbon Border Adjustment Mechanism，CBAM）也称碳关税或碳边境调节税，是指在实施严格气候政策的基础上，要求进口或出口的高碳产品缴纳或退还相应的税费或碳配额[1]。

边境调节税是国际贸易中普遍的做法，在实践中的应用最早可以追溯到 18 世纪，主要是对营业税、消费税和增值税的调节。碳边境调节机制是在《京都议定书》背景下提出的对碳税和碳排放权交易机制的“弥补性”措施，主要指采纳了碳定价制度的国家为了拉平进口产品与本国产品的生产成本而对进口产品实施的一种贸易措施[2]。2009 年，在世界贸易组织与联合国环境规划署共同发表的《贸易与气候变化》报告中首次提出了各国政府可以通过“碳税和能源税的边境税调整”或者“排放贸易的边境调整措施”来平衡一国因碳排放价格带来的贸易不利影响。碳边境调节机制调节的对象是未采取相应减排措施国家的高耗能、高排放产品。调节方式主要有两种：一是对外国产品征税或者增加进口费用，包括采用碳关税、国内消费税或者购买配额的方式；二是出口退税，即本国产品出口时退还因碳排放而征收的税或费用。

实施碳边境调节的目的是通过平衡本国产品与进口产品的成本和价格差异来保持贸易竞争力、减少碳泄漏。欧盟推行 CBAM 的主要理由是减少碳泄漏，维护欧盟企业的竞争力。碳泄漏是指严格气候政策国家以外国家碳排放增加的现象，主要的泄露渠道是碳密集行业将产业和排放向气候政策宽松的国家和地区转移，从而抵消了严格气候政策的减排效果。严格气候政策也会影响国内碳密集型行业的国际竞争力，从气候政策宽容的国家进口产品。因此，气候政策严格国家希望通过碳关税，减少碳泄漏风险和竞争力问题，并推动其他国家采取更加严格的气候变化政策。

---

① 张浩，中国质量认证中心成都分中心主任助理兼绿色发展部部长、工程师，硕士，主要研究方向为企业碳核查、产品碳足迹评价、碳达峰碳中和方案等领域。

（二）各国对欧盟碳边境调节机制的态度

全球各国差异化的气候变化政策客观上引发了竞争力与碳泄漏的顾虑。在国际气候谈判启动之初，CBAM 就是讨论议题之一。但该措施一直充满争议，支持者认为 CBAM 可以减少碳泄漏风险，反对者认为 CBAM 是变相的贸易保护主义。碳关税政策讨论集中在欧美发达国家，早在 2005 年欧盟启动碳排放权交易以后，就曾讨论碳关税立法。2019 年，欧盟在《欧洲绿色新政》中正式提出制定碳边境调节机制[3]，包括中国在内的发展中国家反对欧盟 CBAM 的实施。2020 年 11 月 16 日，中国驻欧盟使团、欧盟中国商会和欧洲工商峰会联合主办中欧绿色合作高级别论坛，生态环境部气候变化事务特别顾问指出，CBAM 在有效性、正当性、合法性和技术复杂性上都存在问题，中国对此持反对立场。在 2021 年 4 月 8 日发布的《第三十次“基础四国”气候变化部长级会议发布的联合声明》中，四国部长“对实施如碳边境调节机制等贸易壁垒的提议表示严重关切，该提议具有歧视性，且违反了公平原则、共同但有区别的责任原则和各自能力原则”。2021 年 11 月，在格拉斯哥举行的全球气候大会上，委内瑞拉、俄罗斯、土耳其、智利、中国、南非等国明确反对 CBAM，印度、巴西等国认为欧盟 CBAM 破坏了国际气候政策中“共同但有区别的责任”原则。中国认为碳关税具有歧视性和不公平性，扰乱了国际经贸秩序，阻碍了全球经济在后疫情时代的复苏与振兴。美国对欧盟 CBAM 也表达了顾虑，美国总统气候特使克里表示，碳边境调节机制应将其留作耗尽其他方案后的“最后的手段”。美国之所以有如此顾虑，一方面是当前欧美双方正在争夺国际气候治理领域的领导地位，若欧盟 CBAM 率先施行，将削弱美国在相关议题上的影响力；另一方面，也许是更主要的原因，美国征收碳关税的前景并不明朗，至今还没有推出全国性的碳价（碳税或碳排放交易）政策，缺乏对其他国家的进口商品实施碳关税的理由[4]。

（三）欧盟碳边境调节机制进展动态

2019 年，欧盟在《欧洲绿色新政》中正式提出制定碳边境调节机制，即根据欧盟进口商品的碳排放对其进行价格调整、减少欧盟境内外企业在碳排放成本上的不对称，以保护欧盟企业的竞争力、避免碳泄漏、保障欧盟实现其更新后的减排目标，并激励贸易伙伴采取更强有力的减排措施[3]。此项政策的推进速度明显加快，CBAM 的标志性进展如表 1 所示。

2020 年 3 月，欧盟在发布了初期影响评估报告，报告中明确了 CBAM 设计需要考虑的要素以及 CBAM 影响评估的框架，以供公开意见征集和讨论。其中，供公众讨论的 CBAM 设计细节包括：采取的政策工具类型、对含碳产品的碳定价方法以及 CBAM 覆盖的行业。而欧盟碳市场下基于行业基准排放的碳定价方式以及其第三和第四阶段下面临的碳泄漏问题将成为 CBAM 设计的基础。

2021 年 3 月，欧洲议会通过了设立 CBAM 的决议，尽管决议没有强制性的法律效力，但被视为 CBAM 迈入立法程序的重要一步[1]。决议包括以下三点主要内容：① CBAM 覆盖范围将包括欧盟碳市场下的所有产品，因此包括钢铁、水泥、玻璃、陶瓷、化肥等行业都将被碳关税覆盖；② 由 CBAM 带来的收益将用于支持绿色新政下目标；③ CBAM 将不能被贸易保护主义滥用。

2021 年 7 月 14 日，欧盟委员会通过了 CBAM 提案，首批将对五个行业（水泥、电力、化肥、钢铁和铝相关产品）碳泄露风险最大的类别征收碳关税。CBAM 法规规定了 2023 年至 2025 年的三年期间作为过渡期。过渡期内，进口商只需要报告进口产品的数量以及其相应的碳排放量，并不需要购买相应的进口许可。过渡期结束后，CBAM 将自 2026 年 1 月 1 日起全面实施，欧盟将正式开征五大行业的碳关税[5]。

2022 年 3 月 15 日，CBAM 在欧盟理事会的经济与金融事务委员会会议上获得通过。欧盟理事会肯定了 CBAM 对于防止碳泄漏问题的作用，而关于欧盟碳市场的免费配额退出时间表、出口产品的碳成本退还以及 CBAM 收入分配将是欧盟理事会下一步要重点讨论的问题。

2022 年 5 月 17 日，欧洲议会环境、公众健康和食品安全委员会（ENVI）通过了比欧盟委员会 CBAM 提案更为激进的 CBAM 法案，包括将 CBAM 正式实施时间提前至 2025 年；扩大行业范围（新增覆盖机化学品、塑料、氢氨）；在 2030 年之前将欧盟碳市场（EU-ETS）所有行业纳入 CBAM 机制；为更好地反映工业生产中的二氧化碳排放成本，纳入制造商使用的外购电力、热力产生的间接排放等。ENVI 提出的此项 CBAM 法案经过欧委会、欧洲议会和欧盟理事会三方正式审议后将正式立法生效。

2022 年 6 月 22 日，欧洲议会表决通过了 CBAM 法案的修正案文本，主要变化是起征日期从 2026 年推迟到 2027 年，扩大了征收范围并纳入了间接排放，表明欧洲实施 CBAM 的坚定态度和加强实施力度的决心。

表 1　欧盟 CBAM 政策制定的标志性事件

时间	标志性事件
2019 年 12 月	《欧洲绿色新政》提出 CBAM 计划
2020 年 3 月	欧盟委员会提交 CBAM 影响评估报告
2020 年 9 月	首次将 CBAM 写入《加强欧洲 2030 年气候目标》文件
2020 年 10 月	初次完成 CBAM 公共意见收集
2021 年 3 月	欧洲议会投票通过设立 CBAM 决议
2021 年 7 月	欧盟委员会根据气候目标，提出了名为“Fit for 55”的一系列立法提案，涵盖了能源、工业、交通、建筑和碳排放交易体系等多个领域的政策修订，其中正式公布了 CBAM 提案细则
2022 年 5 月	欧洲议会环境、公众健康和食品安全委员会表决通过 CBAM 法案，与欧洲议会版 CBAM 法案相比，变化包括：正式实施年份提前至 2025 年，覆盖行业新增有机化工、塑料和氢氨三个领域
2022 年 6 月	欧洲议会表决通过了 CBAM 法案的修正案文本，主要变化是起征日期从 2026 年推迟到 2027 年，扩大了征收范围并纳入了间接排放

在欧盟立法程序中，欧盟委员会、欧洲议会和欧盟理事会起到关键作用。从目前三方公布的 CBAM 法案细节上，在申报行业、碳盘查覆盖范围、落地时间线、具体负责机构等问题上仍有待统一及细化。这意味着，欧盟委员会（2021 年 7 月提案通过）、欧盟理事会（2022 年 3 月通过）和欧洲议会（2022 年 6 月通过）这三方都有了各自关于 CBAM 的版本和立场。接下来，只需要再经过三方谈判达成一致，就会得到欧盟碳边境调节机制最终的法律文本[6]。

二、欧盟 CBAM 的核心要素及对我国出口的潜在影响

（一）欧盟 CBAM 的核心要素

欧盟制定的 CBAM 主要针对进口国的某些行业产品，经过欧盟委员会、欧盟理事会和欧洲议会多轮法案表决，目前已初步明确政策工具、覆盖范围、运行流程、核算体系、实施步骤等关键要素。

1. 政策工具类型

欧盟委员会此前设计了碳关税、碳税和购买 EU-ETS 配额等三种政策工具类型，提案建议欧盟 CBAM 采取“名义”碳市场的形式，即针对 CBAM 覆盖产品的进口商建立一个单独的不可交易的配额（CBAM 证书）池。EU-ETS 要求覆盖的排放设施报告其年度碳排放量并清缴相应碳排放配额，与之类似，进口商需要以提交 CBAM 声明的形式报告其进口的 CBAM 所覆盖商品的隐含碳排放量，并清缴相应数量的 CBAM 证书。CBAM 证书由进口商从欧盟成员国指定的主管部门购买，其价格与 EU-ETS 下的配额价格挂钩。进口商每年进行一次申报和清缴，均在商品进口后的次年进行[3]。

2. 覆盖范围

欧盟 CBAM 初期将覆盖水泥、电力、钢铁、铝、化肥、有机化工、塑料、氢、氨等多个行业，欧盟这些行业的碳排放量约占欧盟总排放量的 40%，2032 年之前扩展到欧盟碳市场覆盖的所有行业。同时，CBAM 提出了较为严格的豁免条件，只豁免充分融入欧盟排放交易体系的非欧盟国家，以及和欧盟建立了碳市场挂钩的国家。

3. 运行流程

欧盟 CBAM 覆盖产品的进口商需要向相应的欧盟成员国主管部门提出申请，以获得“授权申报人”的身份。进口商在进口商品时为每吨碳排放购买一张 CBAM 电子凭证，以每周拍卖配额的平均结算价格作为下一周的电子凭证价格，配额无须逐笔购买，而是在次年 1 至 5 月统一结算，5 月底前完成年度清缴。

4. 核算体系

核算体系是欧盟 CBAM 的核心要素，也是难点问题。欧盟 CBAM 的最初提案只核算产品生产过程的直接排放，暂不考虑间接排放。但于 2022 年 6 月最新通过的提案，将制造商使用的外购电力产生的间接排放纳入核算机制，以反映产业链上涉及电力的二氧化碳排放。如果无法确定实际排放量，则可使用基于出口国平均排放强度的默认值，并采用放大系数上调。如果无法获得来自出口国的可靠数据，则采用具有惩罚性的默认排放强度（欧盟表现最差的 10%设施的平均排放强度）。基于公平原则，如果进口产品在生产国已支付碳价，实际支付时可扣减该部分金额。简单而言，欧盟 CBAM 覆盖产品的边境调节价格等于该产品的隐含碳排放量乘以出口国与欧盟之间的碳价差。

5. 实施步骤

欧盟 CBAM 将分两阶段实施：2023—2026 年是过渡期，在此期间进口商将仅承担申报

义务，不承担财务义务；从 2027 年开始，进口商需根据其进口产品的隐含碳排放量清缴相应数量的 CBAM 证书，2027 年开始的免费配额为 93%，2028 年为 84%，2029 年为 69%，2030 年为 50%，2031 年为 25%，到 2032 年完全取消免费配额。免费配额比原草案提前 3 年退出[6]。为了保证公平，EU-ETS 的免费配额也将同步取消。这意味着，欧盟碳关税的推进是一个渐进的过程，除了三年过渡期之外，征收额度是逐渐增加，而不是一步到位。EU-ETS 下针对 CBAM 覆盖行业的免费配额分配比例将每年减少 10%，到 2032 年 CBAM 覆盖行业将完全取消免费分配。采用 CBAM 替代现行的 EU-ETS 下的免费配额分配措施将避免“双重保护”，有助于欧盟内部提高减排力度。

6. 管理体制

欧盟 CBAM 将继续采用与其碳交易市场相同的集中统一大市场的方式，欧盟设立一个集中的 CBAM 管理机构，由进口贸易商在欧盟统一的数据平台上进行相关的排放数据申报，其主要生产商也可以通过此平台自主进行排放数据申报。

（二）欧盟 CBAM 对我国出口的潜在影响

欧盟 CBAM 将对全球贸易及能源使用产生系统性影响，尤其是 CBAM 正式实施后极有可能引起连锁反应，部分发达国家例如英国、美国跟进 CBAM 政策，制定自身的 CBAM 法案，部分发展中国家为降低成本，也有可能选择对等征收碳关税。

据海关总署统计数据，2022 年前 5 个月，欧盟为我国第二大贸易伙伴，与欧盟贸易总值为 2.2 万亿元。其中，对欧盟出口 1.45 万亿元；自欧盟进口 7 565.8 亿元；对欧盟贸易顺差 6908.1 亿元[6]。中国出口欧盟的产品主要集中在机电产品、纺织品、金属品及化学品。2021 年中国对欧盟的出口额 4720 亿欧元，同比增长 37%，占中国出口总额的 15%，占欧盟进口总额的 25%。

欧洲议会的 CBAM 法案文本起征时间点延迟，但行业范围增加了有机化工、塑料和氢氨，且将间接排放（外购电力的排放）纳入征税范围，对中国制造业的影响或进一步扩大。CBAM 对行业冲击力度受中欧碳价差额、免费配额比例、缺省值确定、覆盖范围等诸多因素影响。从行业出口欧盟贸易额看（见图 1），CBAM 一旦通过，CBAM 初期纳入的水泥、化肥、钢铁、铝行业中，中国钢铁与铝行业出口将受到较大冲击[7]。

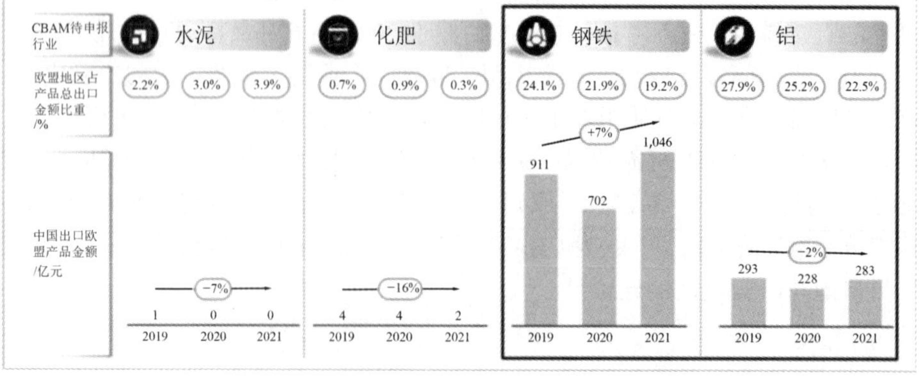

图 1　CBAM 覆盖行业中国出口欧盟情况[7]

根据罗兰贝格相关模型初步测算，假设 2026 年欧盟碳市场碳价在 65～100 欧元/吨范围内波动，欧盟免费配额比例在 0%～43%之间。在考虑产品范围 1 和范围 1＋2 碳排放两种模拟情景下，中国钢铁企业单位产品出口赋税占比差别不大，为 7%～17%。这是由于中国钢铁排放结构中主要排放来自范围 1，因此单位赋税受范围 2 被纳入场景影响较小[7]。

然而，中国铝行业受不同情景的影响程度较大。由于铝行业的电耗碳排放规模较大，对于利用电网电力进行电解铝生产的企业，主要碳排放源于范围 2。因此，假定铝企基于网电开展生产以简化分析，仅考虑范围 1 碳排放场景模拟得到的赋税占比为 4%～8%，而纳入范围 1＋2 情景下赋税占比骤升至 26%～51%，这仅为给定假设条件下的理论计算，实际的成本增加或由价值链多环节分摊。这意味着未来欧盟一旦将范围 2 碳排放纳入 CBAM 征收范围，中国铝企赋税压力将急剧提升[7]。

具体以中国铝产品为案例，据罗兰贝格初步测算，CBAM 的实施将会给中国铝材出口带来重大成本影响，尤其当电耗碳排放纳入 CBAM 征缴范围。根据欧委会 CBAM 草案，CBAM 将按照产品的海关税号进行征收。以 7604 铝条、杆、型材为例，选取该产品 2020 年度中国出口欧洲平均单价、平均出口成本（含运费）、欧洲本地市场平均出厂价为参数，得到 CBAM 对企业出口影响如下[7]：

（1）若欧盟按照欧委会初始提案，仅将产品范围 1 排放纳入 CBAM 征缴范围（假设企业使用网电，即电耗排放纳入企业范围 2 范畴），将增加 110～210 欧元/吨的额外出口成本。该情景下 CBAM 赋税压力相对较小，企业仍有利润空间，可根据降碳举措经济性，选择局部降碳或直接缴纳 CBAM 相关费用。

（2）若根据欧洲议会环境委员会的最新修订意见，进口产品范围一和范围二的排放均需纳入 CBAM 征缴范围。在此情景下 CBAM 或将增加高出利润总额的额外出口成本，企业利润承压极大，将面临退出欧洲市场风险，须进行根本性能源结构转型，以适应 CBAM 带来的碳成本。

三、积极应对 CBAM 的建议

尽管欧盟 CBAM 的正式推出仍有一定不确定性，但从欧盟决心和相关进展来看，CBAM 在近期付诸实践仍是大概率事件。中国政府和企业（尤其高碳足迹行业企业）应重视 CBAM 带来的影响。建议国家、相关行业企业积极行动应对 CBAM 的影响。

（一）国家层面的应对策略

除继续关注欧盟 CBAM 的最新立法进程并分析欧盟 CBAM 对中国的潜在影响外，中国还应在各个层面采取行动，为应对欧盟 CBAM 的影响做好准备，并尽可能地主动去影响其具体设计和实施[3]。

鉴于中国正在积极制定和实施国家层面的碳定价政策并进一步提高了减排力度，中国政府主管部门应与欧盟委员会就 CBAM 问题建立定期的双边交流机制，探讨与欧盟达成长期豁免或者在一段时间内豁免中国对欧出口产品协议的可能性。如果达成豁免协议不可能，一个次优的选择是与欧盟就 CBAM 实施中的核心问题达成双边协议，例如：① 确定用于计算中国企业实际支付碳价的合适方法；② 考虑到企业难以获得计算对欧出口产品平均排放强度所需的数据，由中国国家主管部门计算和公布中国的国家或地区的相关产品的隐含碳排放强度；③ 认可中国因行政命令类政策等给企业带来的隐性碳价。中国的相关行业组织和企业也可以在上述过程中发挥重要的作用。中欧的双边定期交流还应针对欧盟 CBAM 相关实施法规的制定和实施及 CBAM 覆盖范围可能扩大的方向等内容展开。为帮助对欧出口产品的生产商充分利用欧盟 CBAM 规则所允许的灵活性，同时减轻其合规性负担，中国碳市场主管部门应尽量使国内相关行业的 MRV 规则与欧盟的要求协调一致。

在全国碳市场建设过程中，可积极借鉴 EU-ETS 经验，加快推进中国碳排放权交易市场建设。一是扩大碳排放权交易行业范围和温室气体种类。行业范围从现行电力行业企业逐步扩大至钢铁、水泥、电解铝等高碳排放行业；温室气体种类逐渐纳入欧盟 CBAM 管制的二氧化碳、氧化亚氮、PFCs 等多种温室气体。二是完善碳排放权交易市场定价机制，充分发挥碳价格对碳配额的优化配置作用，以更高且更稳定的碳价抵御欧盟 CBAM 对中国的影响[8]。

（二）相关行业企业层面的应对策略

目前来看，低碳发展已经成为全球发展的潮流。企业必须建立起低碳发展的系统性认知。对于对欧出口企业来说，要提前跟踪了解客户所在区域及国家的绿色低碳政策要求，尽量提前布局。利用 2027 年之前的空窗期，在摸清自身排放现状的基础上，评估优化能源结构节能改造的技术经济性。制定相应的节能降碳减污的整体性解决方案，并配套相应的绿色金融工具与措施。

1. 通过低碳创新技术应用减少自身碳排放

降低自身碳排放是应对各类 CBAM 的根本举措，企业应当从产品碳足迹出发，利用技术升级减少高碳原材料使用，研究碳捕集、利用与封存等减排技术以减少碳排放。高碳排放企业可以提升新能源的使用比例，通过自建电站、直购新能源电力、利用绿色氢能和外购绿证等方式消化碳排放成本。企业也可以通过开发林业碳汇项目、光伏发电项目、风电项目等可再生能源项目来抵消自身排放的二氧化碳。企业只有实现自身的降碳和减碳，才能更好地消化碳关税带来的碳排放成本增加，形成自身成本竞争优势。对于中国受碳边境调节机制影响较大的钢铁行业，因产能过剩，生产企业很难转嫁碳成本，并且从 2021 年 5 月以来国家大幅取消钢铁产品出口退税，中小型的钢铁企业需及时调整经营策略，进行低碳转型，避免未来经营风险扩大。

2. 通过优化交易策略提升碳排放权交易能力

除此之外，在外部低碳政策环境动态变化，中国内部“双碳”政策不断加码的背景下，企业自身碳资产与碳排放数据管理能力需快速提升[9]。欧洲碳边境调节机制的实施与欧盟碳排放权交易体系挂钩，直到第二年清缴碳边境调节机制电子凭证前，企业在 1 年内可以通过分析欧盟碳市场配额供需以及碳市场政策变化，把握欧盟碳价与碳边境调节机制电子交易凭证的价格波动规律，来选择合适的碳交易时间点以及交易数量。通过优化碳市场交易策略，综合运用碳金融市场多种衍生品工具，提升碳排放权交易能力，达到降低碳排放权交易成本的目的。

3. 利用碳边境调节机制过渡期，提前布局，增强应对能力建设

欧盟碳边境调节机制政策过渡期为2023—2026年，4年期间进口商仅需上报进口商品碳排放数据，无须购买碳边境调节机制电子凭证。在此期间，我国出口企业需要充分掌握碳边境调节机制规则，根据企业原料供应和产品生产的实际情况，对报告产品的碳足迹、碳成本进行预测和核算，结合国内碳排放权免费配额以及拍卖交易等政策，合理确定碳价水平，避免出口至欧盟的产品碳排放双重征税，减少出口损失。中国的第三方核查机构也可以提前布局，取得欧盟碳边境调节机制下的核查资质，方便为中国对欧出口企业服务[10]。

参考文献

[1] 陈美安，谭秀杰. 碳边境调节机制：进展与前瞻[R]. 北京：绿色创新发展中心，2021.

[2] 曾桉，谭显春，王毅. 碳中和背景下欧盟碳边境调节机制对我国的影响及对策分析[J]. 中国环境管理，2022（1）：31-37.

[3] 段茂盛，李莉娜，陶玉洁. 欧盟碳边境调节机制：浅析欧盟委员会的立法提案及其对中国的潜在影响[R]. 北京：清华大学与德国智库 adelphi，2021.

[4] 张中祥. 碳达峰、碳中和目标下的中国与世界—绿色低碳转型、绿色金融、碳市场与碳边境调节机制[J]. 学术前沿，2021（7）：69-79.

[5] 陈向东，左鹏. 欧盟碳边境调节机制的影响及应对措施[J]. 能源，2022（7）：49-52.

[6] 欧盟碳关税开征在即，对中国企业有什么影响[EB/OL]. [2022-06-24]. https：//www.163.com/dy/article/HAL0KULO05539T4L.html.

[7] 欧盟碳边境调节机制进展、影响与应对策略（上篇）[EB/OL]. [2022-05-26]. https：//www.sohu.com/a/551286637_121118710.

[8] 姜华，王斯一，吕连宏. 欧盟碳边境调节机制的影响与应对措施[J]. 环境保护，2022（7）：34-37.

[9] 欧盟碳边境调节机制进展、影响与应对策略（下篇）[EB/OL]. [2022-06-01]. https：//www.sohu.com/a/553154184_121118710.

[10] 卢明霞，陈蕊，相超. 欧盟碳边境调节机制对中国的影响及应对建议[J]. 国际石油经济，2021（10）：19-24.

俄乌冲突下对欧盟碳边境调节机制的思考

李瑛，向勇，王恩慈，杨博，徐畅[①]

【摘　要】过去30年间，欧盟气候行动深刻影响成员国能源布局和能源密集型产业。欧盟企业承担的碳价成本[②]使其在竞争激烈的国际贸易中优势减弱。近年来，欧盟逐步推动以气候为基础的单边贸易措施，拟对高碳排放的进口货物实施碳价边境调节。本文概述了欧盟拟实施碳边境调节机制可能对我国外贸的影响，分析俄乌局势下欧盟推进碳边境调节机制需做的考量和面临的挑战，并从海关职能出发提出应对欧盟碳边境调节机制可采取的措施。尽管欧盟快速推进绿色低碳道路的方向不会有大的变化，但在其制定和推进以气候为基础的贸易政策的动向上，有待持续关注。

【关键词】俄乌局势；欧盟；气候；碳边境调节机制；碳价

当前，应对气候变化已成为国际政治、经济博弈中的重要议题。欧盟凭借在低碳技术领域形成的突出优势和气候行动，长久以来领跑全球气候治理。2021 年 7 月，欧盟发布碳边境调节机制（CBAM）草案，拟对水泥、电力[③]、化肥、钢铁、铝等五个类别进口商品征收碳排放边境调节税，引起国际社会尤其是新兴经济体的关注。

一、欧盟 CBAM 法规对我国外贸的影响

欧盟出台 CBAM 实则是对碳定价权的争夺。碳边境调节措施作为一项有歧视性的贸易手段，一旦实施必将对我国外贸产生深远影响。

相关研究显示，在 CBAM 机制下，当碳价格为 40 美元/吨和 60 美元/吨时，我国对欧出口额将分别减少 0.26%和 0.43%。单个行业或企业对欧出口将遭受较大影响：钢铁行业被征收的税（费）额将超过出口总额三分之一，出口额将减少 5.30%～13.60%；铝产品被征收的税（费）额将占其出口总额的 50%左右，出口额将减少 7.76%～26.52%。

除直接影响外，欧盟实施 CBAM 可能带来一系列潜在风险。

---

① 李瑛，南充海关副科长，学士，从事碳排放与交易分析研究；向勇，成都海关副处长，硕士，从事海关政策与统计分析研究；王恩慈，上海海关学院讲师，博士，从事碳政策与排放测度研究；杨博，成都海关科长，硕士，从事商品归类及税政研究；徐畅，成都海关技术中心高级工程师，硕士，从事低碳评价及规则研究。

② 2021 年度欧盟在碳排放市场收入共计 310.59 亿欧元，即控排企业支付碳排放费用或碳价成本。

③ 欧盟从白俄罗斯、俄罗斯、塞尔维亚等东欧地区非欧盟国家大量进口电力。

（一）引发更多国家和地区效仿

欧盟一旦通过 CBAM 实施获得产业竞争优势，将可能成为其他国家和地区的模板，引发更多国家和地区效仿制定类似机制。我国作为全球最大出口国，将首当其冲受到影响。

（二）欧盟市场准入门槛提高

欧盟的绿色进程不断推高市场准入门槛。此外，高碳产业为符合欧盟标准将不得不提前做出产业结构调整和转型，造成短期生产运行成本徒增，压力波及传导至矿产、机电、化工、运输、建筑等供应链上下游产业，将对我国产业健康发展和稳就业保民生产生影响。

（三）外贸企业出口风险剧增

当前，全球尚未形成统一的碳交易体系，各体系下的碳交易模式因减排理念和市场安排不同，将产生激烈竞争。欧盟单方面实施 CBAM 的决定无疑将引发贸易摩擦。

二、CBAM 立法最新进展

按照欧盟法规一般立法程序，欧洲议会指定 ENVI 委员会[①]，根据欧盟委员会提交的 CBAM 草案，起草代表欧洲议会立场的报告。2022 年 1 月 5 日，ENVI 委员会提交了《CBAM 草案报告》，并提出四个主要方面的修订意见：一是增加对有机化工、塑料、氢等类别的监管，并涵盖电力行业间接排放；二是加快推进实施[②]；三是加快取消免费配额[③]；四是新增对优惠政策的规定。

按照立法程序，欧洲议会国际贸易、预算、发展、工业等相关委员会将对 CBAM 草案提出修订意见并投票。2022 年 1 月 25 日，欧洲水泥协会、欧洲钢铁协会、欧洲肥料制造商协会、欧洲金属协会、欧洲铝业协会发布了《能源密集型行业关于 CBAM 的联合声明》。从这份声明看，欧盟产业界反对加速取消免费排放配额和电价补贴，提出在欧盟碳价[④]不断上涨的情况下，过快取消免费配额会严重损害欧盟产业的竞争力。行业联盟还希望立法机构对出口货物的碳价成本制定解决措施，此外，还建议延迟 CBAM 的全面实施。

欧盟委员会、欧洲议会和行业协会的意见，充分反映出欧盟政客和企业经营者之间对 CBAM 的推进和具体实施存在分歧（见表 2）。2021 年 EU-ETS 欧盟市场碳价从 32.66 欧[⑤]一度上升至 87.45 欧，2022 年 2 月 8 日，更是达到创纪录的 97.51 欧，在碳价不断攀升的背景下，政府和企业在推进 CBAM 的问题上，其分歧和矛盾将进一步凸显。

---

① 欧洲议会有 26 个委员会（committee），ENVI 委员会是指环境、公共卫生和食品安全委员会。

② 将欧盟委员会 CBAM 草案提议的 3 年过渡期缩短为 2 年，并在 2025 年正式实施。

③ 欧盟内部实施碳排放交易制度，向监管的控排企业需征收碳排放费用，同时对某些行业提供免费的排放配额以保持该行业竞争力。CBAM 草案提议 2036 年取消免费配额，该报告则建议将这一时间提前至 2028 年。

④ 碳排放价格，计价单位欧元/吨，指排放每一吨相当于二氧化碳当量温室气体的价格。

⑤ 实际单位为欧元/ tCO_2e，即排放相当于 1 吨二氧化碳当量温室气体的价格。

表 1 欧盟委员会、欧洲议会、行业协会对 CBAM 草案的主要分歧

	欧盟委员会	ENVI 委员会	行业协会
涉及行业范围	水泥、电力、化肥、钢铁、铝；不包括间接排放	增加有机化工、塑料、氢类别；涵盖电力行业间接排放	—
实施时间	3 年过渡期（2023—2025）；2026 年正式实施	2 年过渡期（2023—2024）；2025 年正式实施	2023—2025 年数据收集；2026—2029 年测试阶段（仅对无免费配额行业适用）；2030 年全面实施
免费配额	从 2026 年起递减 10%，至 2036 年完全取消	从 2025 年开始递减，到 2028 年底完全取消	不应过快取消免费配额

三、俄乌局势可能影响碳边境调节实施效果

2022 年 2 月 24 日，俄罗斯在乌克兰开展特别军事行动。当前，俄乌冲突对世界经济政治格局带来巨大冲击，如冲突进一步升级，还会引发经贸、金融、能源、粮食、产业链、供应链等更严重的全球危机。碳市场走势以及碳边境调节机制的制定和推进也将不可避免受到影响。

（一）俄乌冲突下，CBAM 对欧盟和我国相关行业成本影响比例缩小

1. 能源价格影响欧盟碳价

俄乌冲突以来，市场对能源供应担忧加重，欧洲天然气价格较冲突前大幅上涨，2022 年 3 月 7 日，欧洲天然气期货单日最高涨幅达到 79%，涨至 3 800 美元/千立方米。气价上涨，同时拉升原油价格刷新历史高点。3 月 8 日，5 月交货的伦敦布伦特原油期货价格收于每桶 127.98 美元的高位。能源价格飙升，导致各类生产成本增加，企业生产消极，部分行业大幅减产，碳市场排放交易需求骤减。3 月 7 日，欧盟碳价自一个月前 97.51 欧元/吨的高价位跌至 57.91 欧元/吨。最近两周伴随能源价格回跌，欧盟碳市场价格有所回升，碳价维持在 75～80 欧元小幅波动。

2. 欧盟实施 CBAM 后，将同步取消对欧盟企业的免费配额

根据能源基金会预测[①]，在 60 欧元/吨的碳价水平下，取消免费配额将造成欧盟钢铁成本增加 21%，铝成本增加 7.6%；实施 CBAM 将使中国向欧盟出口钢铁成本增加约 25%，出口铝成本增加 9%。但在当前俄乌局势下，能源价格攀升、碳排放价格下跌，欧盟生产成本增加幅度远超碳排放成本，即碳排放对价格调节的影响缩小。欧盟试图通过碳价边境调节增加进口货物碳排放成本进而提升欧盟产品竞争力的努力，不仅效果显得微不足道，还可能进一步影响其下游产业，对自身造成难以估计的伤害。

① 基于 2019 年数据进行测算。

（二）CBAM 涉及行业影响显著

受俄乌局势影响，CBAM 草案涉及的水泥、电力、化肥、钢铁、铝等五个能源密集行业受影响显著。

1. 天然气价格导致能源密集型行业减产

研究显示，天然气约占欧盟总能源消耗的四分之一，其中 26%用于发电，23%用于工业生产。天然气价格上涨导致电力成本急剧上升，不论作为一次能源还是二次能源，天然气涨价使能源密集型行业承担高额成本。近期，德国、意大利等多家钢铁厂纷纷宣布减产或停产。而以天然气为生产原料的化肥产业也遭受重挫。2021 年 9 月以来英国多家化肥厂因天然气价格上涨关闭，而近期天然气价格暴涨进一步推升了化肥生产成本，欧洲部分化肥厂相继采取了停产或减产等措施，全球化肥产量减少和需求缺口巨大使得本已紧张的化肥市场更加风雨飘摇。

2. 出口禁令影响化肥及下游产业

俄罗斯是世界上最大的氮肥出口国、第二大钾肥和磷肥出口国，白俄罗斯也是全球主要的化肥出口国，俄罗斯与白俄罗斯提供约 15%的世界化肥需求。受原料及通胀等诸多原因影响，国际化肥价格从去年开始就大幅上涨。统计显示，自 2021 年 1 月以来，全球化肥市场铵的价格上涨了 220%，尿素上涨了 148%，磷酸二铵上涨了 90%，氯化钾则上涨了 198%。近日美国威胁制裁俄罗斯化肥，使得国际化肥市场开启新一轮上涨潮。3 月 10 日，俄罗斯工业部宣布暂停化肥出口。伴随全球最大化肥出口国按下暂停键，其他化肥出口国紧跟脚步暂停出口，让价格飙涨的化肥产业雪上加霜。

预计未来，欧盟化肥产能下降和市场巨大缺口将对欧盟农业规划及生产、民生带来一系列连锁反应。短期内，对进口化肥实施边境碳价调节，将带来适得其反的效果。

四、俄乌局势带来新挑战

（一）欧洲议会意见不一

按立法程序，欧洲议会的国际贸易、预算、发展、工业等相关委员会将对欧盟委员会的 CBAM 草案提出修订意见。其中国际贸易（INTA）委员会因其独具 WTO 规则和欧盟自贸协定相关的专业知识与判断，其意见尤为重要。

2021 年 11 月 29 日，INTA 委员会针对欧盟委员会的 CBAM 草案起草了修订意见，提出了相较 ENVI 委员会更为激进的建议。该修订意见在 2 月 28 日 INTA 委员会的投票中，以 19 票赞成，20 票反对，3 票弃权的结果，一票之差未获通过。这意味着 INTA 委员会未能就如何修改欧盟委员会的 CBAM 方案形成统一意见，也拿不出给牵头的 ENVI 委员会的正式建议。

后续，欧洲议会其他相关委员会还将对 CBAM 草案和草案报告进行辩论，提出修改意见并投票。这个过程可能重复一次或多次，再由牵头的 ENVI 委员会形成最终的《CBAM 草案报告》，并在欧洲议会全体会议上审议。

（二）欧盟各国各有打算

受限于全球天然气、石油产能，能源运送能力和成本问题，以及欧盟与能源产出国意识形态和历史缘由导致的隔阂，西方在寻求能源的外交路上并不太顺利。面临严峻的能源安全挑战，欧盟大部分国家表示不能立即摆脱对俄罗斯天然气、煤炭等的需求。天然气方面，欧盟委员会仅提出了削减三分之二需求，在 2030 年前结束对俄天然气依赖的计划。但波兰在摆脱俄罗斯能源依赖上十分激进，不仅表示将在 2023 年停止购买俄罗斯天然气，近期还通过了禁止从俄罗斯进口煤炭的立法草案。

事实上，波兰对煤炭的依赖很大，约 70%的电力是燃煤发电。而波兰每年煤炭消费量的五分之一需要进口，且超七成①的进口煤炭（约 1000 万吨）来自俄罗斯。另外，波兰是欧盟最大的产煤国。但波兰的煤矿开采污染大，对邻国捷克造成严重影响，并为此产生数年的司法纠纷。除波兰外，欧洲个别国家也出现了增加煤炭使用的呼声。由于碳排放问题，欧盟对加大煤炭开采和发展煤电持消极意见。倘若波兰通过禁止俄罗斯煤炭进口为开采本国褐煤提供行动正义，或一些欧洲国家增加煤炭使用，必将损害欧盟苦心经营的碳排放体系，欧盟的绿色新政和气候行动将进一步遭受质疑，其在国际社会的低碳话语权和“先驱”形象也将荡然无存。

（三）未来走向待进一步观察

2022 年 3 月 15 日，欧盟（部长）理事会上通过了 CBAM 的“普遍方案”②。欧盟（部长）理事会通过这种方式向欧洲议会传达其对该立法的初步立场，希望以此加快立法程序，促成欧洲议会和欧盟理事会最终达成一致意见。但该立场并非欧盟理事会最终立场。

后续，欧洲议会如审议通过“CBAM 草案报告”，形成的欧洲议会立场文件将交由欧盟理事会研判表态。届时，欧盟“三大班子”（欧洲议会、欧盟委员会、欧盟理事会）可能会进行三方协商。最终欧盟理事会可对议会的立场文件“通过”或“修改”。如果理事会认为要修改则进入二读程序。

五、海关参与应对欧盟 CBAM 的建议

针对欧盟 CBAM 对进口货物实施边境税调节的情况，海关作为我国进出口货物的监督管理机关，应结合职能，高度关注并持续跟进欧盟最新碳政策的研究，提前谋划，做好相应的措施应对。

（一）关注境外政策动向，建言国际磋商合作

持续跟踪 CBAM 立法进展，对 CBAM 的具体措施、实施细则以及豁免情况进行全面的分析，加强 WTO 和 WCO 框架下碳边境调节机制的合作的研究，为形成有利于我国的行动方案建言献策。

---

① 2020 年数据。
② “adopt a general approach”。

（二）加强标准技术指导，提升企业竞争能力

结合我国出口实际，分析 CBAM 对我国外贸，尤其相关行业的影响，指导并探索开展“碳足迹认证”“碳排放核查”等碳排放评价标准认证，帮助企业和行业提升碳排放管理水平，降低企业在对欧出口中承担的碳价成本，突破低碳绿色技术新壁垒。

（三）探索合理应对措施，做好海关政策储备

开展对高污染、高耗能的“两高”产品以及高碳产品的进出口限制性措施的研究，力求削减碳边境调节措施对我国出口贸易的影响。推动我国碳标签等制度体系与国际碳排放评价认证接轨，提升我国在全球低碳转型过程中在技术、标准、规则等领域的话语权和影响力。

俄乌冲突撼动了世界能源格局，使能源安全、气候变化、经济安全等各种考量的权重发生了变化。当前，欧元区通胀达到 8%，欧盟各国消费者指数也达到历史高点。而欧盟对俄罗斯制裁带来的反噬，使其国际贸易承担更高成本，未来的经济、社会、民生问题还在继续发酵。鉴于此，各国政府立场、党派态度、行业协会意见以及社会民众的持续反应都可能对 CBAM 的具体实施和推进带来影响，以气候为基础的贸易措施将何去何从，还需持续关注。

参考文献

[1] Boehringer C, Fischer C, Rosendahl K E. The global effects of subglobal climate policies[J]. B.E.Journal of Economic Analysis & Policy, 2010, 10(2):13.

[2] Joint Statement by energy intensive sectors on CBAM [EB/OL]. [2022-01-25]. https://www.eurofer.eu/publications/position-papers/joint-statement-by-energy-intensive-sectors-on-cbam/.

[3] Ordinary legislative procedure [EB/OL]. [2022-08-30]. https://www.europarl.europa.eu/infographic/legislative-procedure/index_en.html.

[4] Proposal for a regulation of the European parliament and of the council establishing a carbon border adjustment mechanism [EB/OL]. [2022-07-14]. https://op.europa.eu/en/publication-detail/-/publication/a95a4441-e558-11eb-a1a5-01aa75ed71a1/language-en/format-PDF/source-search.

[5] 世界银行. 2021 年碳定价机制现状和趋势[R]. 2021.

[6] 贺小勇. 论世贸组织体制下的环境边境税调整[J]. 国际商务：对外经济贸易大学学报，1997（5）：5.

[7] 胡国珠，张蕾. 边境碳调节措施的贸易与环境效应的局部均衡[J]. 国际经贸探索，2010（11）：6.

[8] 张文城，彭水军. 不对称减排、国际贸易与能源密集型产业转移——碳泄漏的研究动态及展望[J]. 国际贸易问题，2014（7）：10.

美国气候政策的发展演变及外贸应对策略

蒋小葵，唐诗，董伟，向勇，胡江涛，帅培强，徐畅，
杨博，李瑛，帅春江，王恩慈[①]

【摘　要】通过对《联合国气候变化框架公约》以来美国历届政府的气候政策梳理和分析，发现其气候政策呈现鲜明的反复性。这既与历届政府施政理念、政策倾向、党派特点、总统性格特点有关，也与时代背景、美国三权分立的政治体制有关。本文分析了当前拜登政府气候政策可能对我国碳减排目标、出口贸易、“一带一路”建设、清洁低碳技术带来的影响和压力，提出坚定实施我国碳达峰碳中和目标、“打谈结合”畅通中美沟通合作渠道、加快我国出口产业绿色转型升级步伐、提升国际规则制定的话语权和影响力的应对策略。

【关键词】美国；气候政策；外贸；应对策略

美国是当今世界上最大经济体，温室气体排放量位居全球第二，仅次于我国。其气候政策对全球应对气候变化和经济发展都具有重要影响。中美两国互为第一大贸易伙伴国，若美国将气候政策与贸易挂钩，势必影响我国对美贸易。在当今全球应对气候变化的雄心越来越强烈的现实下，本文拟通过解读美国历届政府气候政策演变，分析其气候政策特点以及对我国的影响，并提出应对策略，以期为我国在全球应对气候变化新发展阶段，制定积极主动的对外贸易政策提供一些参考。

一、全球应对气候变化政策沿革

随着全球气候变暖问题日渐突出，环境治理成为全球关注的热点，国际组织和世界各国纷纷采取行动应对全球气候变化。

1992 年 6 月在联合国环境与发展大会上，150 多个国家以及欧洲经济共同体共同签署《联合国气候变化框架公约》，确定了“把大气中的温室气体含量稳定在一个适当的水平，进而防止剧烈的气候改变对人类造成伤害”的发展目标。在该公约基础上，陆续形成了《京都

① 第一作者：蒋小葵，成都海关技术中心高级工程师，学士，从事蚕丝检测及低碳政策与技术研究。通讯作者：向勇，成都海关副处长、副高，硕士，从事海关政策与统计分析研究。其他作者：唐诗，成都海关技术中心助理工程师，硕士，从事食品检测及低碳政策与技术研究；董伟，成都海关技术中心主任、正高级工程师，学士，从事轻纺产品检测及低碳政策与技术研究；胡江涛，成都海关技术中心副主任、正高级工程师，硕士，从事食品检测及低碳政策；帅培强，成都海关技术中心副主任、高级工程师，博士，从事食品检测及低碳政策与技术研究；徐畅，成都海关技术中心分部主任、高级工程师，硕士，从事机电产品检测及低碳政策与技术研究；杨博，成都海关科长、副高，硕士，从事海关商品归类及低碳政策研究；李瑛，南充海关副科长，学士，从事海关稽核查及低碳政策研究；帅春江，成都海关副高，硕士，从事进出口动植物监管及低碳政策研究；王恩慈，上海海关学院讲师，博士，从事环境经济学与能源经济学研究。

议定书》（1997）与旨在促使其落实的《马拉喀什协议文件》（2001）、《德里宣言》（2002）、“控制气候变化的蒙特利尔路线图”（2005）和“巴厘岛路线图”（2007）等协议和计划。

2015 年 12 月，《联合国气候变化框架公约》近 200 个缔约方在巴黎气候变化大会上达成《巴黎协定》，这是继《京都议定书》后第二份有法律约束力的气候协议，为 2020 年后全球应对气候变化行动做出了安排。协定中明确“到本世纪末把全球平均气温较工业化前水平升高控制在 2 °C 之内，并努力把升温控制在 1.5 °C 之内”的量化目标，按照“共同但有区别的责任”原则、公平原则和各自能力原则，进一步加强联合国气候变化框架公约的全面、有效和持续实施。

伴随全球应对气候变化政策的推进，欧美等发达国家在本国或联盟内颁布相应法规，对温室气体的排放进行管制。

二、美国气候政策的发展演变

以 1992 年《联合国气候变化框架公约》签署为时间轴起点，解读在全球应对气候变化的历史进程中，美国历届政府应对气候变化政策的态度、措施和影响。

（一）老布什政府签署《联合国气候变化框架公约》

老布什执政时期（1989.01—1993.01），美国已经认识到气候变化问题亟待关注，但并未提升到战略高度去重视。当时，整个社会对气候变化带来的危害性后果缺乏思考，全球变暖的认知存在多种观点，研究结论及相关判断并不能让人信服，老布什政府缩小了气候变化方面的投入。但是在对外关系上，老布什政府还是表现出积极的合作态度，1992 年迅速签署和批准了《联合国气候变化框架公约》[1]，同时也明确表示不同意弱化发展中国家应对气候变化义务。

（二）克林顿政府签署《京都议定书》

克林顿执政时期（1993.01—2001.01），在气候变化议题上采取了积极主动政策。在国际上，努力促进美国在应对气候变化中发挥的领导作用；在国内，努力把环境问题与国家安全联系起来，成立了总统可持续发展委员会，提升了环境问题在国内政治议题上的优先性[2]。这个时期，美国采取了一系列应对气候变化措施，但是成果非常有限，环境问题仍未真正进入美国政府战略视野。尽管克林顿政府签署了《京都议定书》，但是并没有采取行动降低排放，更多的是一种姿态性表示[1]。

（三）小布什政府退出《京都议定书》

小布什执政时期（2001.01—2009.01），应对气候变化经历了从漠视到做出一定调整的过程。小布什第一届任期，美国环境和气候外交回归共和党的保守传统，基本采取自由放任的气候政策。2001 年 4 月小布什上任初期宣布美国退出《京都议定书》，继续不满意该议定书没有为发展中国家规定减限排义务，特别强调中、印等温室气体排放大国也必须受到约束。

同时还认为落实《京都议定书》会影响国内经济，全球缺乏消除和储藏二氧化碳可行技术。小布什第二届任期，由于国际和国内要求重视气候变化的呼吁日益强烈，小布什政府才承诺美国到 2025 年前将停止温室气体排放量增长。但这一切也仅仅停留在对气候变化严重性的认识上，没有采取实质性减排措施[1]。

（四）奥巴马政府探索“绿色新政”

奥巴马执政时期（2009.01—2017.01），以应对气候变化为契机，以“清洁能源革命”为引领的“绿色新政”兴起。奥巴马政府把气候变化和能源安全与独立捆绑在一起，把绿色政治由一般性对外政策议题提升为兼具内外的战略性议题[3]，推行了《美国复苏与再投资法案》《美国清洁能源与安全法案》《总统气候行动计划》《清洁电力计划》等一系列绿色政治实践。以此提高美国应对气候变化的全球领导力，促进国内绿色就业，探索新经济增长模式，实现美国经济复苏。然而，在应对气候变化对外关系上，奥巴马政府并没有实质性的改变。仍然不愿意承诺减排目标，反对《京都议定书》式的条约，反对国际法定义务，坚持认为中国、印度、南非和巴西等发展中国家必须承诺放缓温室气体排放量的增长速度。

（五）特朗普政府推出“美国第一能源计划”

特朗普执政期间（2017.01—2021.01），推翻了奥巴马政府时期的气候政策。特朗普上任伊始就发布了“美国第一能源计划”，作为未来国家能源政策总纲领[4]，实施“美国优先”国家战略，反对美国在应对气候变化的国际合作中发挥领导作用。取消总统气候行动计划，放弃奥巴马政府“温室气体排放社会成本”（奥巴马执政末期为 50 美元/吨，特朗普政府修改为 1 美元/吨[5]）核算，宣布退出《巴黎协定》[6]。

（六）拜登政府注重“气候外交”

拜登执政以来（2021.01—），沿袭了民主党积极的气候政策主张，将气候危机置于美国外交政策和国家安全中心。拜登上任伊始就签署了多项气候政策行政命令，宣布重返《巴黎协定》，并将气候变化列入 G20、G7 议题重点，承诺到 2030 年美国的温室气体排放量较 2005 年将减少 50%，彻底扭转特朗普政府的消极做法，希望能够重新获得全球气候问题的话语权和领导权。在内政上，强化有效实施气候政策的组织保障，首次设立国家气候顾问职位，任命总统气候特使[3]，全面推动气候政策实施；通过“绿色新政”改革美国经济发展模式，提高清洁能源比重，鼓励清洁能源行业就业。在外交上，致力于与盟友合作，筹划对“未能履行气候和环境义务”国家的商品征收碳边境调整税[7]。利用“气候外交”创造本国的就业率，以及创造出口机会[8]。

从上述六届美国政府实施的气候政策可以看出，美国应对气候变化政策呈现鲜明的反复性，有些甚至是颠覆性的变化。分析其原因，这与美国历届政府的施政理念、政策倾向、党派特点、总统性格特点有关，也与对气候变化影响的认知度、时代背景、美国三权分立的政治体制有关。国会在应对气候变化政策实施上也发挥着重要作用，2010 年由于共和党的抵制，《美国清洁能源与安全法案》未获国会通过而搁置。

不过，美国历届政府在应对气候变化政策上还是存在共识：基本都认为气候变化是一个需要关注的问题，坚持国家利益至上，认为减少温室气体排放需要通过市场手段来实现，担心承诺减排阻碍国内经济发展，强调中、印温室气体排放大国等发展中国家应承担更多的减排义务。未来，在全球“绿色新政”浪潮下，气候外交、气候规则将是美国重塑国际领导力的重要手段。

三、美国当前气候政策对我国的影响

拜登政府执政后，虽然在安全、外交以及应对气候变化等领域重回奥巴马政府时期的国际多边框架，积极推动应对气候变化国际合作，修复美国与欧盟、中国等主要国际组织和国家在可持续发展等领域的合作。但是，美国重回《巴黎协定》的主要目的是以应对气候变化为契机，重拾美国在全球的领导地位；以低碳技术领域的领先优势为抓手，加快实现绿色经济转型，提振美国经济。因此，美国遏制和规锁中国的战略基调不会发生根本性变化，中美关系将长期处于对抗、竞争、合作三轨并行状态。

（一）我国减排目标可能遭遇加码

2021 年 4 月 22 日在全球领导人气候峰会上，美国更新了国家自主贡献目标（NDC），承诺 2030 年温室气体排放水平比 2005 年减少 50%～52%，2050 年前全面实现净零排放。基于美国的压力，不少国家再次提高了减排目标。加拿大将 2030 年减排目标由 30%提高到 40%～45%；英国提出 2035 年碳排放比 1990 年减少 78%；日本将 2030 年减排目标由 26%提高至 46%；德国也将 2030 年碳减排目标从 55%提高到 65%，并且提出 2045 年实现碳中和，比原计划提前五年。拜登宣称将采取更加有力措施，要求发展中国家提高应对气候变化的贡献度。未来，拜登政府或将进一步加大对中国施压。鉴于中国提出 2035 年达到中等发达国家水平的发展目标，拜登政府可能要求中国参照发达经济体标准，将碳中和时间表提前。尽管中国已承诺到 2060 年实现碳中和，但拜登认为中国尚没有改变 2030 年的碳强度目标，势必要求中国在应对气候变化领域做出更多承诺[7]。

（二）我国对外贸易可能遭遇各式“碳关税”联合打压

2009 年美国众议院通过《美国清洁能源安全法案》，拟从 2020 年起对未实施碳排放限额国家的进口产品征收碳关税或实施配额管理，而后由于参议院未通过而被搁置。拜登竞选纲领和 2021 年贸易议程均提到要建立碳边境调节机制（CBAM）。2021 年欧盟推出 CBAM 法案，试图联合美国等发达国家将欧盟 CBAM 打造成为“全球模板”，拟对进口水泥、电力、化肥、钢铁、铝产品征收“碳关税”。2021 年 7 月美国民主党提出一项议案，拟向中国及其他“并未有效减少自身温室污染”的国家部分进口商品征收“污染方进口费”，后来因担心通货膨胀，白宫撤回了对民主党的碳边境税提案支持[9]。2021 年 10 月 31 日，白宫宣布美国与欧盟就 2018 年以来发生的钢铝贸易争端达成和解，将在 2024 年之前成立全球首个“碳俱乐部”——以碳排放为标准的全球钢铁贸易协定，对抗包括中国在内的其他国家廉价钢铁涌入[10]。

另外，拜登政府重启奥巴马政府时期的碳排放社会成本核算方法，2021 年核定为 51 美元/吨[11]。2021 年我国对美国出口 5761.14 亿美元[12]，若美国对进口产品也征收 51 美元/吨的碳排放社会成本费，则我国对美贸易可能新增出口成本约 170.41 亿美元/年。仅此一项，我国对美贸易成本将增加约 3.0%。美国有可能联合盟国实施 CBAM、污染进口费、碳社会成本费等多种方式“碳关税”打压我出口空间，钳制我国出口优势产业发展。

（三）“一带一路”建设绿色转型压力加大

“一带一路”倡议是我国新一轮开放和“走出去”战略重点，与沿线各国构建一个互惠互利的利益、命运和责任共同体，得到沿线各国积极响应和支持，我国已经同 140 个国家和 31 个国际组织签署“一带一路”合作文件。2021 年，我国与共建“一带一路”国家货物贸易 11.6 万亿元，同比增长 23.6%，创 8 年来历史新高，占我国外贸总额比重 29.7%[13]。长期以来，美国抨击“一带一路”倡议为“中国威胁”“债务陷阱”。拜登曾公开指责中国向共建“一带一路”国家出口煤炭、投资煤电项目，是为了转移碳排放，是中国对世界环境的威胁。拜登在与英国首相通话中建议在民主国家间发起一个倡议来对抗“一带一路”倡议。英国、法国和德国等国家的政府官员及媒体也曾多次质疑中国参与共建“一带一路”国家煤电项目。随着美欧在应对气候变化领域的政策逐渐趋同，“一带一路”倡议将会在美国及其盟国传统势力范围面临更大压力。

（四）我国清洁低碳技术可能遭遇规锁

美国在可再生能源、碳捕集、利用与封存（CCUS）等方面都有较早的实践、较强的科技实力和产业基础。拜登政府实施气候变化新政，就是依赖美国在低碳技术领域的全球领先优势实力，重新争夺国际气候合作的主导权。而我国已成为世界上最大的光伏电池、风电、锂离子电池和电动汽车制造商。未来中美在清洁能源及低碳技术领域的竞争在所难免。

拜登政府执政后将科技作为政府工作的重中之重，确保美国在科技创新上始终处于领先地位。对中国的政策由全面施压与脱钩转变为在科技领域重点打压与突破，通过出口管制、技术转让限制、并购限制等方式，限制集成电路、通信技术、新能源、人工智能、低碳技术等高新技术流入我国。2022 年 3 月 1 日，美国发布 2022 年度贸易政策议程中称，美国正在重新调整对华贸易政策，以打击非市场行为，通过贸易政策促进可持续的环境实践，收紧对敏感技术的出口管制等[14]。2022 年 2 月 28 日，美商务部拟对来自越南、马来西亚、泰国和柬埔寨的光伏产品启动反规避调查，调查中国太阳能生产商是否通过上述四国开展业务来非法规避太阳能关税[15]。其目的就是压制我国光伏产业竞争优势。

四、应对美国气候政策变化措施与建议

（一）坚定不移实施我国碳达峰碳中和战略目标

2030 年前实现碳达峰、2060 年前实现碳中和，是以习近平同志为核心的党中央统筹国内国际两个大局做出的重大战略决策，是实现中华民族永续发展的必然选择，是构建人类命运

共同体的庄严承诺。但是，在应对气候变化领域，我国的发展晚于发达国家，是世界第一大碳排放国。2021 年我国碳排放总量超过 103 亿吨，约占全球碳排放总量 27%，能源消费总量和二氧化碳排放总量仍将继续增加。实现碳达峰到碳中和的时间跨度仅有 30 年，远低于欧美发达国家 40—50 年的跨度，减排任务艰巨。因此，我们必须坚持“全国统筹、节约优先、双轮驱动、内外畅通、防范风险”的原则，坚持全国一盘棋，持续降低单位产出能源消耗和碳排放，统筹发展和安全、统筹做好应对气候变化的对外斗争与合作，不断增强国际影响力和话语权，坚决维护我国发展权益，确保安全降碳和既定减排目标如期实现[16]。

（二）畅通中美沟通合作渠道

当前国际形势剧烈动荡、国际经济复苏困难、全球新冠疫情肆虐。2022 年 3 月拜登总统与习近平主席通话时表示美方愿同中方坦诚对话，加强合作，坚持一个中国政策，有效管控好竞争和分歧，推动美中关系稳定发展[17]。美国无论在政治、经济、气候等方面都离不开与中国合作，有希望借助中国率先恢复的经济活力帮助美国早日实现经济复苏的内在需求。因此，中美应加强应对气候变化合作，推动全球应对气候变化进程，这是国际社会所期待的。首先，以《中美应对气候危机联合声明》为基础，开展温室气体排放应对交流合作。充分发挥《巴黎协定》规则“通过减排成果国际转让合作方法促进各国家实现自主贡献目标”，将美国清洁能源技术应用与应对气候问题挂钩，为中国节能减排提供技术支撑。其次，坚持“共同但有区别的责任”的减排原则，防止美国在工业化进程远快于我国且已碳达峰多年的情况下，强行要求我国履行同样的减排承诺，变相利用减排要求，通过能源消耗手段压制我国发展速度。

（三）加快我国出口产业绿色转型升级步伐

“绿色新政”正成为全球应对气候变化、转变国内经济发展方式的主要抓手，也成为欧美等发达国家打压他国的政治工具。欧盟推出 CBAM 就是借口全球气候治理，单方面实施贸易保护主义的具体体现。当前，第四次工业革命来临，其显著的特征就是实现碳排放量与经济发展彻底脱钩[18]，而我国目前还处于经济和碳排放量双重增长的发展态势。我国是世界第一大出口国，也是美国最大贸易伙伴国，要破解进口国拿“碳”说事的各种贸易壁垒，必须坚定不移走生态优先、绿色低碳高质量发展道路。一方面要加快建立绿色贸易体系，加快出口产业向绿色、低碳、循环发展高质量转型，严格管理高能耗高排放产品出口。政府、行业、企业各级层面都应积极行动起来减污降碳，坚决防止“上热、中温、下冷”现象，上下联动推动我国碳减排目标如期实现。另一方面要推进绿色“一带一路”建设，加快“一带一路”投资合作绿色转型，大力推进南南合作，帮助发展中国家提高应对气候变化的能力，积极推动我国新能源等绿色低碳技术和产品走出去，努力推动我国成为全球生态文明建设的参与者、贡献者、引领者。

（四）提升国际规则制定的话语权和影响力

一是倡导更为包容的多边主义，积极参与世界贸易组织（WTO）改革，坚持“非歧视”和“开放性”主张，最大限度争取国际力量，共同维护多边贸易体制和《巴黎协定》。二是加快建立我国碳管理制度及其评价体系。探索制定我国高碳产品出口限制税则，主动消减发达国家 CBAM 等碳关税对我国出口贸易的影响。加快建立以“碳足迹认证”“碳排放核查”“碳排放交易”为主的碳排放评价标准认证和交易体系，主动与国际碳排放规则接轨，提升我国在全球低碳转型过程中在技术、标准、规则等领域的话语权和影响力。

参考文献

[1] 美国历届政府气候政策的变化[EB/OL]. [2019-03-17]. http：//www.tanpaifang.com/tanguwen/2019/0317/63274_2.html.

[2] 朱松丽，高世宪，崔成. 美国气候变化政策演变及原因和影响分析[EB/OL]. [2019-02-27]. http：//www.doc88.com /p-0012541625485.html.

[3] 史泽华. 美国“绿色新政”的兴起、实践与困境[J]. 当代美国评论，2021（4）：70-128.

[4] 舟丹. 特朗普能源新政策的影响[J]. 中外能源，2019，24（10）：39.

[5] 碳排放社会成本到底几多？特朗普政府说 1 美元/吨，拜登政府正在重新计算[EB/OL]. [2021-01-27]. https：//www.in-en.com/article/html /energy-2300895.shtml.

[6] Statement by President Trump on the Paris Climate Accord [EB/OL]. [2017-06-01]. https：/www.whitehouse.gov/ the-press -office/2017/06/01/statement- president-trump-paris-climate-accord.

[7] 刘建国，戢时雨，崔成，等. 拜登政府气候新政内容及其影响[J]. 国际经济评论，2021（06）：161-176 + 8.

[8] 单卫国. “气候外交”，拜登执政新战略[J]. 中国石油石化，2021（1）：36-37.

[9] 发达国家碳边境税计划引争议，全球减碳合作走向何方？[EB/OL]. [2021-09-04]. https：//baijiahao.baidu.com /s?id = 1709980826891482664&wfr = spider&for = pc.

[10] FACT SHEET：The United States and European Union To Negotiate World's First Carbon-Based Sectoral Arrangement on Steel and Aluminum Trade[EB/OL]. [2021-10-31]. https：//www.whitehouse.gov /briefing-room/statements-releases/2021/10/31/ fact-sheet-the-united-states-and-european-union-to-negotiate-worlds-first-carbon-based-sectoral-arrangement-on-steel-and-aluminum-trade/

[11] 拜登政府将碳排放社会成本由 1 美元升至 51 美元/吨[EB/OL]. [2021-02-28]. https：//zhuanlan.zhihu.com/p/353610390.

[12] 中国海关总署：2021 年中美贸易额 7556.45 亿美元[EB/OL]. [2022-01-24]. http：//www.360doc1.net/wxarticlenew/1014725566.html.

[13] 我国与“一带一路”沿线国家货物贸易额创新高[EB/OL]. [2022-02-27]. http：//www.gov.cn/xinwen/2022-02/27/content_5675884.html.

[14] 美国正在重新调整对华贸易政策[EB/OL]. [2022-03-04]. https：//baijiahao.baidu.com/s?id = 1726389545507484595&wfr = spider&for = pc.

[15] 美国正在准备新的对华贸易政策做法？商务部：中美双方经贸团队保持正常沟通[EB/OL]. [2022-03-31]. https：//baijiahao.baidu.com/s?id = 1728800635130622832&wfr = spider&for = pc.

[16] 中共中央 国务院关于完整准确全面贯彻新发展理念做好碳达峰碳中和工作的意见[EB/OL]. [2021-10-24]. http：//www.gov.cn/zhengce /2021-10/24/content_5644613.html.

[17] 习近平同美国总统拜登视频通话[EB/OL]. [2022-03-18]. http：//china.cnr.cn/news/20220319/t20220319_525770632.shtml.

[18] 充分认识实现“双碳”目标的必要性和艰巨性[EB/OL]. [2022-03-25]. https：//mbd.baidu.com/newspage/data/landingsuper?rs = 1056802422&ruk = -VrEFSFv14d1XCrQvqmUOA&isBdboxFrom = 1&pageType = 1&urlext = %7B%22cuid%22%3A%22guvGilPH- ilEivi2jiBoilal-igQa28Q_aHVi0a1H8Kr0qqSB%22%7D&context = %7B%22nid%22%3A%22news_8466838561286421033%22%7D.

欧盟碳边境调节机制对中国及四川省出口贸易的影响

蒋洁萍，张新蓉，康蕾，李骏松，辛怡颖①

【摘　要】近年来，欧洲碳减排要求日渐迫切，2022 年 6 月 22 日，欧洲议会通过碳边境调节机制（CBAM）法案修正案，计划从 2027 年 1 月 1 日起向出口欧盟的商品征收碳边境调节税。随着中国对欧盟出口贸易额的不断上升，研究碳边境调节税如何影响中国与欧盟间的出口贸易至关重要。本研究介绍了欧盟 CBAM 的发展历程、主要内容和实施流程；测算了中国和四川省各行业潜在的碳排放量和在 CBAM 框架下对欧盟的出口贸易可能被征收的碳关税；分析了不同征收范围下欧盟 CBAM 对中国出口贸易的影响，并提出应对 CBAM 法案的策略和建议。研究表明，CBAM 的实施会提升中国企业对欧盟出口贸易的成本，对金属冶炼、加工及制品，炼油、炼焦和化学产品的出口成本提升尤其明显；四川省金属制品业、非金属矿物制品业和化学工业将被征收数量可观的碳边境调节税，其中金属制品业的出口成本会因此产生明显提升。碳交易市场是推动实现最低成本减排的有效工具，中国可以通过创新碳减排技术、完善碳市场机制为应对 CBAM 提供更多支持。

【关键词】欧盟碳边境调节机制；碳排放；出口贸易影响；措施建议

2015 年 12 月，巴黎气候大会近 200 个《联合国气候变化框架公约》缔约方达成《巴黎协定》，约定各方将共同应对气候变化风险，以工业化前全球平均气温为基准，将气温上升幅度控制在 2 °C 以内，并努力达到 1.5 °C 以内的水平[1]。为协调欧盟的气候和贸易目标，欧盟提出建立碳边境调节机制（Carbon Border Adjustment Mechanism，CBAM），在严格实施欧盟应对气候变化政策的基础上，将进出口产品价格与碳排放量挂钩，旨在为内部生产者和外部竞争者创造公平的竞争环境[2，3]。

一、欧盟碳边境调节机制发展历程

碳边境调节机制最早可追溯到欧盟的碳税和碳关税政策。早在 1988 年多伦多气候大会后，欧盟主要成员国开始使用碳税作为工具调控国内高碳排放行业的排放量[4]。但相比无控排政策的国家，征收碳税增加了本国企业的成本。为此，欧盟一些国家提出推行碳关税，提升进口企业的碳成本，以提高本国企业的国际竞争力并防止碳泄漏。由于这一政策有贸易保护之嫌，碳关税遭受到多个国家反对，推行过程受阻。碳边境调节机制发展历程详见表 1[5]。

① 蒋洁萍，四川联合环境交易所常务副总裁、高级会计师，硕士，研究方向为碳交易、碳普惠、绿色金融；张新蓉，四川联合环境交易所绿色金融部总经理、中级经济师、中级会计师，硕士，研究方向为普惠金融、绿色金融、气候投融资；康蕾，四川联合环境交易所创新发展部咨询经理，硕士，研究方向为双碳政策、气候投融资；李骏松，四川联合环境交易所绿色金融部产品经理，学士，研究方向为绿色金融、气候投融资；辛怡颖，四川联合环境交易所绿色金融部项目经理，硕士，研究方向为绿色金融、气候投融资。

表 1　碳边境调节机制发展历程

时间	主要内容
2005 年	启动欧盟碳排放权交易体系（European Union Emission Trading Scheme，EU-ETS），对电力、航空、制造业等产业进行碳排放总量管控，并进行二氧化碳排放权限“欧盟排放配额”的交易
2019 年	发布《欧洲绿色新政》，宣布在 2050 年实现碳中和。为防止应对气候变化意愿和行动导致的碳泄漏风险，宣布制定碳边境调节机制，作为欧盟碳排放交易体系的重要补充
2020 年	向欧洲议会环境、公众健康和食品安全委员会（ENVI）提交 CBAM 计划草案，计划在 2023 年前引入 CBAM
2021 年	欧盟碳排放权交易体系排放配额的总量及免费配额的发放不断收紧，引发碳价大幅上涨和碳泄漏风险增加，欧盟加快 CBAM 的立法进程。7 月 14 日，欧盟委员会提出 CBAM 立法提案。12 月 21 日，欧洲议会环境、公众健康和食品安全委员会（ENVI）提出修正方案草案
2022 年	5 月 17 日，欧洲议会环境、公众健康和食品安全委员会（ENVI）通过 CBAM 法案。6 月 22 日，欧洲议会表决通过 CBAM 法案的修正案文本。欧盟委员会、欧洲议会、欧盟理事会三方进行协商，拟于 2022 年底之前完成立法
2023 年	CBAM 从 2023 年 1 月 1 日起开始实施，进入过渡期
2027 年	将于 2027 年 1 月 1 日起正式开始征收碳关税

二、欧盟碳边境调节机制主要内容

2021 年 7 月 14 日，欧盟委员会发布《建立碳边境调节机制》立法提案，明确 CBAM 实施日期、过渡期、征收范围、碳关税计算与缴纳等内容。2022 年 6 月 22 日，欧洲议会通过了 CBAM 法案修正案，延迟碳关税的起征日期并扩大征收范围，进一步表明欧盟实施碳边境调节机制的坚定决心。《建立碳边境调节机制》立法提案及 CBAM 法案修正案主要内容详见表 2[5-7]。

表 2　碳边境调节机制主要内容

项目	《建立碳边境调节机制》立法提案	CBAM 法案修正案变化内容
文件通过时间	2021 年 7 月 14 日	2022 年 6 月 22 日
实施日期	2023 年 1 月 1 日起开始实施，设置三年过渡期	实施起始日期不变，过渡期从立法草案的 3 年延长至 4 年，将于 2027 年 1 月 1 日起正式开始征收碳关税
过渡期政策	过渡期为 2023 年至 2025 年，共 3 年。在 CBAM 过渡期免费配额维持 100%，从 2026 年开始逐年减少，即到 2026 年欧盟产业免费配额降至 90%，之后每年递减 10%，直到 2035 年降至 0	过渡期延长至 2027 年，逐步取消免费排放配额，在 CBAM 过渡期免费配额维持 100%，从 2027 年开始逐年减少，即到 2027 年欧盟产业免费配额降至 93%，2028 年降至 84%，2029 年降至 69%，2030 年降至 50%，2031 年降至 25%，2032 年降至 0，比提案规定的免费配额完全退出时间提前 3 年
征收范围	水泥、电力、化肥、钢铁和铝 5 类产品	水泥、电力、化肥、钢铁、铝、有机化学品、塑料、氢和氨

续表

项目	《建立碳边境调节机制》立法提案	CBAM 法案修正案变化内容
未来征收范围规划	在 2025 年之前，根据收集的信息情况再进行研判	在 2025 年之前，加入当前 CBAM 征收产品的下游产品；在 2030 年之前，CBAM 将扩展至欧盟碳市场（EU-ETS）覆盖的所有行业
执行对象	欧盟国家、已实施与 EU-ETS 连接的国家以及冰岛、列支敦士登、挪威、瑞士及 5 个欧盟海外领地为豁免国家和地区，此外均是 CBAM 的执行对象	—
执行机构	由欧盟各成员国的执行机构负责 CBAM 政策落实	在欧盟层面建立统一的执行机构
纳税义务人	纳税义务人为进口商。进口商要向欧盟 CBAM 行政机关注册登记，成为“授权申报人”（注册进口商）	—
纳税义务人管理	进口需征收碳关税货物时，针对以下情形，须缴纳每吨二氧化碳排放当量 100 欧元的罚款，罚金随欧洲 CPI 的变动而增加： （1）未经注册的进口商； （2）注册进口商未提交或未按期足额提交 CBAM 电子凭证。 同时，对未能遵守 CBAM 法规的企业或个人，欧盟成员国可依据其国家规则处以行政或刑事处罚	未能按规定提交相应的 CBAM 碳排放额度证书的，罚款金额调整为上一年度 CBAM 证书平均价格的 3 倍
碳关税计算范围	征收碳关税的排放类别为进口产品的范围 1（直接排放）	除范围 1（直接排放）外，增加范围 2（间接排放）的征收
碳边境调节税计算方法	碳边境调节税等于进口商品实际碳排放量与欧盟同类产品免费配额量的差额乘以欧盟碳市场每周平均价格与出口国碳价的碳成本的差值	—
产品碳排放强度标准	（1）优先考虑实际值； （2）默认取出口国平均值； （3）在没有可靠数据的情况下，则取欧盟后 10%平均值	（1）优先考虑实际值； （2）默认取出口国后 10%平均值； （3）在没有可靠数据的情况下，则取欧盟后 5%平均值
碳关税缴纳	1 吨进口的碳排放量商品对应一张 CBAM 电子凭证，按照欧盟共同拍卖平台上一周拍卖的排放额度收盘价的平均价格计算价格，由 CBAM 行政机关在每周第一个工作日公布。CBAM 电子凭证按年统一结算，注册进口商须在指定日期前申报上一年进口各类应税货物的总量（电力产品以兆瓦时表示，其他货物以吨表示）、所含的碳排放量以及 CBAM 电子凭证数量	—
对最不发达国家的支持	无	将 CBAM 的收入用于支持最不发达国家的低碳转型

三、欧盟碳边境调节机制实施流程

欧盟征收碳边境调节税包括注册、预购、申报、结算、清算五个实施流程。首先，从欧盟外部进口受到碳边境调节机制管制产品的欧盟企业需要在欧盟 CBAM 系统中注册获得资质。为防止进口商集中买入 CBAM 凭证，欧盟要求进口商每季度至少预购一次，且每次预购的 CBAM 凭证至少覆盖 80%估算排放量。CBAM 凭证每年缴纳一次，价格根据欧盟碳市场实际运行情况每周更新一次。其次，产品碳排放强度申报可通过进口商在结算前向 CBAM 管理机构上报进口产品的实际排放量，也可由出口商自行在 CBAM 系统中注册，提交经第三方机构核查的产品实际排放量。在结算环节，进口商每年 5 月底之前按照实际排放量缴纳上一年度的 CBAM 凭证，若无相关数据则采用默认排放量。最后，对于进口商预购凭证总量超过其实际所需量的部分（即剩余凭证），欧盟将按照原价向进口商回购，但总量不会超过进口商上一年度购买凭证总量的三分之一，而上上一年度剩余的凭证将被直接清零。具体流程详见图 1[8]。

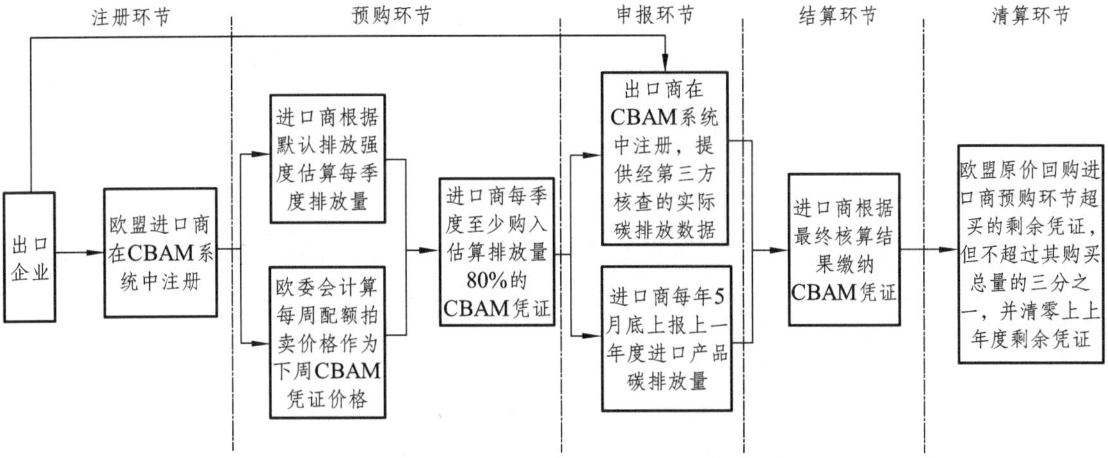

图 1　欧盟征收碳边境调节税实施流程

四、欧盟碳边境调节税实施对中国出口贸易的影响

（一）CBAM 对我国出口贸易带来的影响

CBAM 对我国出口贸易带来的直接影响主要表现为对企业出口欧盟的产品中的隐含碳征收碳关税，以及由此带来的企业出口成本的提升。因此，需对我国国民经济各行业生产过程中的碳排放量及出口欧盟产品中的隐含碳进行计算，以评估由碳关税带来的额外成本。

1. 碳排放计算方法及模型

国内各行业的碳排放量采用 IPCC 碳排放因子法计算，使用的能源消耗量数据来源于

《中国统计年鉴》[9]，计算方法及参数的选取参考刘斌[10]等的研究，采用的一次能源二氧化碳排放系数见表 3[11]。

表 3　中国一次能源二氧化碳排放系数

单位：kgCO_2/kg 标准煤

一次能源	煤炭	原油	天然气
碳排放系数	2.763	2.145	1.642

由于中国统计年鉴、2017 年中国非竞争性投入产出表和 UNcomtrade 数据库中对我国国民经济行业的统计分类方式不同[12]，为方便计算外贸出口中的隐含碳，参考沈利生[13]、张晓平[14]、刘斌[10]等的行业分类方法，将 3 个数据库中的中国出口贸易行业匹配划分为 11 个产品类别。由于服务业在出口贸易中所含的隐含碳较少，本研究中不考虑服务业所产生的隐含碳。

本研究使用投入产出法计算中国出口贸易中的隐含碳，包括最终产品整个生产过程所有直接排放和生产中间品间接排放的二氧化碳[15]。基本数据来源于中国 2017 年投入产出表和 UNcomtrade 数据库，具体模型公式如下：

$$X = AX + Y \tag{1}$$

$$C = E(I - A)^{-1} Y \tag{2}$$

$$C_e = E(I - A_d)^{-1} Y_e \tag{3}$$

式中：X 表示总产出向量；Y 表示最终产品向量；A 表示直接消耗系数矩阵；C 表示隐含碳排放量；E 表示各个行业构成的碳排放强度系数矩阵，碳排放强度指某行业单位产出所排放的二氧化碳；A_d 表示除去进口品技术系数后的中国产品技术系数；Y_e 为出口的需求（即出口额）；C_e 表示出口贸易所含的隐含碳。

2. 中国对欧盟出口贸易中的隐含碳分析

2019 年中国 11 个产品类别的碳排放量及外贸出口中的隐含碳见表 4，基本数据来源于《中国统计年鉴》和 UNcomtrade 数据库，按照中国外汇交易中心 2019 年平均汇率，1 美元兑 6.89 人民币。由表 4 可以看出，2019 年中国碳排放总量为 101.77 亿吨，其中，二氧化碳排放量最高的 5 个产品类别为电力、热力、燃气和水的生产和供应（41.17 亿吨），炼油、炼焦和化学产品（37.22 亿吨），金属冶炼、加工及制品（10.20 亿吨），采掘产品（5.27 亿吨）和非金属矿物制品（4.82 亿吨），共占全国碳排放量的 97%。这 5 个产品类别的碳排放强度也同样较高，在 11 个产品类别中位于前列。可以看出，全国碳排放量主要来源于重工业部门的碳排放。

2019 年，中国出口至欧盟的贸易中隐含碳含量为 3.57 亿吨，占全国碳排放量的 3.51%。由表 4 可知，出口欧盟的隐含碳含量最高的三个类别为机械设备、交通运输设备、电子电气及其他设备（1.64 亿吨），金属冶炼、加工及制品（1.05 亿吨），炼油、炼焦和化学产品（0.47 亿吨），共占出口欧盟总隐含碳的 88.6%。

表 4　2019 年中国各行业碳排放量及出口欧盟贸易隐含碳

序号	产品类别	碳排放量（能源消耗量×碳排放系数）/亿吨	碳强度系数（碳排放量/产值）/（千克二氧化碳/元）	出口欧盟贸易隐含碳/亿吨
1	农林牧渔产品	0.44	0.004	0.006 0
2	采掘产品	5.27	0.257	0.003 8
3	食品和烟草	0.93	0.008	0.003 1
4	纺织、服装、鞋及皮革羽绒制品	0.28	0.007	0.106 2
5	木材加工、家具、造纸印刷和文教工美用品	0.90	0.020	0.236 3
6	炼油、炼焦和化学产品	37.22	0.192	0.472 2
7	非金属矿物制品	4.82	0.076	0.049 8
8	金属冶炼、加工及制品	10.20	0.097	1.052 7
9	机械设备、交通运输设备、电子电气及其他设备	0.40	0.003	1.639 5
10	电力、热力、燃气和水的生产和供应	41.17	0.792	0.000 1
11	建筑	0.13	0.001	0.000 6
	总计	101.77	—	3.570 3

3. CBAM 机制对我国出口欧盟的产品成本影响

根据 2022 年 6 月 22 日通过的 CBAM 法案修正案，欧盟首批将对水泥、电力、化肥、钢铁、铝、有机化学品、塑料、氢和氨等碳泄漏风险较高的产品类别征收碳关税，且可能扩大到欧盟碳市场中的所有行业。针对欧盟不同的征收范围，按照征税价格高标准 60 美元/吨二氧化碳，参照 2019 年中国对欧盟的出口额，分析 CBAM 起征后，中国对欧盟贸易可能遭受的损失，结果见表 5。

表 5　CBAM 对中国出口产品的影响

序号	产品类别	对欧盟出口额/亿元	碳边境调节税/亿元	碳边境调节税占出口比重/%
1	农林牧渔产品	417.11	2.48	0.60
2	采掘产品	91.62	1.56	1.70
3	食品和烟草	180.97	1.27	0.70
4	纺织、服装、鞋及皮革羽绒制品	4 409.65	43.91	1.00
5	木材加工、家具、造纸印刷和文教工美用品	3 111.04	97.68	3.14
6	炼油、炼焦和化学产品	2 732.16	195.19	7.14
7	非金属矿物制品	594.20	20.58	3.46

续表

序号	产品类别	对欧盟出口额/亿元	碳边境调节税/亿元	碳边境调节税占出口比重/%
8	金属冶炼、加工及制品	2 091.40	435.20	20.81
9	机械设备、交通运输设备、电子电气及其他设备	18 633.69	677.78	3.64
10	电力、热力、燃气和水的生产和供应	1.58	0.03	2.05
11	建筑	9.43	0.25	2.66
	总计	32 272.85	1 475.95	4.57

由表 5 可知，中国对欧盟的出口贸易中，贸易额最高的 5 个类别为机械设备、交通运输设备、电子电气及其他设备，贸易额达 18 633.69 亿元，纺织、服装、鞋及皮革羽绒制品，贸易额达 4 409.65 亿元，木材加工、家具、造纸印刷和文教工美用品，贸易额达 3 111.04 亿元，炼油、炼焦和化学产品，贸易额达 2 732.16 亿元，金属冶炼、加工及制品，贸易额达 2 091.40 亿元，共约占对欧盟出口贸易额的 96%。

若欧盟征收碳边境调节税的范围为所有向欧盟出口的产品，按照中国向欧盟出口的隐含碳约为 3.57 亿吨，可知中国由此需支付的碳关税达到 1 476 亿元，约占对欧盟出口总额的 4.57%。其中，金属冶炼、加工及制品被征收的碳关税占出口额的比例最高，受到的影响最大，达到 20.81%，炼油、炼焦和化学产品，机械设备、交通运输设备、电子电气及其他设备，非金属矿物制品，木材加工、家具、造纸印刷和文教工美用品也达到 3%，由此短期之内将引起我国对欧盟出口产品成本的增加[16]。由于非金属矿物制品的贸易量较小，受影响的贸易额不高，因此总体而言金属冶炼、加工及制品，炼油、炼焦和化学产品，机械设备、交通运输设备、电子电气及其他设备，木材加工、家具、造纸印刷和文教工美用品的出口贸易会被征收较大额度的碳边境调节税。

若欧盟按照首批征收范围对水泥、电力、化肥、钢铁、铝、有机化学品、塑料、氢和氨等 9 类产品征收碳边境调节税，则将对非金属矿物制品（水泥），金属冶炼、加工及制品（钢铁、铝），炼油、炼焦和化学产品（有机化学品、塑料、氢、氨、化肥），电力、热力、燃气和水的生产和供应（电力）等行业造成影响。受影响的贸易额约为 3 097.5 亿元，占中国出口欧盟贸易总额的 9.6%，其中钢铁及其制品、塑料和有机化学品受影响较大，出口额分别占受影响贸易额的 33.79%、29.25%和 27.43%（见图 2）。氢、氨、电力、水泥和化肥的贸易额较小。根据各类产品的碳强度排放系数和 60 美元/吨二氧化碳的征税标准，可以得出这 9 类产品将被征收的碳边境调节税（见图 3）。9 类产品总计将被征收约 402.5 亿元的碳边境调节税，其中主要由钢铁及其制品（215.8 亿元）、塑料及其制品（64.25 亿元）、有机化学品（60.3 亿元）和铝及铝制品（61.1 亿元）组成，且钢铁和铝及其制品所征收的税额达到其贸易额的 20%。可见，碳边境调节税的征收提升了 9 类产品的出口成本，尤其贸易量较大的钢铁、塑料、有机化学品和铝的出口受到了一定的冲击，但这些产品占中国出口欧盟的贸易额总量不超过 10%，受影响的贸易额不大，对中国整体出口欧盟的贸易影响有限[17]。

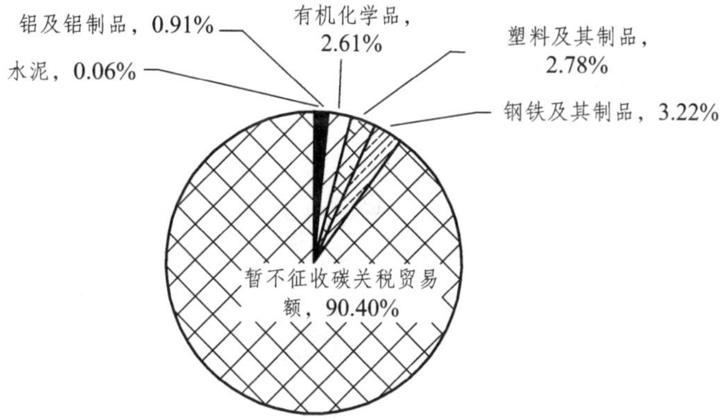

图 2　CBAM 首批征收范围贸易额占出口欧盟总贸易额比例

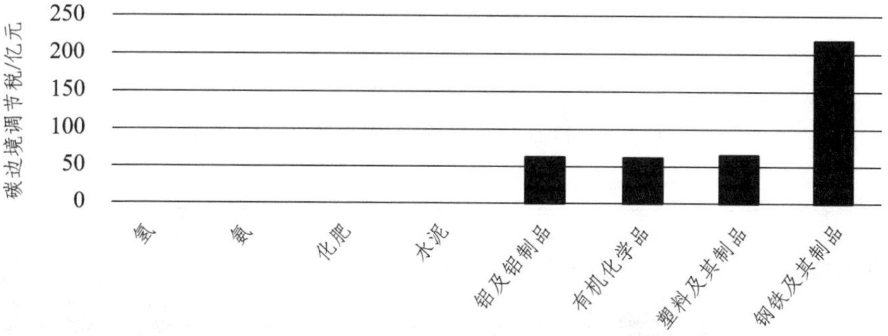

图 3　9 类产品将被征收的碳边境调节税

综上可知，欧盟征收碳边境调节税会提升中国出口贸易的成本，对金属冶炼、加工及制品，炼油、炼焦和化学产品，机械设备、交通运输设备、电子电气及其他设备，木材加工、家具、造纸印刷和文教工美用品的影响较大。首批对部分行业征收的碳关税影响到的贸易额不大，但对钢铁和铝及其制品行业影响显著。

（二）欧盟碳边境调节税实施对四川省出口贸易的影响

根据中国海关总署的统计数据[18]，四川省对欧盟出口主要集中在纺织品业、纺织服装鞋帽及制品业、造纸业和文体教育业、化学工业、非金属矿物制品业和金属制品业，占四川省对欧盟出口贸易总额的 88.7%（见图 4）。

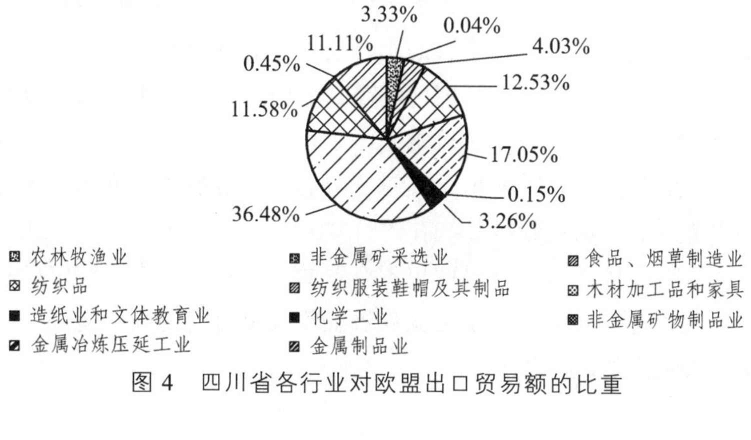

图 4　四川省各行业对欧盟出口贸易额的比重

结合四川 2017 年投入产出表[19]，按照碳排放及出口贸易隐形碳计算模型，四川省各行业对欧盟的出口贸易中的隐含碳比重分布见图 5，CBAM 对各行业可能征收的碳关税占该行业对欧盟出口额的比例见图 6。

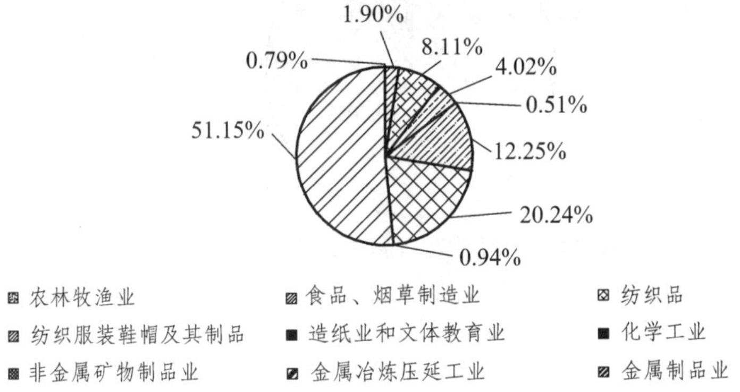

图 5　四川省各行业对欧盟出口的隐含碳比重

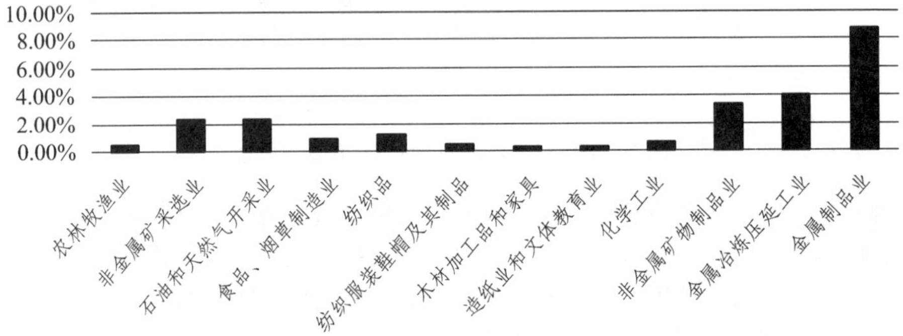

图 6　四川省各行业碳关税占该行业对欧盟出口贸易额的比重

由图 6 可知，在四川省对欧盟各出口行业中，金属制品业（8.73%）、金属冶炼压延业（3.97%）、非金属矿物制品业（3.31%）、石油天然气开采业（2.33%）、非金属矿采选业（2.34%）将被征收的碳关税占该行业对欧盟的出口贸易额较高，这表明这几个行业单位产值的碳排放量较高，由此带来了企业出口贸易成本较大程度的提升。同时，由图 5 可以看出，在四川省对欧盟出口的隐含碳中，占比最高的三个行业是金属制品业、非金属矿物制品业和化学工业，三者所出口的隐含碳占四川省对欧盟出口的隐含碳总量的 83.6%。其中，金属制品业和非金属矿物制品业的贸易出口额及碳排放强度均较高，而四川省化学工业的碳排放强度在各类行业中相比并不显著，其较高的隐含碳出口量来源于较高的出口贸易额。而碳排放强度较高的金属冶炼压延业和石油天然气开采业由于其对欧盟的出口贸易额较低，整体出口的隐含碳较少，被征收的碳边境调节税额也较少。

总体而言，欧盟碳边境调节计划对四川省企业的出口贸易带来了一定影响，主要表现在金属制品业、非金属矿物制品业和化学工业将被征收数量可观的碳边境调节税，尤其是会对金属制品业带来较大程度的成本提升。

五、应对策略及建议

（一）积极参与全球应对气候变化治理，全面开展国际交流与合作

欧盟成员国是以发达国家为主的经济体，其碳边境调节计划基于欧盟自身发展和需求设立，但与欧盟等发达国家相比，我国等发展中国家绿色技术发展仍有不小的差距。因此，广泛的国际交流与合作有利于气候变化的治理和共识的达成。一是秉持人类命运共同体理念，立足于自身理念发展实际情况和需求，深化开展全方位的应对气候变化国际合作。二是深化中欧环境与气候合作，建立环境与气候高层对话机制，构建中欧绿色伙伴关系，加快中欧绿色合作进程，加深合作的机制化、跨领域和多元化，探索中欧气候治理联合行动的模式。三是充分发挥中美在应对气候变化领域的共识，加强中美在气候治理和能源转型领域的互动与影响，扩大国际合作和国际绿色融资，支持发展中国家能源方式从高碳化石转向绿色、低碳和可再生能源[15]。四是以共同但有区别的责任原则为基石，以国际法为基础，推动发达国家对发展中国家的技术、资金等全方位支持，促使发达国家履行其在碳减排中的义务，帮助发展中国家加快能源结构转型[20]。五是依托“一带一路”绿色发展国际联盟平台，协同共建“一带一路”国家实现《巴黎协定》目标，加强政策交流和对话沟通，为绿色技术转让及绿色能源、绿色金融、清洁能源产业等重点领域的合作提供平台和支持，共建绿色丝绸之路。

（二）大力推动碳减排技术创新发展，逐步提升我国降碳能力

我国对欧盟的出口贸易中，碳排放密集型产品贸易量高，碳排放量高。为应对可能被征收的碳关税，需要在高碳排放行业大力推动碳减排技术，通过技术转型和能源转型从根本上提升降碳能力，降低出口产品的隐含碳含量。一是积极推进低碳技术运用和产业体系发展，充分发挥低碳技术的根本支撑作用，促进企业生产工艺和生产方式的绿色改造。例如，钢铁行业通过从高炉-转炉工艺向电炉工艺改造，每吨粗钢二氧化碳排放量可降低约 1.4 吨。制造业是能源消耗大户，如金属冶炼、化工产品生产等，建设清洁低碳高效的能源体系是改善制造业产品碳排放量的重要手段。为此，应大力提高可再生能源占比，鼓励工业链上下游能源转型，促进能源消耗方式向清洁能源转型，推动制造业高质量发展，减少全生命周期碳排放[21]。二是应当积极调整贸易结构，着力打造绿色低碳循环经济，重点发展绿色环保产业，将出口贸易类型从碳密集型产品向绿色低碳产品转化，并以此引导和推动各领域及基础设施绿色升级[22]。同时，也应当推动贸易多元化发展，大力拓展新兴经济体等新市场的出口贸易。三是从政策层面应加强对绿色低碳技术研发的支持力度，加大研发投入，提高技术研发能力。加快科技创新和政策创新，完善绿色技术产-学-研-用综合体系，推进高质量创新。

（三）加快建设碳排放权交易市场，持续完善碳排放核算体系

欧盟碳排放交易体系已运行多年，较为成熟。相比而言我国碳排放权交易市场起步晚，体系不健全，因此中国向欧盟出口的产品往往难以享受欧盟的碳关税豁免。因此，应当持续完善我国碳交易市场，促进国际碳排放权交易规则的建立，为建立一个联合国框架内的、全球公认的碳交易市场提供支持并树立标杆。一是健全全国碳排放权交易市场，完善相关法律

法规和管理条例。加快推动碳排放权基础设施建设，建立完善以国内碳市场为主的碳定价机制，扩展碳交易市场的行业范围，形成流动性充足的碳市场体系，鼓励企业和个人积极参与碳交易市场，增加交易产品的供给，丰富碳交易的方式和品种，活跃交易市场。逐步推行配额有偿分配，有效体现企业减排成本和碳排放权价值，激励企业降碳技术创新。二是完善碳排放数据的监测、报送与核查（MRV）机制。这有助于企业碳配额的确定，是企业进行碳排放权交易的依据，有助于企业有效管理重点排放环节的减排。对此，除进一步规范第三方核查机构外，可有效利用大数据和区块链技术，在条件成熟的行业逐步推行在线监测制度，并通过区块链技术保障在线监测数据的时效性和真实性。三是积极加强与国际碳市场的融合和链接。中国碳市场建设起步较晚建设，加强碳核算规则、配额初始发放等碳交易规则建设有利于实现国内碳市场与欧盟等国际市场的对接，不仅能推动中国碳价机制与国际市场的接轨，推动国内碳市场项目与欧盟 CBAM 项目互认，有效减少碳关税或获得碳关税豁免，还能增加碳交易市场的流动性和市场效率。

参考文献

[1] 吴月蕊，杜金向. 碳中和背景下碳金融产品创新研究[J]. 合作经济与科技，2021（18）：2.

[2] 田丹宇，高诗颖.《欧洲绿色新政》出台背景及其主要内容初步分析[J]. 世界环境，2020（2）：68-71.

[3] 徐庭娅，柴麒敏.《欧洲绿色新政》解读及对中国的启示借鉴[J]. 世界环境，2020（2）：6.

[4] 唐祥来. 欧盟碳税工具环境治理成效及其启示[J]. 财经理论与实践，2011，32（6）：97-100.

[5] 王谋，吉治璇，康文梅，等. 欧盟“碳边境调节机制”要点，影响及应对[J]. 中国人口·资源与环境，2021，31（12）：8.

[6] 李晓晨，王运革，徐晨，等. 欧盟公布“碳边境调节机制”，中国对欧盟出口将遭遇新挑战[EB/OL]. [2022-07-10]. https://www2.deloitte.com/cn/zh/pages/risk/articles/eu-announces-cbam.html.

[7] 德勤. 欧洲议会环境委员会通过“碳边境调节机制”立法提案修正意见[EB/OL]. [2022-05-24]. https://www2.deloitte.com/cn/zh/pages/risk/articles/cbam-legislative-proposal.html

[8] 寇玥，王汉锋. 欧盟碳边境调节税真的要来了吗？[EB/OL]. [2022-07-08]. https://mp.weixin.qq.com/s?__biz = MzI3MDMzMjg0MA = = &mid = 2247587784&idx = 3&sn = 33a7600488a03584c007d9918e8bc786&chksm = ead1710fdda6f819c064fc065644a4932826b7a926660d9a20f5326bf8acf12de2ad275d791a&scene = 178&cur_album_id = 2110332927745064962#rd.

[9] 中华人民共和国国家统计局. 中国统计年鉴. 2021[M]. 北京：中国统计出版社，2021.

[10] 刘斌，赵飞. 欧盟碳边境调节机制对中国出口的影响与对策建议[J]. 清华大学学报：哲学社会科学版，2021，36（6）：11.

[11] 陈诗一. 能源消耗、二氧化碳排放与中国工业的可持续发展[J]. 经济研究，2009（4）：15.

[12] 陈炳. 中国工业行业外包的生产率效应研究[D]. 杭州：浙江工商大学，2019.

[13] 沈利生. 我国对外贸易结构变化不利于节能降耗[J]. 管理世界，2007（10）：51-58，179-180.

[14] 张晓平. 中国对外贸易产生的 CO_2 排放区位转移分析[J]. 地理学报，2009，64（2）：9.

[15] 李雪松. 数量经济学研究及应用[M]. 北京：经济管理出版社，2012.

[16] 许英明，李晓依. 欧盟碳边境调节机制对中欧贸易的影响及中国对策[J]. 国际经济合作，2021（5）：25-32.

[17] 卢明霞，陈蕊，相超. 欧盟碳边境调节机制对中国的影响及应对建议[J]. 国际石油经济，2021，29（10）：6.

[18] 海关统计数据查询平台[EB/OL]. [2022-07-21]. http：//stats.customs.gov.cn/.

[19] 四川投入产出表[EB/OL]. [2022-07-25]. http：//tjj.sc.gov.cn/scstjj/trccb/common_list.shtml.

[20] 唐杰英. 国际分工，贸易开放对中国工业 CO_2 排放的影响分析[J]. 世界经济研究，2012（8）：7.

[21] 孙瑾，丁冉，李传仁. 我国绿色贸易融资的发展[J]. 新理财：政府理财，2019（6）：3.

[22] 房毓菲. 碳中和视角下，国际碳边境调节机制的影响与应对[J]. 中国能源，2021，43（10）：5.

第三篇　产　业　篇

“双碳”背景下绿色低碳优势产业发展分析

蒲灵，李思锐，黄莉[①]

【摘　要】四川作为中国经济大省、工业大省，依托三线建设国家战略在电子信息、装备制造、航空航天等重点产业取得了令人瞩目的成就。随着国家“双碳”目标的提出，四川省委在“中央有要求、发展有需求、政策有支撑、四川有条件”的背景下作出推动绿色低碳优势产业高质量发展的重要战略部署。立足四川省资源禀赋和产业基础，提出“做优做强清洁能源产业”“发展壮大清洁能源支撑产业”“加快发展清洁能源应用产业”三大发展路径，确定了绿色低碳发展趋势下未来产业发展方向和基本特征。绿色低碳优势产业高质量发展是实现四川“双碳”目标的现实需求，也是重塑四川产业发展新优势的重要抓手，更是助力全社会“双碳”目标实现的重要支撑。随着工业化、城镇化进程的持续推进，四川未来能源消费需求将不断增长，以高质量发展绿色低碳优势产业作为统筹经济发展与环境保护的关键抓手，平衡推进碳减排要求与实现经济发展目标、人民生活持续改善，确保做到有序降碳、有效降碳、安全降碳。

【关键词】绿色低碳；优势；产业；“双碳”目标

力争2030年前实现碳达峰、2060年前实现碳中和，是以习近平同志为核心的党中央统揽全局、站高谋远做出的重大战略决策，是一场广泛而深刻的经济社会系统性变革。顺利实现碳达峰、碳中和目标，需要统筹做好“减法”和“加法”，科学调整优化能源结构、产业结构，建立健全绿色低碳循环发展的经济体系，形成资源节约和环境友好的生产方式、生活方式、空间格局。2021年12月2日，四川省委十一届十次全会通过了《中共四川省委关于以实现碳达峰碳中和目标为引领推动绿色低碳优势产业高质量发展的决定》(以下简称《决定》)，这是四川作为清洁能源大省、经济大省、工业大省深入贯彻习近平总书记关于绿色发展的重要论述精神，突出绿色低碳产业对现代化建设的关键支撑作用，以实现碳达峰碳中和目标为引领，对推动绿色低碳优势产业高质量发展做出的重要战略部署。高质量发展绿色低碳优势产业，是四川塑造产业发展新优势的现实需求，更是服务国家战略大局助力全社会实现“双碳”目标的重要支撑。

一、国际低碳战略实践与启示

全球已有130多个国家和地区提出了碳中和目标，基于不同的发展阶段、资源禀赋、产

① 蒲灵，四川省工业环境监测研究院副院长、正高级工程师，硕士，主要研究方向为节能环保、绿色低碳；李思锐，四川省工业环境监测研究院总工办副主任、高级工程师，博士，主要研究方向为节能环保、绿色低碳；黄莉，四川省工业环境监测研究院高级工程师，博士，主要研究方向为绿色低碳、工业废水处理。

业基础等，各国相继出台了各有侧重的战略行动、政策举措。梳理主要经济体碳中和战略布局，可以得到其战略布局共性：供应端建立低碳能源体系，需求端促进产业低碳转型。

（一）低碳战略的核心是构建低碳能源体系

欧盟、美国、日本、英国等密集发布清洁能源相关战略，加快推进氢能等清洁能源发展。2020 年以来，欧盟发布了《能源系统一体化战略》《欧洲氢能战略》《综合能源系统 2020—2030 年研发路线图》等能源战略规划，能源体系转型被视为实现碳中和目标的关键驱动因素。美国提出了“确保 2050 年实现 100%的清洁能源经济”[1]的能源转型计划，相继发布了《美国能源创新法案》《建设现代化、可持续的基础设施与公平清洁能源未来计划》《清洁能源革命与环境正义计划》《清洁未来法案》等政策支持清洁能源经济转型。日本则重点布局氢能领域，2013 年发布的《日本再复兴战略》把发展氢能提升为国策，2017 年发布的《氢能源基本战略》提出建立无碳“氢能社会”的具体目标和实施路径，2021 年更新的《2050 年碳中和绿色增长战略》将海上风电产业纳入可再生能源体系，合并氨燃料和氢能产业。作为全球最早以立法形式确立减排目标的国家，英国制定了详细的减排战略，《绿色工业革命十点计划》中前三项都围绕清洁能源展开，即海上风电、氢能和核能，此外还发布了《能源白皮书：推动零碳未来》《英国氢能战略》等专门的能源战略规划。

（二）低碳发展的抓手是促进产业低碳转型

各国战略布局都以技术变革促进产业低碳转型作为低碳发展的着力点。英国针对各行业特点制定了《工业脱碳战略》《交通脱碳战略》等专门脱碳战略，并启动了 10 亿英镑的净零创新投资计划，用于开发海上风电、先进模块化反应堆、储能与灵活性、氢能、生物质能、工业燃料转换、先进 CCUS、直接空气捕集、温室气体去除等优先领域[2]。美国计划投入 2 万多亿美元用于交通、建筑和清洁能源等领域，以加速清洁能源技术创新，还提出加快电动车推广、禁止化石燃料补贴等措施。日本以《绿色增长战略》为核心，提出 14 个领域的技术创新计划，建立基于研发—示范—推广—商业的行业支持政策体系，协同推动技术、经济社会的低碳发展。欧盟计划投入 500 亿欧元以上支持清洁能源创新、工业转型及低碳建筑和智能交通等方面的关键技术突破与商业示范。

世界主要经济体在碳中和战略上都追求“技术领先 + 产业竞争”相结合模式，依据自身产业和资源优势特点，战略侧重各有不同，总的来说都将碳中和作为保持或争取技术变革和产业转型升级优势地位的战略机遇。制定了科技创新的顶层设计及路线图，普遍把氢能、可再生能源、新能源汽车与电池技术、CCUS 等作为技术发展重点，并出台了相应的财税激励措施。

二、四川绿色低碳优势产业现状

《决定》将绿色低碳优势产业分为三大类，分别是清洁能源产业、清洁能源支撑产业和清洁能源应用产业。

（一）清洁能源产业

从资源禀赋看[3]，四川水力资源技术可开发量 1.48 亿千瓦，年发电量 6 764 亿千瓦时，占全国的 22.4%；风能资源技术可开发量达 1 800 万千瓦；太阳能资源技术可开发量达 8 500 万千瓦；可用于能源转化的林业、农业和城市生活垃圾等生物质能资源丰富；可用于冬季供暖的浅层地热能约 89 亿平方米，夏季制冷面积约 75 亿平方米，水热型地热资源理论蕴含总量折合标准煤 3 300 亿吨，高温地热发电潜力约 250 万千瓦。截至 2020 年底，四川可再生能源装机容量 8 783 万千瓦，占电力总装机的 85.3%，基本确立清洁能源占主导的能源生产结构。水电装机容量达 8 082 万千瓦、年发电量达 3 514 亿千瓦时，分别占全国的 21.8%、25.9%，均位居全国第一；风电装机 426 万千瓦，在建 210 万千瓦；光伏发电装机 191 万千瓦；生物质发电 111 万千瓦；浅层地热能开发面积约 1 000 万平方米，水热型地热资源地热点 320 余处。天然气（页岩气）探明储量 5.18 万亿立方米、年产量达 432 亿立方米，分别占全国的 27.4%、22.9%，相关指标均居全国第一位[4]。

（二）清洁能源支撑产业

从产业基础看，近年来四川加快发展清洁能源相关产业，先后落地一批具有基础性支撑性引领性的重大项目。全球前 10 强晶硅光伏企业已有 5 户落户四川，高纯晶硅、单晶硅拉棒切片及太阳能电池产能位列全球前三，本土企业晶硅电池产能全国占比约 15%，在材料设备、技术工艺、生产成本等方面具有显著竞争优势。清洁能源装备制造实力雄厚，能源装备研发、设计和制造能力国际领先，拥有水电、风电、光电、气电、核电、煤电“六电并举”的研制能力，初步形成世界级高端能源装备产业集群，发电设备产量连续多年位居全球第一。成德高端清洁能源装备集群已集聚了包括国机重装、东方电机、东方汽轮机、宏华石油、通威太阳能等龙头企业在内的 2 600 多家能源装备企业，产品门类广、技术等级高。四川电网形成以 500 千伏为骨干的主网架和“四直八交”外送通道，发展成为省级大电网、西部大枢纽；建成西南地区天然气（页岩气）输送枢纽，全面形成环形输送管网，年输配能力达到 450 亿立方米；川东北储气调峰项目（一期）竣工，成都市液化天然气（LNG）应急调峰储备库项目（一期）基本建成，广安高兴煤炭储备基地项目开工建设[5]。

（三）清洁能源应用产业

从应用场景看，四川氢能产业基础良好，目前已覆盖氢气制备、储运、加注、燃料电池等全产业链主要领域。在氢气制备领域，丰富的可再生能源资源为绿氢制备提供了有力支撑；四川在炼化、焦化、钢铁等领域有规模以上企业 45 家，工业副产氢资源丰富；丰富的天然气资源为蓝氢、灰氢的发展提供了条件。目前，在氢气制备领域四川已拥有天一科技、亚联高科、蜀泰化工等国内领先企业；在氢气储运领域聚集了东方锅炉、中材科技、四川能投等国内领先企业；在氢气加注领域具有四川金星、华气厚普等设备制造企业和四川能投、亿华通等加氢站建设运营企业[6]。四川矿石锂资源已探明储量占全国储量的 52%，以此为基础，包括宁德时代、中航锂电在内的动力电池龙头企业已布局四川，形成从矿产开发、基础材料加工到电池材料制造、电芯封装的全产业链条，打造具有世界影响力的动力电池产业基地。四川正加速新能源汽车产业提档升级，目前已汇聚成都客车、南充吉利、中植一客、现代商用车等整车企业，具备燃料电池客车、货车和专用车设计开发及产业化能力，初步形成以整车为龙头引领、以三电系统为关键配套的产业链体系。

四川丰富的可再生能源和优渥的自然条件为新型基础设施的建设提供了有力支撑。全省信息基础设施初具规模，截至 2020 年底，第四代移动通信（4G）基站达 29.5 万个，5G 基站超 3.6 万个；建成数据中心 107 个，其中大型及超大型数据中心 10 个，在用机架数总量超 10.5 万个；西部首个超算中心——成都超算中心建成投用，算力达 10 亿亿次每秒；获批国家新一代人工智能创新发展试验区、国家人工智能创新应用先导区[7]。国家“东数西算”工程在四川布局了成渝算力枢纽节点，并规划了天府国家数据中心集群，四川大数据产业进入新的发展阶段。目前，四川数字经济核心产业增加值达到 4 012 亿元，同比增长约 18%，高出 GDP 增速 9.8 个百分点[8]。

四川攀西地区具有丰富的钒钛磁铁矿资源，储量和远景资源总量达 90.6 亿吨，是中国继鞍本矿区之后的第二大矿区；其中，钒资源储量占中国的 52%，钛资源储量占中国的 95%。经过多年的建设和发展，集聚了以攀钢集团、川威集团、德胜集团、方大达钢为首的长流程钒钛钢铁产业集群，以及地方冶金控股集团为首的短流程电炉钢产业集群，形成了独具特色的完整度在全国居首的钒钛产业链。

三、绿色低碳优势产业是低碳发展的现实需求

高质量发展绿色低碳优势产业是保障我省全行业“双碳”目标如期实现的内在要求。从能源消费看，四川 2020 年能源消费总量达 21 185.9 万吨标准煤，其中煤品、油品和天然气消费分别占 27.0%、17.6%和 16.5%，工业部门能源消耗占总量的 60.9%①。从二氧化碳排放看，四川二氧化碳排放总量数据区间在 2.7 亿～3 亿吨，其中工业部门碳排放量约占二氧化碳排放量总量的 55.5%②。四川具有明显的“能源结构偏煤，产业结构偏重”的特点，目前四川六大高耗能行业增加值占规模以上工业增加值比重约 30%，能耗占比高达 77%左右，六大高耗能行业碳排放占全省碳排放总量的 40%以上[9]。通过大力发展绿色低碳优势产业，合理调整能源结构、产业结构，构建以清洁能源为主的能源消费结构体系，对助力城乡建设、交通运输等领域绿色低碳发展，保障我省全行业顺利实现“双碳”目标具有重要作用。

高质量发展绿色低碳优势产业是促进经济社会转型升级的必然手段。构建以水风光多能互补，多类型清洁能源协同的能源生产、消费体系，规模化开发利用天然气，逐步降低传统高碳化石能源消费，助力能源结构转型升级。提高清洁能源供给能力和利用水平，能更好地调整能源结构和产业结构，避免运动式“减碳”，做到先立后破，助力产业转型升级。加快发展清洁能源应用产业，以产业升级带动生活方式转变，推动绿色消费，助力形成简约适度、绿色低碳、文明健康的生活方式。

绿色低碳优势产业高质量发展是我国实现“双碳”目标的重要支撑。作为长江中上游重要的生态屏障，四川清洁能源资源富集，已成为全国最大的清洁能源基地。能源资源“水多、

① 数据来源于《四川统计年鉴 2021》。
② 根据《四川统计年鉴》计算得到。

气丰”，水电装机总量、发电量均居全国第一，天然气（页岩气）资源量和产气量也居全国第一。风能、太阳能等清洁能源正大力开发，具有很大的利用空间。大力发展清洁能源，加快建设全国优质清洁能源基地和国家清洁能源示范省，为全国输出绿色低碳优质能源，必将带动全行业绿色低碳转型，为我国全面实现“双碳”目标贡献四川力量。

四、绿色低碳优势产业是节能降碳的主要抓手

截至 2020 年底，四川可再生能源电力装机容量占电力总装机的 85.3%，基本确立清洁能源占主导的能源生产结构，非化石能源消费占比 38%[3]，良好的能源结构将为符合国家战略的高载能行业提供发展沃土。以晶硅产品为例，据相关机构实地调查，依托四川清洁能源优势，多晶硅碳排放量 34 kg CO_2/kg，相比北方以火电为主的省份生产同种多晶硅碳排放量 108 kg CO_2/kg 要低 68%以上，相比国际上工艺先进的德国瓦克公司多晶硅碳排放量 57 kg CO_2/kg 也要低 40%。从产业链角度，仍以太阳能级多晶硅产业为例，全产业链中冶金级硅生产，由于硅砂还原过程、使用碳素电极与化石燃料，其碳排放量占全产业链的 77%。依托我省清洁能源优势，可将该过程碳排放量占比降低至全产业链的 30%以下，有利于支撑全产业链的绿色低碳发展。

2020 年，国家主席习近平在气候雄心峰会上发表讲话并宣布，到 2030 年中国风电、太阳能发电总装机容量将达到 12 亿千瓦以上。在“双碳”目标的推动下，风、光、水等清洁能源将逐步成为主力能源，新能源产业发展将面临全新局面，作为清洁能源开发和清洁能源利用的关键“桥梁”，清洁能源的生产、输配和供应等技术要素将成为制约产业发展的重要因素。四川立足自身产业特点，提出“大力发展晶硅光伏产业”“持续做强能源装备产业”“构建多元协同储能体系”“完善清洁能源输配体系”四条清洁能源支撑产业发展壮大路径，覆盖了清洁能源基础材料、成套装备、储能、输配全流程，不但是四川开发利用清洁能源的基石，也将成为全国乃至全世界清洁能源开发的重要依靠。

研究认为，电力来源于水、风、光等清洁能源时，电动车相对燃油动力全生命周期节能效益约 57.1%，温室气体排放减排效益达 86.5%，全球变暖潜势的环境效益为 86.5%[10]。四川大力发展新能源汽车产业，将有力促进交通运输工具装备低碳转型，助力交通领域“双碳”目标实现。四川积极推进国家“东数西算”工程实施，丰富的清洁能源使得新型基础设施运行绿色化、低碳化。另外，大数据产业的发展将有力促进能源供给侧生产效率提高；推动工业、建筑、交通等能源需求侧强化产业链协同增效，从而减少物耗和能耗；支撑建设碳排放监测体系，实现生产、运输、消费全链条追踪监测分析。全球电子可持续发展倡议组织的研究显示，数字技术可以帮助中国每年减少二氧化碳排放 14 亿吨，发展大数据产业是全社会“双碳”目标实现的重要抓手。

五、“双碳”目标实现需要多端发力

（一）扩大清洁能源应用范围

进一步健全清洁能源消费相关的法规、政策、标准，在工业、建筑、交通三大能源消耗

主要领域，大力推广清洁能源消费，提升清洁能源利用水平。工业领域，深入推进绿色电力替代，提升重点行业、工艺过程能效和数字化水平，大力推广电窑炉、电锅炉等设施；交通领域，全面提升电气化水平，加大电动汽车普及力度，加速燃油车推出，加强充电桩等交通电力基础设施建设；建筑领域，推广绿色理念，探索光伏建筑一体化、可再生能源供冷供暖等建筑低碳技术示范应用。

（二）促进生活消费绿色低碳转型

加快绿色低碳产品认证评价，建立绿色低碳产品目录发布机制，加大政府采购中绿色低碳认证产品采购力度。加大对公众的绿色低碳理念宣传，倡导简约适度、绿色低碳、文明健康的生活方式，减少过度消费、推广绿色出行、提倡绿色办公，让绿色低碳理念成为全体人民的自觉行为。引导企业使用无毒无害、低毒低害等环境友好原料，推广易回收、易再用、易拆解、易分类的产品设计方案，构建工业领域从基础原材料到终端消费品全链条的绿色产品供给体系，满足全社会绿色低碳发展对低碳产品的需求。

（三）加强绿色低碳技术研发应用

科学技术是第一生产力，历次产业革命都是建立在科学技术发展的基础上的。要围绕节能降碳，开展前瞻性、战略性的基础研究。针对减碳零碳负碳技术、碳捕集利用与封存技术、零碳工业流程再造技术等，开展关键核心技术攻关，形成一批原创性科技成果，实施一批先进适用、成熟可靠的绿色低碳技术示范工程。要激发企业创新创造内生动力，鼓励企业参与绿色低碳前沿关键共性技术研发，培育一批绿色低碳创新型领军企业。深入挖掘高校、科研院所创新创造能力，推进校院企地深度融合，开创产、学、研、用一体化新局面。

（四）充分发挥政府引导统筹作用

推动绿色低碳优势产业高质量发展，助推全社会“双碳”目标实现，必须构建科学高效的工作机制。发展壮大清洁能源产业的同时，积极推进化石能源清洁高效利用，有计划、循序渐进地推进清洁能源替代工作，保障生产生活能源供应安全；统筹能源消耗和碳排放总量控制及国家产业布局，立足我省资源禀赋和产业基础，高水平承接产业转移，推动特色优势产业补链、强链、延链；统筹考虑经济发展、产业升级和环境保护，梳理和升级现有法律、法规、政策、标准等，使之适应绿色低碳发展的需要。

参考文献

[1] Biden Harris. The Biden Plan to Build a Modern，Sustainable Infrastructure and an Equitable Clean Energy Future[EB/OL]. [2022-06-29]. https：//joebiden.com/clean-energy.

[2] UK Department for Business，Energy & Industrial Strategy. Net Zero Innovation Portfolio[EB/OL]. [2021-03-24]. https：//www.gov.uk/government/collections/net-zero-innovation-portfolio.

[3] 四川省发展和改革委员会，四川省能源局. 四川省“十四五”可再生能源发展规划[R]. 2022.

[4] 川观新闻. 关于《中共四川省委关于以实现碳达峰碳中和目标为引领推动绿色低碳优势产业高质量发展的决定》的说明[EB/OL]. [2021-12-08]. https：//cbgc.scol.com.cn/news/2580353?from = androidapp&app_id = cbgc&subject_type = 5&subject_id = 1350.

[5] 四川省人民政府. 四川省“十四五”能源发展规划[R]. 2022.

[6] 四川省经济和信息化厅. 四川省氢能产业发展规划（2021—2025 年）[R]. 2020.

[7] 四川省人民政府. 四川省“十四五”新型基础设施建设规划[R]. 2021.

[8] 光明网.“东数西算”，四川如何“算”？[EB/OL]. [2022-02-21]. https：//m.gmw.cn/baijia/2022-02/21/1302813403.html.

[9] 川观新闻. 双碳十问①丨问家底——四川一年碳排放究竟有多少？[EB/OL]. [2021-11-17]. https：//cbgc.scol.com.cn/news/2439046.

[10] 李书华. 电动汽车全生命周期分析及环境效益评价[D]. 长春：吉林大学，2014.

“双碳”引领下的四川省可再生能源发展对策研究

向柳，陈明扬，文新茹①

【摘　要】全球能源转型的基本趋势是实现由化石能源体系向低碳转变，最终进入以可再生能源为主的可持续能源时代。作为全国可再生能源禀赋最为优越的地区之一，四川应抓住可再生能源全方位开发、规模化发展的时代潮流，将发展可再生能源作为推进能源转型的核心内容和应对气候变化的重要途径，加快可再生能源开发步伐，高质量打造具有全球影响力和先进水平的沿江清洁能源走廊和产业集群，建设全国最大可再生能源开发基地、全国最大绿色电能消纳示范区、全国重要新能源技术产业强省。

【关键词】可再生能源；发展；四川省

发展可再生能源是我国能源绿色低碳转型、积极应对气候变化的重大战略举措。2020 年 12 月 12 日，国家主席习近平在气候雄心峰会上宣布，到 2030 年单位国内生产总值二氧化碳排放较 2005 年下降 65%以上，非化石能源占一次能源消费比重将达到 25%左右，风电、太阳能发电总装机容量达到 12 亿千瓦以上。国家“十四五”国民经济和社会发展规划纲要进一步提出，加快西南水电基地建设，建设一批多能互补的清洁能源基地。这为四川可再生能源发展壮大提出了新要求、注入了新动能。

一、产业发展现状与趋势

（一）发展现状与趋势

四川是世界级水能资源富集区，水电可开发量居全国首位，非水可再生能源禀赋优势相对不突出，可再生能源资源分布不均衡。水能资源方面，境内共有流域面积 100 平方千米以上的河流 1 419 条，号称“千河之省”，水能资源丰富，约占全省能源资源的 75%。根据《四川年鉴（2020）》，全省水能资源理论蕴藏量 1.43 亿千瓦，占全国的 21.2%，仅次于西藏；技术可开发量 1.03 亿千瓦、占全国的 27.2%，经济可开发量 7 611.2 万千瓦、占全国的 31.9%，均居全国首位。大渡河、金沙江、雅砻江三大流域（以下简称“三江”流域）是全国最大的水电“富矿区”，水能密度比世界上水能密度最大的国家（瑞士）高 2 倍以上，水能资源蕴藏量占全省的 2/3，技术开发量占全省的 80%。非水能资源方面，四川盆地内云雾多、日照时间短，光热资源禀赋较差；川西北和攀西地区日照充足，可开发量相对较多。受盆地地形影

① 向柳，四川省环境政策研究与规划院工程师，硕士，从事能源环境经济及应对气候变化研究；陈明扬，四川省环境政策研究与规划院能源与气候变化研究中心主任、高级工程师，硕士，从事环境政策及应对气候变化研究；文新茹，四川省环境政策研究与规划院助理工程师，硕士，从事能源环境经济及应对气候变化研究。

响，中东部平原和丘陵风能经济性较差，攀西、盆周山区相对集中。根据评估，现有经济技术条件下，全省风电、太阳能可开发量超过 6 000 万千瓦。

供电系统发生结构性变化，建成全国最大水电开发基地，绿电装机量和发电量占比均超 80%，贡献全省近九成新增电量。20 世纪以来，四川水能资源未获有效开发，20 世纪 80 年代供电短缺，1985 年人均电量（228 千瓦时）仅为全国的一半，严重影响经济社会发展。此后，四川加快水电等可再生能源开发，随着以二滩、瀑布沟、溪洛渡等为代表的骨干电站陆续投产，四川实现从资源大省向绿电大省的跨越式转变。产能方面，可再生能源发电装机从 2005 年的 1 496 万千瓦增至 2020 年的 8 699 万千瓦，年均增长 480 万千瓦（12.5%），占电力总装机的比重从 66.6%增至 84.5%，对同期电力总装机增长的贡献达 89.5%。产量方面，1995 年水力发电量开始超过火力发电量。2005 年以来，可再生能源发电量从 653 亿千瓦时跃升至 3 514 千瓦时，“十一五”“十二五”“十三五”分别年均增长 11.8%、18.4%、6.5%，占电力生产量的比重从 66.4%增至 87.6%，对同期电力生产量增长的贡献达 95.3%，成为主流电源。布局方面，6 个地区水力发电量超 100 亿千瓦时，从高到低依次为凉山、雅安、甘孜、乐山、阿坝、攀枝花，共占全省的 70%以上。

（二）碳排放绩效评价

能源生产结构发生重大改变，率先在经济大省中形成绿电为主的电力供应和能源生产结构，有效支撑了西部低碳高地建设。2005 年可再生能源电力占一次能源生产量的比重仅为 24.0%，2013 年占比（44.3%）超过煤炭，2015 年突破 50%，2020 年达 58.7%，一次能源生产结构实现了以化石能源为主向以可再生能源为主的转变,电力已成为新增用能的主要来源。从能源品种看，相比化石能源，可再生能源电力生产和消费的二氧化碳排放基本为 0，对减少碳排放具有战略意义。从区域排放因子看，由于电力结构可再生能源占比较高，我省省级电网平均二氧化碳排放因子仅为 0.103 1 千克二氧化碳每千瓦时，是全国排放因子最低的省级电网之一，仅为北京的 1/6、浙江的 1/5、重庆的 2/9、青海的 2/5。2005 年以来，由于可再生能源电力有效满足了主要新增用能需求和传统化石能源清洁替代，我省能源活动产生的二氧化碳排放趋于稳定。

全国“西电东送”最大绿电基地作用显现，累计为其他省份减少二氧化碳排放近 10 亿吨，有效支撑国家气候变化履约。自 1998 年四川电网向省外送电以来，累计外送绿电超过 1 万亿千瓦时，约相当于 10 个三峡水电站的年发电量、减少电煤消耗 4 亿吨，替代减排二氧化碳 10 亿吨左右。四川电力外输目的地涉及华东、西南、西北 10 个省（自治区、直辖市），其中长三角和重庆调入最多，占 94.4%。上海、江苏、浙江“十三五”分别年均接收 313 亿、380 亿、349 亿千瓦时，2020 年三地受电量占四川外调电量的 71.0%。重庆市调入川电从 2005 年的 97 亿千瓦增至 2020 年的 333 亿千瓦时，是“十三五”受川电增量最大的地区，也是中西部最大的川电跨省输入地。

（三）突出问题和挑战

一是开发与保护矛盾加剧。可再生能源在控制化石能源消费、减少温室气体和污染物排放方面具有显著效益，但开发利用过程也存在一些环境问题。四川水、风、光等可再生能源主要分布在山高谷深坡陡、自然灾害多发、生态环境脆弱的川西北地区和攀西地区，水电站建设、风电和光伏开发、电力通道建设会产生一些生态环境问题。随着可再生能源开发逐步转向上游源头、边远地，相关环境问题可能更加突出。

二是开发建设成本不断提高。可再生能源富集的川西地区地处青藏高原、横断山脉，地势起伏大，人口稀少，交通基础设施等级低、密度小，工程建设物流成本高、建设难度大。随着大型水电资源开发达峰，未来开发更多转向十万、百万千瓦级水电项目和更为分散的风电、光伏项目，交通运输、电力通道建设成本将进一步提高，整体经济效益可能出现下降。

三是波动性、间歇性问题明显。“三江”流域主要受到季风性气候和高寒气候影响，降雨量和径流量时间分布不均，大多集中在6—10月，存在季节性缺水、年际性波动，发电出力波动较大。全省具有季节及以上调节能力的水库电站装机容量占比低，季节调节和跨年度绿色调节能力不足。此外，风、光等新能源波动性、间歇性更加明显，大规模、高比例发展将给电力系统带来巨大安全挑战，亟须强化调峰储能能力。

四是“弃电”现象仍然存在。川西北和攀西地区可再生能源资源与四川盆地电力负荷中心逆向分布，外输通道建设制约因素多、成本高，输电能力不足，且电源与电网投产不同步，导致绿电“走出去”困难。此外，现有电力系统灵活性不足，尚不能完全满足风电、光伏发电并网运行要求，弃水、弃风、弃光问题仍然存在，2019年全省调峰弃水电量达92亿千瓦时，占总发电量的2.6%。

五是绿色调峰能力严重不足。全省储能空白较多，燃气调峰电站较少，尚未形成以抽水蓄能和燃气电站为主体的灵活、高效、清洁的调节电源。如遭遇枯水年、枯水期，不得不启动高碳的煤电调峰，造成煤炭消费反弹和二氧化碳排放“大起大落”，恶化节能降碳形势。

六是绿电价值转化严重不足。四川绿电应用规模居全国首位，2019年、2020年可再生能源电力分别消纳2 139亿、2 344亿千瓦时，分别占全国消纳量的10.7%、10.8%[1-2]。碳中和愿景下，可再生能源是零碳排放稀缺资源，但现行区域电网输电、跨省跨区专项工程输电价格机制均未体现绿电的环境和气候效益，省内绿电交易尚未规模化。国家温室气体自愿减排交易机制暂停，可再生能源类项目通过碳交易机制实现价值转化途径受限。

七是绿色电力消纳结构不优。2020年全省可再生能源消费占能源消费总量的比重约为32%，远低于可再生能源占一次能源生产量的比重（59.4%）。重工业电力消费占全社会终端用电的53%，传统六大高耗能行业电力消费占工业终端用电的52.5%，而轻工业电力消费仅占工业终端用电的9.2%，低值利用特征明显。

二、未来10年发展思路

（一）基本思路

抓住全国可再生能源全方位开发、规模化发展机遇，坚持系统思维、发展理念、底线意识，将发展可再生能源作为推进能源绿色低碳转型的核心内容和应对气候变化的重要途径，加快可再生能源开发步伐，统筹近期与中远期、开发与利用、分散与集中、建设与管理、自用与外输，着力提升可再生能源在能源消费中的比重，切实做好、做大、做优绿色能源“加法”，高质量打造具有全球影响力和先进水平的沿江清洁能源走廊和产业集群。

一是坚持规划引领，有序开发。制定可再生能源发展中长期战略，明确不同阶段发展路线图和实施路径，增强各地区、多类别开发的统筹性和科学性，促进风光水火储一体化、源网荷储一体化，避免无序开发、过度开发、错位开发。

二是坚持优化配置，高质利用。实施节约优先战略，完善能源消费强度和总量控制制度，坚决遏制“两高”项目盲目发展，适度放宽可再生能源利用，强化电力主要增量用能地位，优先配置民生改善和新经济、新动能用能，突出绿色电能环境价值。

三是坚持底线思维，增强韧性。统筹能源保供和低碳转型关系，统筹电力开源和传统能源储备，强化生产端和消费端调峰、储能能力，建设互联互通、韧性智能新型电力系统，坚持民生优先，必要时“压非保民”，确保限电不限居民，限气也不限居民。

（二）主要目标

一是建设全国最大可再生能源开发基地。到 2030 年，可再生能源发电装机 1.5 亿千瓦左右，发电量 5 500 亿千瓦时左右，占全省发电量达 90%左右；调出电量 2 500 亿千瓦时左右。其中，非水可再生能源电力装机 0.4 亿千瓦左右，年发电量 500 亿千瓦时左右，分别约占可再生能源电力的 20%、10%。见图 1。

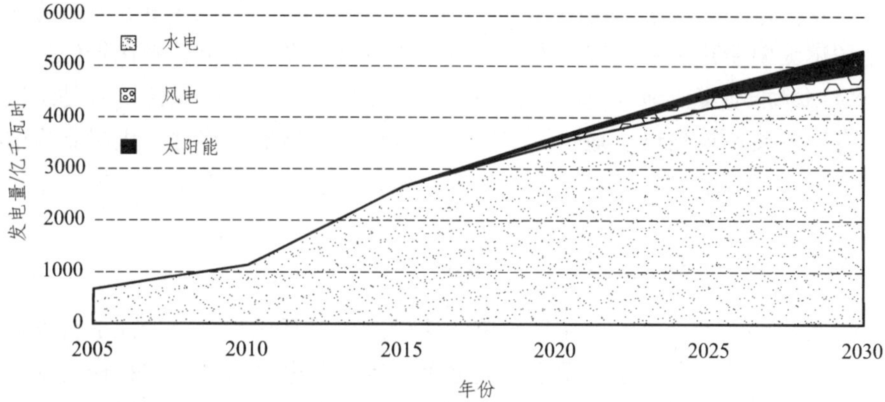

图 1　2005—2030 年四川省可再生能源电力生产量

注：2005—2020 年为实际值，2021—2030 年为预测值。

二是打造全国最大绿色电能消纳示范区。到 2030 年，可再生能源电力消纳量达 3 000 亿千瓦时（约 9 000 万吨标准煤），可再生能源电力消纳比重稳定在 85%左右，可再生能源约占能源消费总量的 45%。

三是构建全国重要新能源技术产业强省。建成一批高端、前沿能源技术研发机构，大型水电装备市场份额占全国的 50%以上，绿电制氢初具规模，世界级光伏电池产业带基本建成。

三、产业发展对策与建议

（一）优化空间布局，打造可再生能源走廊

一是有序建设川西可再生能源开发基地。以金沙江、雅砻江、大渡河“三江”水电、凉山风能、“三州一市”光伏为重点方向，按照从易到难、从近到远，统筹推进流域整体开发、

水风光联动开发、多能耦合打捆外送。二是高质量建设成都平原、攀西可再生能源消纳示范区。加大成都等城市优质绿电调入规模，打造绿电与制造、建筑、交通和信息技术深度融合场景。将甘孜、攀枝花、雅安、乐山、凉山、阿坝水电消纳示范区升级为绿电综合利用示范区，布局绿色氢能、数字经济等优质产业，提升单位用能经济产出。三是依托城市群建设可再生能源产业集群。布局成眉乐光伏走廊、宜宾动力电池、遂宁锂电池、成都绿色氢能和新能源汽车产业生态圈，重点打造国家一流清洁能源科技创新基地。

（二）坚持多能互补，推动水风光储一体开发

一是加强新能源资源勘查评估，摸清水能、风能、太阳能、抽水蓄能、生物质能、地热能等可再生能源资源本底。二是加强规划引领和统筹布局，编制可再生能源中长期战略规划和年度计划，明确开发时序、规模、布局，形成良好的市场预期，避免“大干快上”无序开发。三是发挥流域开发公司优势，以“三江”流域为重点，推动流域可再生能源综合开发，打造雅砻江等可再生能源综合开发示范流域。四是优化开发建设布局，优先建设调节性能好的水电站，严格控制无调节性能的中型水电开发，推动凉山州风电和“三州一市”光伏滚动式、规模化开发，有序发展分散式风电。五是拓展“光伏 +” 场景模式，发展光伏农业，提升农村和小城镇太阳能热水系统普及率，建设光伏新村、光伏小镇、光伏景区，促进市政领域光伏发电应用，推动攀西地区具备条件的园区推广屋顶光伏发电系统。六是统筹其他绿色能源开发，有序发展垃圾焚烧、地热、沼气、可持续航空燃油，将地热供暖制冷纳入城镇基础设施建设，加快浅层地热等可再生能源建筑应用，推动川西高温地热发电项目建设。

（三）坚持互联互通，打造新一代电力系统

一是完善大容量、远距离电力输送通道，建设白鹤滩至华东、金沙江上游外输、川渝等特高压输电通道，提升外送通道利用率和通道可再生能源电量占比，并积极向国家争取在电价中体现绿电环境价值。二是统筹可再生能源开发和电网建设，协同推进、同步投产配套送出工程，减少因局部电网送出能力、投产不同步等造成的弃电。三是发挥水风光储出力的互补特性，鼓励通过龙头电站优化出力特性，强化多层次源网荷储协调互济能力，实施可再生能源就近“打捆”外送。四是优化电力跨省区输入和输出，优化与西藏、西北、重庆等电力互济能力，稳定和优化调入电力结构。五是强化电源侧、电网侧和电网侧储能调峰支撑，推动储能与可再生能源发电、电力系统协调优化运行，引导新建光电、光伏项目配备一定比例储能设施，提升大数据中心、5G 基站、充电设施、工业园区、公共建筑等终端用户储能能力。

（四）坚持绿尽其用，促进绿电交易和就地就近消纳

一是坚持节约优先、优化配置，争取更多优质绿电留存，推动用能终端节能改造和电能替代，推动新上项目执行先进能效标准，推动新增绿电优先用于保障民生改善、先进制造业和现代服务用能需求，建设一批高附加值、高能效的绿电消纳产业园区。二是加快提升轻工业电气化水平，推动电子设备、汽车制造、家具家居、烟草制品、金属制品、纺织服装、食品加工、白酒制造、房屋建筑等领域电能替代。三是加快数字经济低碳转型，引导新改扩建

大数据中心稳步提高绿电占比，力争 2025 年、2030 年可再生能源利用量占能源消费量的比例分别达 85%、100%。四是有序发展可再生能源制氢，利用攀西等地区弃电制氢，打造未来全国重要的绿氢输出基地。五是稳步提高可再生能源电力消纳比例，争取在国家能源消费总量控制机制中获得更大增量用能空间。六是开展绿色电力交易改革，突出绿电在交易组织、电网调度、价格形成等方面的优先地位，引导用户直接与发电企业开展交易，助力更多跨国企业、现代企业打造“100% 绿电”用能场景。

（五）坚持安全第一，提升调储和应急能力

一是完善开发利益共享机制，提高绿电产区留存电量比例，让当地和群众更多地从能源资源开发中受益，促进移民安置、乡村振兴、民族团结和社会稳定。二是增强电网韧性和恢复力，推动电力设施有序改造升级，提升电力系统抵御冻雨、高温、山洪、滑坡、泥石流等自然灾害能力。三是发挥抽水蓄能绿色低碳调峰、储能、事故备用等多种功能，开展抽水蓄能站点资源普查和项目储备，有序建设一批距负荷中心近、建设条件好、综合效益优的抽水蓄能电站。四是统筹布局一批天然气发电调峰项目，推动既有煤电机组实施灵活性改造，推动发电指标向高效机组适当倾斜，促进大型燃煤自备电厂参与调峰，增强电力系统跨年、跨季、跨区调节能力。五是加强天然气、煤炭战略和应急储备，加快大型储气设施建设，增加大型煤电基地煤炭储备，有效保障绿电出力不足、极端天气气候事件等特殊时段电力供应和电网安全。

（六）坚持生态优先，强化全生命周期生态环境保护

一是将长江大保护摆在更加重要的位置，贯彻《长江保护法》，将生态环境保护要求融入清洁能源发展的规划、设计、建设、运营全过程和各环节。二是严格“三线一单”硬约束，处理好开发建设与生态红线、环境容量的关系，实施开发规划和建设项目环境影响评价，主动规避国家公园等重要环境敏感区域，适时开展后评价。三是实施最严格的生态环境保护，落实水生生物保护、生态流量保障、水土保持、生态修复、污水垃圾处置、消落带治理、六氟化硫回收等措施，开展中小流域生态修复，维护流域生态安全。四是开展小水电清理整改“回头看”，评估存量小水电下泄流量等生态环保措施落实情况，分阶段推进生态敏感区小水电“去存量”，原则上不再新建小水电项目。

（七）坚持创新引领，增强综合保障能力

一是加强核心技术研发，将可再生能源作为能源新技术攻关的主要方向，推动高效光伏电池和材料、低风速风电设备、先进储能、绿电制氢、智慧电网、地热利用、可持续航空燃油等技术进步，持续提升能源加工转换效率，降低开发成本。二是培育装备制造产业，将可再生能源纳入战略性产业进行重点培育，打造能源制造基地、光伏产业带、储能产业园区，推动四川从可再生能源利用大省向可再生能源技术产业强省迈进。三是加大要素保障投入，完善用地、用电（能）、财税、价格等政策，发展气候投融资和绿色金融，引导更多社会资本投入可再生能源开发、绿电基础设施建设、储能调峰能力提升、衍生产业发展，培育能源综

合服务、碳资产管理等业态。四是推动数字赋能，试点“虚拟电厂”模式，推动大数据、区块链等数字技术在能源开发利用、交易与管理中的应用，支撑绿电交易、智能调度和智慧管理。五是积极参与全国碳排放权交易，推动具有良好效益的可再生能源、甲烷利用等国家温室气体自愿减排项目开发和消纳。

参考文献

[1] 国家能源局. 2020 年度全国可再生能源电力发展监测评价报告[R]. 2021.

[2] 国家能源局. 2021 年度全国可再生能源电力发展监测评价报告[R]. 2022.

气候目标下的氢能产业发展现状和前景分析

李言洁，陈明扬，向柳，文新茹，周鑫，向文怡①

【摘　要】《巴黎协定》力求将全球平均温度的升幅控制在远低于高出工业化前水平 2 ℃ 的水平，同时努力将平均温度升幅限制在高出工业化前水平 1.5 ℃。为了防止气候变化的不利影响，需要各行各业快速脱碳，其中氢能是能源转型中不可或缺的一环，尤其是针对一些难以脱碳的领域。本文总结梳理了全球气候目标下氢能的市场空间、氢能在脱碳形势下的关键作用，系统分析了我国氢能产业链上游制氢、中游储运、下游应用技术和市场现状，围绕我国目前氢能产业发展存在的问题提出相应的对策建议。

【关键词】氢能产业链；发展现状；应用前景；对策建议

一、脱碳推动氢能市场增长

（一）温控目标对能源市场的影响

2015 年，《巴黎协定》为全球气候雄心设定了一个总体目标——将全球平均温度上升控制在“远低于”高出工业化前水平 2 ℃ 的水平，同时“努力”将变暖控制在 1.5 ℃ 以内。为实现《巴黎协定》的目标，全球能源体系必须经历深刻变革，从一个主要以化石燃料为基础的体系转变为一个高效、可再生的低碳能源体系。在这一脱碳背景下，产自可再生能源的低碳电力将成为能源载体首选。要想实现《巴黎协定》所设想的脱碳化能源世界，到 2050 年，在全球终端用户消耗的所有能源中，电力份额需增加至 40%（2015 年约为 20%）。然而，在某些行业（如交通运输行业、工业和需要高位热能的应用），要想实现脱碳化，仅靠电气化可能难以做到。这一挑战可通过产自可再生能源的氢气加以解决，这将使大量可再生能源从电力部门引向终端使用部门。因此，氢气可能是能源转型过程中不可或缺的一环：可再生能源电力可用来制氢，而氢气反过来又可为难以通过电气化实现脱碳化的部门提供能源[1]。

（二）新形势下的氢能市场空间

据国际氢能委员会预计，2050 年全球能源消费结构中氢能占比有望达 18%，同时还将创造 3 000 万个工作岗位，产值达 2.5 万亿美元[2]。在需求方面，氢是电气化在挑战深度脱碳过程中的关键补充。预计到 2050 年，全球将有超过 4 亿辆轿车、1 500 万～2 000 万辆卡车以

① 李言洁，四川省环境政策研究与规划院助理工程师，硕士，从事能源系统及应对气候变化研究；陈明扬，四川省环境政策研究与规划院能源与气候变化研究中心主任、高级工程师，硕士，从事环境政策及应对气候变化研究；向柳，四川省环境政策研究与规划院工程师，硕士，从事能源环境经济及应对气候变化研究；文新茹，四川省环境政策研究与规划院助理工程师，硕士，从事能源环境经济及应对气候变化研究；周鑫，四川省环境政策研究与规划院工程师，硕士，从事环境规划、环境政策及应对气候变化研究；向文怡，四川省环境政策研究与规划院工程师，硕士，从事能源与气候变化研究。

及大约 500 万辆公交车使用氢燃料，这些车辆平均占各自交通领域的 20% ~ 25%。在温控目标要求下，这 20%的车辆可以贡献超过道路运输部门所需的 CO_2 减排总量的三分之一。由于氢在重型和长距离运输中发挥着更强的作用，所以在远航铁路、海运、航空领域，相比电能替代更具有优势，这将进一步扩大氢能在交通部门的市场规模。对于建筑物来说，氢气在现有的天然气基础设施上，可以满足全球约 10%的热量需求。然而，作为建筑领域脱碳的竞争选择，热泵和直接使用可再生能源为住宅供暖已经商业化了几十年，氢能建筑供暖能否大规模应用将有待商榷。未来，工业领域仍然是氢发展的主要市场。虽然目前多作为原料使用，但由于其燃烧产生的高热几乎满足所有重工业应用，氢能高温热源也是未来应用的一大潜在市场。对于这些中高温过程，电气化并不是一个有效的选择。工业上高品质热源的电气化需要重新设计工业设备，而氢气只需要最小限度地重新设计，从成本方面考虑，氢能在高温热工业领域会更具竞争力。同时，氢作为原料在工业领域也不可替代。最后，氢在电力系统中帮助可再生能源的消纳以及在电网中发挥削峰填谷调峰作用,这也是未来氢储能发展的市场。

（三）能源转型中氢能的促进作用

氢能被誉为 21 世纪的“终极能源”，是一种清洁的二次能源。在能源供给端，氢能与电能类似，从长远看，将成为未来清洁能源体系中重要的二次能源；在能源消费端，氢能是用能终端实现绿色低碳转型发展的重要载体。氢是将全球变暖控制在 2 °C 以内所需的能源转型的核心支柱。为了实现 2 °C 的情景，世界需要年复一年地做出巨大的改变，在 2050 年之前完成将与能源相关的二氧化碳排放量减少 60%。氢能在低碳能源转型中可发挥七大作用：① 氢可以使可再生电力大规模集成到能源系统中；② 作为长期储能的手段，氢可以跨区域和季节分配能量；③ 作为缓冲氢，可提高能源系统的恢复能力；④ 运输脱碳：氢动力汽车具有高性能和快速加油时间提供的便利性，可以作为电池电动汽车的补充，实现运输部门的广泛脱碳；⑤ 工业能源：在重工业中，氢可以帮助难以用电的工艺过程脱碳，特别是那些需要高等级热量的过程，氢还可以用于热电联产装置，以产生工业用热和电力；⑥ 建筑供热：在现拥有天然气网络的地区，氢气可以依靠现有的基础设施，并提供一种经济有效的低碳供热；⑦ 为工业提供清洁原料：目前氢气作为工业原料的年用量超过 5 500 万吨，氢也可用于生产清洁化学品和钢，通过与捕获的碳一起用作化学原料并用作铁矿石的还原剂。

通过这 7 种用途，氢能将为能源系统、环境和全球经济创造重大利益。根据预测，到 2050 年，氢能将占最终能源消耗总量的近五分之一。与现在的技术相比，这将使每年的二氧化碳排放量减少约 6 亿吨，并为将全球变暖控制在 2 °C 所需的额外减排贡献约 20%。此外，它还可实现减污降碳协同增效，减少碳排放的同时将削弱当地的硫氧化物、氮氧化物和与雾霾形成有关的微粒的大气污染物排放，并减少城市的噪声污染。运输业每天的石油消耗量将减少 2 000 万桶，使得国内能源安全也将大幅提升。

二、我国氢能产业发展现状

（一）上游制氢

氢气的制取主要有三种主流的技术路线：以煤炭、石油、天然气为代表的化石能源重整制氢，以焦炉煤气、氯碱尾气、丙烷脱氢为代表的工业副产物提纯制氢，以电解水制氢为代表的可再生能源制氢。未来可能发展的制氢技术路线还包括热化学制氢、光催化制氢、光电化学制氢、太阳能直接制氢技术等。目前化石燃料制氢方法较为成熟，并且具备产量高、成本较低的优点，但制氢过程都有温室气体排放；电解水是一种制取纯氢的最简单的方法，但是其消耗的电能太高导致经济性不够，因而其发展受到很大限制；光解水被视为最理想的制氢途径，但目前技术尚不成熟。

从我国制氢结构来看，我国工业副产气制氢可作为就近供气的补充来源，化石燃料重整配合 CCUS 技术作为过渡，可再生能源电解水制氢由于其纯度高、绿色环保等优势将成为大规模集中供气的主要手段。由于我国能源结构为“富煤少气”，煤制氢成本要低于天然气制氢，因而国内煤制氢占比最大，达 62%，其次为天然气制氢，占比达 19%，焦炉煤气、氯碱尾气等工业副产氢提纯制氧和石油制氢占比约 18%，电解水制氢等仅占 1%[3]，见图 1。近十年来我国氢气产量保持连续增长（见图 2），已成为世界第一产氢大国。“双碳”目标的提出带动我国氢气产量快速提升，据统计，截至 2021 年我国氢气产量达到 3 300 万吨，同比增长 32%。

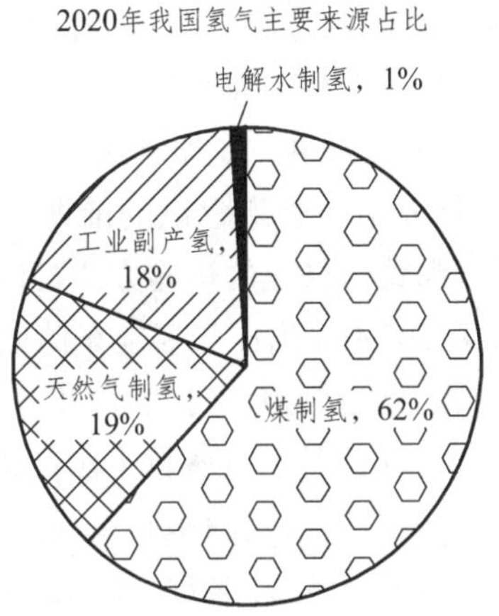

图 1　2020 年我国制氢方式占比统计情况

注：数据来自中国煤炭工业协会。

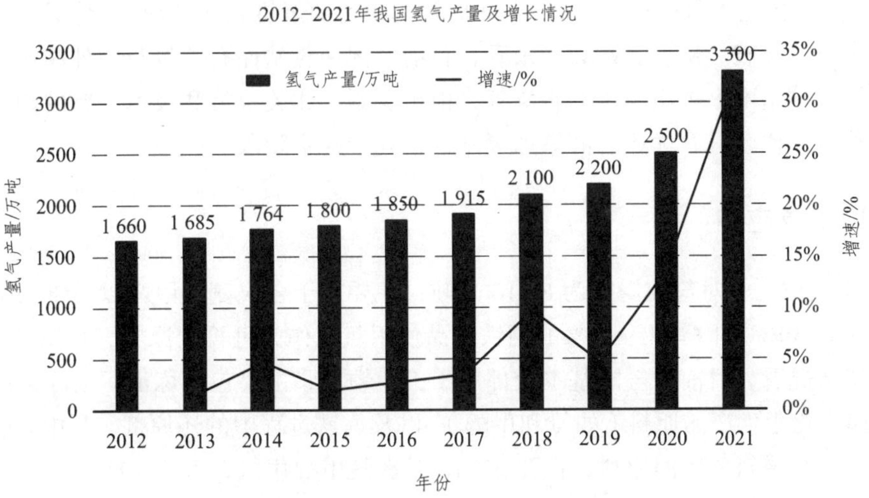

图 2　我国过去十年上游制氢产量变化

注：数据来自《2022—2027 年中国氢气行业市场全景评估及发展战略规划报告》[3]。

（二）中游储运

根据氢的物理特性与储存行为特点，可将储氢方式分为压缩气态储氢、低温液态储氢、液氨/甲醇储氢、吸附储氢［氢化物/液体有机氢载体（LOHC）］等。压缩气态储氢以其初始投资成本低、匹配当前氢能产业发展、技术难度低等优势在国内外得到广泛应用。低温液态储氢在国内主要应用于航空领域，民用领域有待进一步推广。液氨/甲醇储氢和吸附储氢在国内尚处于实验室阶段。中国的氢储存技术尚未完全解决能效性、安全性等问题，目前普遍采用高压气态储氢方式，存在储氢密度低、压缩能耗高、储氢罐材料成本较高等缺点。

氢的运输，按形态主要分为气态运输、液态运输和固体运输三种，按运输方式可以分为陆运、海运和管网运输三种。目前，气态运输和液态运输是主流的运氢方式，高压气态氢运输主要有长管拖车和管道运输两种方式。全球范围内，韩国主要采用了“高压气态＋管道”的运输方式，日本正探索通过液氢船将澳大利亚褐煤制氢气海运回国。由于与远距离（1 500 千米以上）输电相比，直接输氢更具经济性，全球范围内输氢管道长度有限，不到 4 500 千米。其中，美国和欧洲分别有 2 500 千米和 1 569 千米，我国目前仅有 100 千米。现阶段中国氢的运输方式以 20 MPa 高压气氢拖车为主，在加氢站日需求量 500 千克以下以及短距离运输的情况下，气氢拖车节省了液化成本与管道建设的前期投资成本[4]。在用氢规模较大，长距离运输的情况下，采用液态槽车和管道气氢的运输方式可以满足高效经济的要求，液态槽车运氢在大规模长距离运氢上相较于 20 MPa 高压气氢拖车储运有着显著的成本优势。随着氢能产业的发展，液态运氢是大规模长距离运氢的方向之一。目前我国在液氢产业链各环节包括氢液化装置、储罐、罐车和加注系统等均已基本具备自主国产化的技术和产品。

加氢站作为向氢能燃料电池汽车提供氢气的基础设施，是联系产业链上游制氢和下游应用的重要枢纽，是燃料电池汽车产业中十分关键的、不可或缺的重要环节。在氢能加注方面，中国目前已经累计建成加氢站超过 250 座（见图 3），约占全球加氢站总数的 40%，加氢站数量已经居于世界第一，其中广东和上海占据数量优势，走在全国氢能加注领域的前面。在加氢技术领域，中国也不甘落后，目前 35 MPa 智能快速加氢机和 70 MPa 一体式移动加氢站技术已经取得重大突破。从加氢站数量来看，目前中国加氢站保有数量与国外相比没有落后，但是国内加氢站基本上采用高压气态氢气，由于受制于相关政策和技术问题的约束，中国尚未采用在技术上比较具有优势的液氢加氢站，正处于起步阶段。

（三）下游应用

2020 年全球工业对氢的需求为 8 710 万吨，主要用于合成氨、甲醇以及钢铁生产中，此外，目前已有 30%的甲醇和约 10%的钢铁产品使用氢气作为可再生原料，见图 4。就我国氢能终端消费情况看，目前的氢能基本全部用于工业领域，主要包括炼油厂去除杂质和升级重油馏分，作为化学生产的原料（如氨和甲醇），以及炼铁过程中的还原剂。其中，最大应用领域是作为生产合成氨的中间原料，占比 37%，其次是甲醇用氢，占比 19%。同时，我国也在汽车、船舶、轨交等多重领域积极探索氢能应用，然而现阶段交通运输领域氢燃料电池汽车以商用车为主，乘用车占比不及 0.1%。

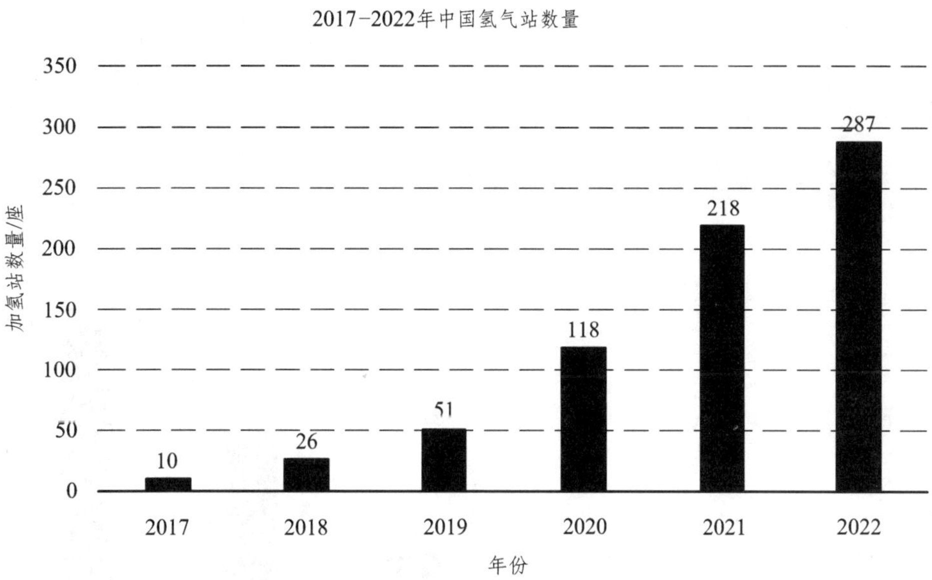

图 3　我国加氢站建设数量变化趋势

注：数据来自网络。

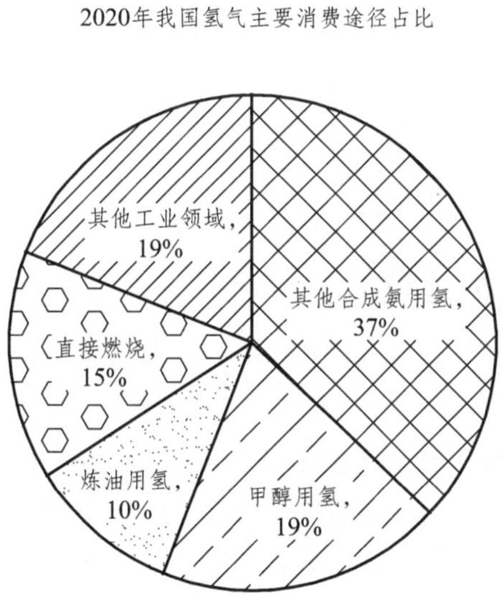

图 4　我国氢能产业链下游用氢现状

注：数据来自《2022—2027 年中国氢气行业市场全景评估及发展战略规划报告》。

据统计，2020 年我国氢气产能约 4 100 万吨/年，产量约 3 342 万吨，按照能源管理，换算热值占终端能源总量份额仅 2.7%。根据中国氢能联盟预测（见图 5），在 2030 年碳达峰情景下，我国氢气的年需求量将达到 3 715 万吨，在终端能源消费中占比约为 5%；至 2050 年，氢能在交通运输、储能、工业、建筑等领域广泛使用，氢气年需求量将提升至 6 000 万吨，在我国终端能源体系中占比达 10%，可减排 7 亿吨二氧化碳，产业产值达到 12 万亿元；在

2060 年碳中和情景下，我国氢气的年需求量将增至 1.3 亿吨左右，在终端能源消费中占比约为 20%。其中，2060 年用氢需求中，工业领域用氢依旧占据全国氢能源应用领域的主导地位，约为 7 794 万吨，占氢总需求量的 60%；交通运输领域用氢约为 4 051 万吨，占氢总需求量的 31%；建筑领域和电力领域用氢相对较少，总占比约为 9%[5]。

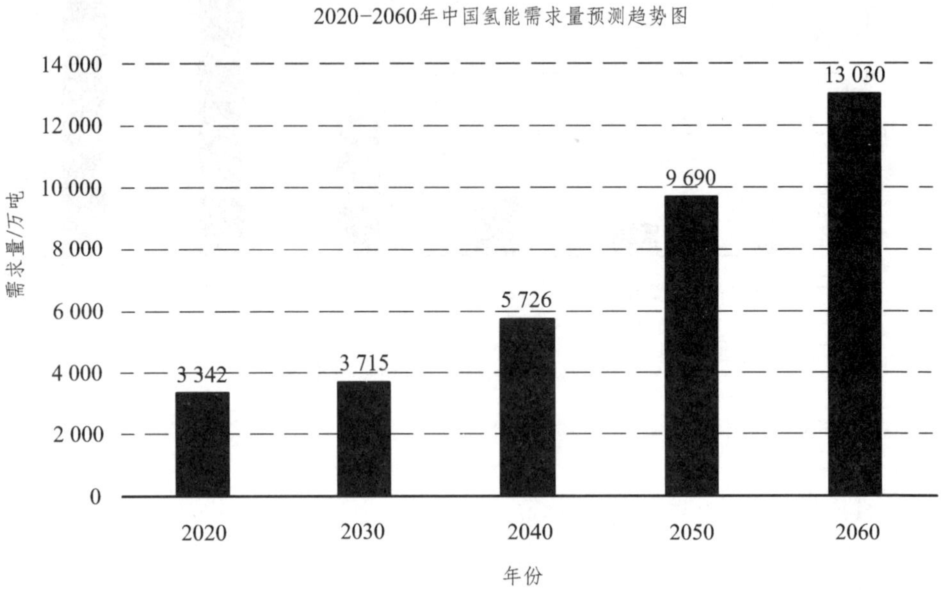

图 5　2020—2060 年我国氢能需求量预测分析

注：数据来自中国氢能联盟。

三、存在问题及对策建议

（一）成本分析

当前化石能源制氢由于成本优势占据主导，但长期来看，二氧化碳的大量排放与“双碳”目标背道而驰。电解水制氢具有绿色环保、生产灵活、纯度高等优势。以目前主流的碱性电解水为例，制氢效率约 5 度/米^3，电费成本约占 85%，因此其经济性受电价影响很大。假设按照平均工业电价 0.6 元计算，成本约为 40～50 元/千克，明显高于传统化石能源制氢成本。据估算，当电价低于 0.3 元时，电解水制氢成本才与其他工艺路线相当[6]。随着“双碳”战略的推进，可再生能源将逐步成为主要的制氢渠道，预计到 2050 年，可再生能源电解制氢将占整体的 70%，见图 6。此外，通过 CCUS 技术所生产的“蓝氢”也是未来的方向之一。但由于 CCUS 技术尚不成熟，目前国内除几个示范项目外，尚未大规模推广。根据《中国氢能产业发展报告 2020》中的 CCUS 技术的发展趋势和目标，2025 年 CO_2 捕集成本为 0.15～0.4 元/千克，2050 年 CO_2 捕集成本下降到 0.11～0.24 元/千克[5]。因此，未来叠加 CCUS 技术的煤制氢成本或将持续下降，占据一部分上游制氢市场空间。

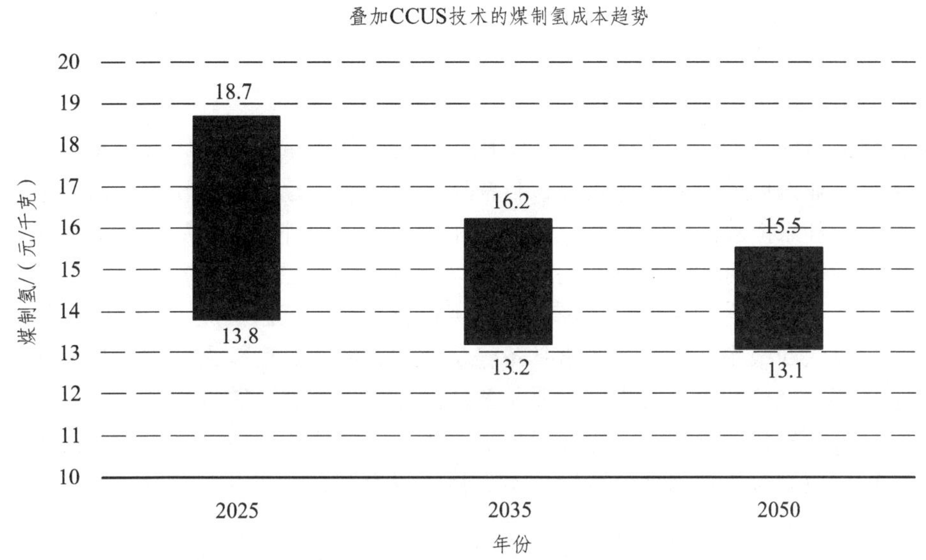

图 6　我国煤制氢 + CCUS 技术成本变化预测分析

注：数据来自中国氢能联盟。

根据世界氢能理事会（Hydrogen Council）的预测（见图 7），2030 年全球范围内可再生能源电解水制氢的平均成本将降至 2.3 美元/千克，与 2020 年 5.4 美元/千克的水平相比下降超 50%。而在一些风力、太阳能资源较好的地区，可再生能源电解水制氢的成本将低至 1.4 美元/千克，达到与化石能源制氢成本相当的水平。长期来看，氢储能的应用空间将随着成本的下降而逐步打开。目前，我国能源行业积极投资可再生能源制氢，拓宽可再生能源电力消纳路径，例如四川水电制氢、新疆光伏制氢、内蒙古风电制氢等，为规模化生产清洁低碳氢能奠定了良好产业基础。绿氢产量的增加，将帮助作为氢能的头部消费国与生产国的中国在氢能市场乃至双碳领域中扮演更为重要的角色[7]。

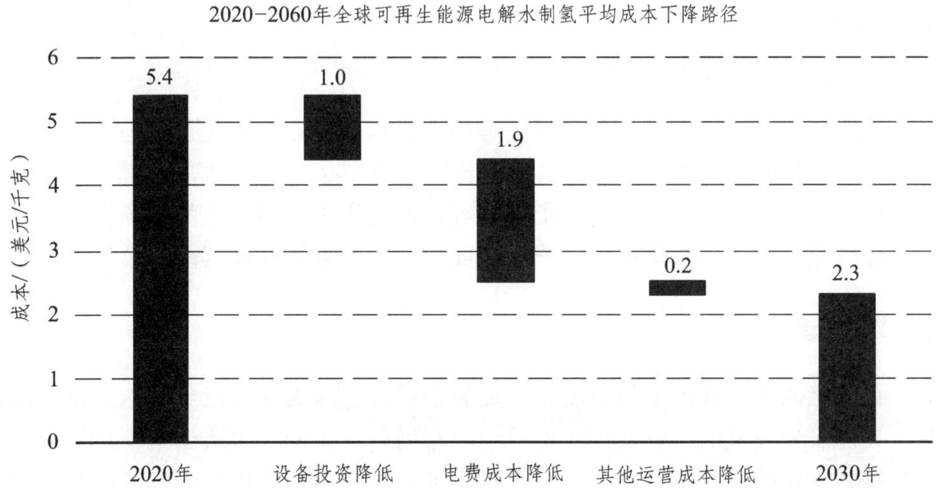

图 7　可再生能源电解水制氢成本下降预测分析

注：数据来自世界氢能理事会。

（二）存在问题

1. 用氢难度较大、成本较高

我国各地区氢能产业发展多处于示范阶段，基础数量严重不足和区域分布不均衡。加氢站数量是衡量产业发展的重要参考指标，目前国内运营和在建的数量较少，而且主要分布在长三角、珠三角和京津冀，配套设备也还处于示范阶段。另外，对于氢燃料电池的应用多数处于商用车的领域，还有较大提升空间，区域均衡发展的难题还需跨越。氢气的价格成本居高不下，氢能产业处于商业化前期，尚难通过规模化生产降低制氢成本。同时，加氢站建设成本也较高，投入回报率低，目前暂不具备经济效益，推行难度较大。在燃料电池环节，产业化尚处于早期，经济性短板突出，主要是氢能及燃料电池部分关键零部件、核心原材料环节上国产化缺失，进口依赖度高，导致价格居高不下。在应用环节，氢燃料电池车辆还主要依靠政府补贴，应用端生命周期的购置成本、运营成本和处置成本也亟待降低。

2. 制氢技术薄弱、碳排放量较大

依据制取方式和过程中碳排放量的不同，氢气可分为化石能源燃烧产生的灰氢、通过碳捕集和封存技术来减少碳排放制取的蓝氢，以及由清洁能源和可再生能源制取的绿氢。近年来，我国煤制氢占比高达 62%，而全球水平氢气供给中仅有 18%为煤制氢。在以煤炭作为制氢主要来源的情况下，碳排放水平相比直接使用煤炭所差无几，无法达到低碳的要求，还需加大研发和应用绿氢制造技术的比例。

3. 氢气储运成本面临上涨可能

目前国内普遍采用 20 MPa 气态高压储氢和长管拖车运输方式，成本约为 20 元/千克，占氢气终端消费价格的一半。但气态运输储氢密度低，压缩能耗高，仅适用于日需求量在 300 千克以下、运输距离较短的加氢站，随着今后国内用氢规模的扩大、运输距离的拉长，50 MPa 气态高压储氢或液氢运输才能满足高效经济的要求，目前国外采用低温液态储氢的比例高达 70%。但在国内现有技术下，液化过程总成本高昂，且前期设备固定投资较大，恐将进一步抬升未来氢气的价格。

4. 目前氢能的应用场景比较单一

当前，我国氢气主要应用于化工和钢铁等领域，具体分布在石化、化工、焦化等行业，主要作为化工原料用于生产甲醇、合成氨以及各类化工产品（如化肥等）。其中，仅有少量的高纯度氢气作为工业原料，如高纯度电子氢气等，而应用于燃料电池的能源用氢不足 0.1%。可以看出，目前氢气消费仍然集中于传统高能耗领域，并未能发挥其减碳效果。

（三）对策建议

当前，我国氢能产业政策支持力度大、发展态势好，然而，与世界发达国家相比仍处于发展初期，具体表现为氢能产业安全水平不高、布局缺乏协同、模式创新不足等。一些地方把氢能产业作为重要的新动能培育，但缺乏对本地发展氢能产业的比较优势研究，由此造成氢能产业同质化严重，区域氢能产业布局缺乏有效协同，市场需求有限，产业模式创新不足。对此，需要多措并举，构建安全为先、布局优化、模式创新的氢能产业体系。

安全为先是氢能产业发展的前提。要加快研发安全技术、建立安全制度、加强安全生产监管。加快氢能制取、储存、运输、加注和应用全产业链安全技术研发，加强氢气泄漏检测和关键设备状态监测技术应用，预防氢能产业安全风险。加快形成全产业链的安全监管制度，完善氢能产业安全生产标准体系，严格把控氢能安全风险。强化氢能生产和利用全过程的安全生产和监管主体责任，促进各主体提高安全意识，夯实氢能安全利用的基础。

布局优化是氢能产业发展的核心。要结合各地区能源资源条件和产业集聚优势，因地制宜开展氢能产业优化布局。在上游制氢侧，积极探索可再生能源制氢路径，协同新能源为主体的新型电力系统建设，构建电氢耦合的氢能供给体系。在中游储运侧，深入开展天然气、氢气的技术特性研究，充分利用现有天然气管网基础设施，结合氢能负荷需求，进一步优化氢能加气站布局，打通氢能储运的关键堵点。在下游用氢侧，积极拓展电力、工业、建筑等氢能应用场景，以需求为牵引促进氢能产业发展。

模式创新是氢能产业发展的支点。要积极利用相关政策，创新氢能产业的商业和跨产业多市场协同发展模式，打造高价值氢能产业链。氢能成本高一直是制约氢能规模化开发的关键瓶颈，在发力氢能产业布局和技术的同时，要积极创新氢能产业商业模式，充分吸引社会资本和风险投资，优化产业路径，增强产业价值，降低产业成本。同时，建立氢、电、碳市场协同发展模式，充分利用多元市场的引导和鼓励作用，加强电、氢、碳多元产业链耦合和延伸，并带动跨产业、上下游产业相关配套，促进氢能产业集聚和规模化发展。

参考文献

[1] International Renewable Energy Agency. Hydrogen from renewable power：technology outlook for the energy transition [R]. 2018.

[2] Hydrogen Council. Hydrogen scaling up：a sustainable pathway for the global energy transition [R]. 2017.

[3] 华经产业研究院. 2022-2027年中国氢气行业市场全景评估及发展战略规划报告[R]. 2022.

[4] 张夏，陈刚. 产业趋势研究系列报告（二）：氢能革命，星辰大海[R]. 2022.

[5] 中国氢能联盟. 中国氢能产业发展报告 2020[R]. 2021.

[6] 中商产业研究院. 中国氢能行业市场前景及投资机会研究报告[R]. 2022.

[7] 科尔尼. 中国氢能产业发展白皮书：“氢”心相助碳中和[R]. 2022.

第四篇　领 域 篇

四川省碳达峰碳中和跟踪研究报告

陈明扬，向柳，房景燕，陈晓艳[①]

我国力争 2030 年前实现碳达峰、2060 年前实现碳中和，是党中央经过深思熟虑做出的重大战略决策，事关中华民族永续发展和构建人类命运共同体，不是别人让我们做，而是我们自己必须要做，但这不是轻轻松松就能实现的，等不得，也急不得。为跟踪分析“十四五”以来四川省碳达峰碳中和工作进展，系统展示绿色低碳发展成效，持续推动温室气体控排，课题组根据新闻信息和公开可查资料，研究编制形成了本报告。

一、回顾：碳达峰碳中和全面起势

2021 年以来，四川紧扣碳达峰碳中和目标愿景，围绕“立”与“破”做大文章，碳达峰碳中和政策体系稳步构建、行动格局加快形成、支撑保障体系不断完善，绿色低碳转型迈出新步伐。

（一）降碳规划政策体系稳步构建

一方面，积极对标国家碳达峰碳中和“1 + N”政策体系，结合实际推动构建区域“1 + N”政策体系。根据不完成统计，已公开发布或报道的相关政策文件超 30 份。2022 年 2 月，省委省政府印发《关于完整准确全面贯彻新发展理念做好碳达峰碳中和工作的实施意见》，从 12 个方面提出 35 条具体任务，标志着区域碳达峰碳中和政策体系的“1”正式出炉。目前，已制定发布《成渝地区双城经济圈碳达峰碳中和联合行动方案》《四川林草碳汇行动方案》《四川省政府国有资产监督管理委员会关于省属企业碳达峰碳中和的指导意见》等配套政策文件。

另一方面，四川省委十一届十次全会认为，发展绿色低碳优势产业是四川围绕碳达峰碳中和目标推动高质量发展必须解决的重大问题，事关“国之大者”，也是省之大计，并做出《中共四川省委关于以实现碳达峰碳中和目标为引领推动绿色低碳优势产业高质量发展的决定》，靶定“一地三区”（加快把四川建设成为全国重要的先进绿色低碳技术创新策源地、绿色低碳优势产业集中承载区、实现碳达峰碳中和目标战略支撑区、人与自然和谐共生绿色发展先行区）定位，创造性提出了清洁能源产业、清洁能源支撑产业和清洁能源应用产业，明确将深化电力体制改革、推进能源资源开发和利益共享机制改革、探索碳排放权市场化交易改革作为三项牵引性改革。此后，各地区各部门围绕绿色低碳优势产业，加快构建落实政策体系。

---

① 陈明扬，四川省环境政策研究与规划院能源与气候变化研究中心主任、高级工程师，主要从事环境政策及应对气候变化研究；向柳，四川省环境政策研究与规划院工程师，主要从事能源环境经济及应对气候变化研究；房景燕，四川省工业环境监测研究院高级工程师，主要从事碳达峰碳中和、节能研究；陈晓艳，四川省交通运输发展战略和规划科学研究院高级工程师，主要从事交通节能减排和环境保护研究。

（二）能源转型规划布局基本完成

能源转型是推动碳达峰碳中和的关键，也是四川绿色低碳优势产业的重点。《四川省“十四五”能源发展规划》《四川省“十四五”可再生能源发展规划》《四川省“十四五”光伏、风电资源开发若干指导意见》《四川省“十四五”电力发展规划》《四川省可再生能源电力消纳保障实施方案（试行）》全面谋划了“十四五”能源发展目标和实施路径，明确了高质量打造国家清洁能源示范省和全国优质清洁能源基地的定位，将确保清洁能源成为能源消费增量的主体，非化石能源消费比重达42%左右。

在可再生能源开发利用方面，抢抓“十四五”可再生能源进入高质量跃升发展的新机遇，提出坚持集中式与分布式并举、单品种开发与多品种互补并举、单一场景与综合场景并举，加快项目备案和建设，加快构建以水电为主、水风光多能互补的可再生能源体系。“十四五”时期，新增可再生能源装机 4 146 万千瓦，其中新增水电装机约 2 400 万千瓦、风电约 600 万千瓦、光伏发电约 1 000 万千瓦、生物质发电约 74 万千瓦。到 2025 年，可再生能源装机达 12 946 万千瓦，较 2020 年增加近 47%，其中水电 10 500 万千瓦，风电 1 000 万千瓦，光伏发电 1 200 万千瓦，生物质发电 175 万千瓦，地热能发电 3 万千瓦。

（三）重大清洁能源工程相继投产

2021 年，水电领域喜报频传。“西电东送”的国家重大工程金沙江乌东德水电站正式投产发电。该电站水库正常蓄水位 975 米高程，总库容 74.08 亿立方米，电站左右岸各布置 6 台单机容量 85 万千瓦水轮发电机组，电站总装机容量 1 020 万千瓦，预计多年平均发电量 389.1 亿千瓦时，相当于每年减少碳排放 3 050 万吨。金沙江白鹤滩水电站首批机组投产发电，该项目总投资 2 200 亿元，总装机 1 600 万千瓦，全部机组将于 2022 年 7 月投产发电，届时该水电站将成为仅次于三峡工程的世界第二大水电站。雅砻江杨房沟水电站实现首台机组并网发电，该项目总装机容量 150 万千瓦，建成后多年平均发电量约 68.56 亿千瓦时，可改善四川水电以径流式电站为主、丰枯出力悬殊的情况。

2022 年，我国海拔最高的百万千瓦级水电站——雅砻江两河口水电站最后一台机组正式投入商业运行。至此，两河口水电站 6 台机组全部投产发电，四川水电装机容量突破 9 000 万千瓦大关（相当于 4 个三峡水电站的装机），夯实了全国水电第一大省的地位。四川还积极推进川渝特高压交流和金上至湖北特高压直流工程建设，加快拓展可再生能源电力外输通道。

（四）传统领域节能降碳持续推进

立足四川发展实际，研究制定《四川省重点领域企业节能降碳工作方案（2022—2025 年）》，要求以重点领域节能降碳和绿色转型为引领，深挖节能降碳技术改造潜力，推广一批节能降碳先进技术和工艺装备，培育创建一批节能降碳标杆企业，实施一批节能降碳示范项目，到 2025 年重点领域达到能效标杆水平的产能比例超过 30%。四川省还首次约谈能耗“双控”目标完成情况红色预警的地方政府，切实压实节能降碳目标责任。

推动绿色循环经济发展。公布 2021 年省级绿色制造示范单位名单，115 户（个）企业（园区）入围。实施《四川省“十四五”循环经济发展规划》《四川省园区循环化改造推进方案》，明确“十四五”循环经济发展目标、发展重点和实施路径。启动四川省和成都市近零碳排放区试点，加快打造低碳发展标杆。

一些地方和企业节能降碳取得明显成效。成都市实施钢铁、水泥、平板玻璃等高耗能行业产能总量控制，坚决遏制高耗能项目盲目发展，持续推动铸造、造纸等行业 34 户企业落后产能退出，实现除电站锅炉外的燃煤锅炉全域“清零”，2021 年规模以上工业六大高耗能行业能耗占地区规模以上工业能耗比例同比下降 0.4 个百分点。重组建立四川冶控集团，整合炼钢产能 1 049 万吨，成为全国最大的短流程炼钢集团。

（五）交通运输绿色发展明显提速

围绕交通运输能源替代，出台《“电动四川”行动计划（2022—2025 年）》，提出以完善充换电基础设施配套为支撑，以新能源汽车推广应用为重点，力争到 2025 年基本建成布局合理、功能完备、运行稳定、智慧安全的新能源汽车充换电基础设施体系，新能源汽车市场渗透率达到全国平均水平，加快打造全国重要的新能源汽车研发制造基地和具有世界影响力的动力电池产业基地。企业积极参与“电动四川”建设，绵阳市公共交通集团 267 辆新能源客车交付，国网四川最大单体充电站成都龙泉驿十陵充电站投入商业运营，沿江高速、泸永高速等在建交通基础设施开展工程机械全电动化改造。

围绕交通运输结构调整，推行绿色低碳出行物流方式。绵泸高铁内自泸段开通运营，结束泸州、自贡不通高铁的历史，为两地居民低碳便捷城际出行提供了新选择。成都市将每月 5 日设为绿色低碳出行日，乘客持天府通卡在轨道交通全线网乘车享全天 8 折优惠，持天府通卡在中心城区“5 + 1”区域乘坐常规公交线路免费，切实推动绿色便民、低碳惠民。全省打造第一批 27 个“金通工程”样板县，提升乡村客运组织效率和服务水平，扩大农村公共出行范围和深度。

（六）城乡建设低碳发展更加系统

加快转变城乡建设方式，制定《关于推动城乡建设绿色发展的实施方案》。多个部门出台《四川省绿色建筑创建行动实施方案》《四川省节约型机关创建行动实施方案》《关于做好教育系统“十四五”节约能源资源工作的通知》等政策文件，系统推动城乡建设领域绿色低碳发展。

除了密集出台政策，一批示范工程也陆续建成。2022 年，成都首个近零碳建筑——中建滨湖设计总部（中建低碳智慧示范办公大楼）建成。该大楼采用 30 多项低碳建筑技术，较成都市一般办公楼年均能耗 120 千瓦时/米 ^{2} 的标准降低至 40 ~ 80 千瓦时/米 ^{2}，每年可以节省用电 186 万度，约 150 万元，年减少碳排放约 1 027 吨，气候绩效明显。

（七）生态系统碳汇行动力度加大

林草领域碳汇行动起步早、力度大，率先在全国发布省级林草碳汇行动方案，明确到 2025 年全省森林蓄积量达 21 亿立方米，草原综合植被盖度达 87%，湿地保护率达 57%，林草碳汇项目总规模达 3 000 万亩，并从增加生态资源总量、提升生态系统质量、加强林草灾害防控、加强碳汇计量监测、推进碳汇项目发展、推进林草碳汇交易等方面明确了路径。一些地区成立森林碳汇管理局、森林碳汇事务中心，将“碳汇”理念引入修复性司法案件。

根据《四川省国土绿化公报》，2021 年全省完成营造林 607.5 万亩，森林覆盖率较同比提升 0.2 个百分点，森林蓄积量同比增长 1 800 万立方米，草原综合植被盖度同比提升 0.1 个百分点，生态系统增汇取得阶段性成效[1]。

（八）绿色低碳科技创新加快布局

一批创新平台陆续启建。四川天府新区落地天府永兴实验室，该实验室作为省政府批复建设的天府实验室四个重点实验室之一，将聚焦零碳能源、资源碳中和、地热及固碳三大研究方向开展前沿研究。四川大学牵头成立四川省碳中和技术创新中心，该中心将着力突破低碳零碳负碳关键核心技术。西南石油大学成立碳中和研究院，设立“天然气绿色开发利用研究中心”“零碳能源系统研究中心”“储能技术研究中心”“二氧化碳高效捕集与绿色转化研究中心”。此外，还成立了四川省新型电力系统研究院、四川省光伏建筑一体化系统工程技术研究中心、绵阳市碳中和工程技术研究中心、巴中市低碳交通研究中心。

除了研发平台布局，一些绿色低碳技术研发也取得进展。国网四川省电力公司自主研发的首个“电碳”监测模型投入使用，首创电网动态排放因子，实现了四川电网排放与减排状况的动态精准监测。

（九）降碳市场机制作用启动发挥

碳排放权交易是实现碳达峰碳中和的核心市场机制和重要政策工具。以碳市场上线交易为契机，发布温室气体重点排放单位名单，向纳入全国碳排放权交易市场的 48 户温室气体重点排放单位发放碳排放配额和履约通知书，推动交易和清缴履约。截至 2021 年底，全省共 27 家控排企业参与碳排放配额交易，累计买入 275.3 万吨、成交额 1.3 亿元，累计卖出 78.5 万吨、成交额 0.4 亿元；46 家控排企业按时足额完成碳排放配额清缴履约，按履约量计，履约完成率为 99.7%，高于全国平均水平。

“碳惠天府”机制取得新进展。2021 年 5 月，“碳惠天府”绿色公益平台上线，同步登录微信、支付宝、微博、抖音等。依托该平台，青城山都江堰风景名胜区管理局、通威太阳能（成都）有限公司、四川一汽丰田汽车有限公司、兴业银行成都分行签订协议共认购“碳惠天府”机制碳减排量 7 900 吨。2022 年 1 月，成都市授予 17 个单位“2021 年度‘碳惠天府’机制建设先进单位”称号、8 个单位“2021 年度‘碳惠天府’机制建设贡献单位”称号，首次实现碳普惠机制的“闭环”。

（十）社会力量参与降碳更加活跃

一些企业争做低碳先锋。川威集团、亿华通、大运汽车三方签约西部首条氢燃料电池重卡示范线项目。四川电力、四川发展、五粮液集团、新希望集团签署《碳达峰碳中和共同行动宣言》。中国·雅安大数据产业园发挥高比例可再生能源优势，打造国内首个碳中和国家绿色数据中心。通威新能源牵头编制《光伏发电站建设碳中和通用规范》《光伏发电站运营碳中和通用规范》。成都双流国际机场通过国际机场协会的机场碳排放 3 级认证，成为中国内地第三家、中西部地区第一家通过 3 级认证的机场。成都燃气签署《中国城市燃气企业甲烷控排倡议书》，新网银行发布《首次环境信息披露报告》。

社会组织以多种形式参与低碳。有关机构在川举办碳中和技术创新高峰论坛、首届中国数字碳中和高峰论坛、双城双碳双循环——中国首席经济学家高峰论坛、中国工程院院士四川行暨碳达峰碳中和院士对接会、第五届国际城市可持续发展高层论坛、联合国开发计划署 Re：Think 2021 “城市创新与零碳未来”会议，发布《数字空间绿色低碳行动倡议书》。成立“T20 双碳行动联盟”，启动产品碳足迹服务平台。《四川日报》推出“双碳十问”高端访谈系列报道，问计“四川方案”。成都市发布《成都市绿色低碳发展报告（2020）》《低碳成都 100 案例》。

社会活动碳中和受到市场“青睐”。四川航空打造国内首个碳中和航班，建设银行、农商银行和恒丰银行示范打造低（零）碳网点，宜宾中石油昆仑燃气有限公司、出光电子材料（中国）有限公司、进出口银行四川省分行等推行碳中和，宁德时代宜宾工厂成为全球首家电池零碳工厂。2021 以来，全省共有 143 场（次）活动实施碳中和，抵消碳排放约 38 292 吨，分别占有记录以来的 72.22%、95.11%，呈现强劲发展态势[2]。

二、诊断：碳达峰碳中和趋势特征

2021 年以来，四川积极发挥优势、抢抓机遇、夯实基础，在区域合作、动能培育、协同减污、资金投入、能力建设等方面取得新进展，成为推动碳达峰碳中和工作的新亮点。

（一）强调川渝联动

以成渝地区双城经济圈建设为契机，川渝在碳达峰碳中和领域积极互动。相关单位联动发布《节能减碳倡议书》，两地生态环境部门达成《应对气候变化合作框架协议》。川渝党政代表团共同启动成渝地区双城经济圈碳达峰碳中和联合行动。此外，在重庆九龙坡区、四川成都和内江同时启动成渝氢走廊建设，规划 2 条城际线路和 1 条直达干线，并推动组建成渝氢走廊技术创新生态圈联盟、成渝氢走廊物流专线联盟。

（二）加快赛道转换

成都市、攀枝花市、阿坝州、甘孜州、凉山州签署协同推进绿色低碳优势产业高质量发展合作协议，川投集团、东方电气集团签署战略合作协议，成都产业投资集团、成都环境投资集团成立成都绿色低碳产业投资集团。永祥新能源二期项目投产，通威太阳能眉山公司 2021 年产值破 100 亿元，成为眉山市首家百亿企业。启动建设全球首个超高海拔光伏实证实验基地——甘孜州正斗光伏实证实验基地。启动金堂县整县屋顶分布式光伏开发试点县项目，总投资 50 亿元，预计建成后年发电量约 2.06 亿千瓦时，每年减少碳排放约 15.99 万吨。

（三）协同降碳减污

按照统筹污染治理、生态保护和应对气候变化的要求，将碳达峰碳中和要求和内容融入

"十四五"生态环境保护规划。出台《四川省巩固污染防治攻坚战成果提升生态环境治理体系和治理能力现代化水平行动计划（2022—2023 年）》，将降碳作为重点，要求实施重点行业企业低碳化建设工程、非二氧化碳温室气体控排工程、低碳（零碳或近零碳）试点示范工程。

（四）撬动社会资本

明确和加大政府投入力度，发布《四川省公（专）用充电基础设施项目省级预算内基本建设投资补助管理暂行办法》。四川天府新区积极申报气候投融资试点，雅安市推出"低碳贷"。引导和撬动社会资本投入，发起设立规模为 300 亿元的四川省绿色低碳优势产业基金。在全国首创碳减排票据再贴现专项支持计划（川碳快贴），引导金融机构创新运用再贴现资金，支持具有碳减排效应的企业和项目。四川机场集团、雅砻江水电参与发行全国首批碳中和债券，乐山市商业银行发放首笔碳排放权质押贷款，兴业银行成都分行首次发放"碳足迹"挂钩贷款。

（五）夯实基础能力

完善"双碳"工作机制，建立省碳达峰碳中和工作委员会，用好省领导联系指导清洁能源产业机制等机制。加强制度建设，首次将应对气候变化融入省级生态环境保护地方立法，出台《四川省节能信用管理办法》。注重人才培养和招引，成立四川大学碳中和未来技术学院，开展成都市青年技能竞赛碳排放管理员项目，举办四川省绿色低碳优势产业专场网络招聘会，成立全国碳市场能力建设（成都）中心凉山基地。

三、展望：深入推进碳达峰碳中和

面向未来，建议准确认识和把握碳达峰碳中和工作的节奏与力度，坚持问题导向、需求导向和发展导向，稳妥有序碳达峰碳中和工作，推动经济社会发展全面绿色转型迈上新台阶。

（一）加快构建"1 + N"政策体系

充分认识碳达峰碳中和工作的艰巨性、长期性和系统性，统筹近期和中远期要求，加强统筹协调和顶层谋划，围绕重点领域、关键环节、重大问题，优先制定出台一批支撑性、引领性政策。加强路径引领和工作指导，推动地方、企业科学编制实施方案，不搞"碳冲峰"，也不搞运动式、一刀切"减碳"。

（二）科学构建统计核算考核体系

围绕构建统一规范的碳排放统计核算的要求，考虑能耗"双控"向碳排放"双控"的政策导向，因地制宜构建市（州）碳排放统计核算体系，实现可表征、可比较、可考核。优先推动具备条件的地区加强能源等基础统计，编制县级能源平衡表，探索县级碳排放统计核算路径方法。建立健全标准规范，规范产品、企业、活动层面的碳排放核算，避免"炒概念""玩标签"。

（三）不断加大财政金融支持力度

加强省级碳达峰碳中和相关资金统筹，优先支持重大项目、试点示范、科技攻关、能力建设等，形成资金投入合力。统筹绿色金融和转型金融发展，加大对结构性降碳和绿色低碳产业发展的支持。大力发展气候投融资，创新发展碳市场、碳金融和碳普惠，引导撬动社会资金投入减缓气候变化领域。

（四）积极培育低碳经济和新动能

统筹供给侧和需求侧，做大做强新能源汽车、新能源、新材料、氢能等快速成长行业，推动“低碳产业化、产业低碳化”。壮大碳排放管理人才队伍，聚集发展碳监测、碳盘查、碳核查、碳资产管理等低碳服务业，支持银行打造气候友好型银行。

（五）主动融入全国统一大市场

坚持“引进来”与“走出去”并举。一方面，持续改善营商环境和产业生态，吸引外部资金链、价值链、产业链向川聚集，招引具有较强带动性的高品质产业项目。另一方面，积极参与全球贸易体系，推动绿色低碳产品应对碳定价机制，积极融入全国电力、碳排放权等要素市场，提升绿色低碳竞争力。

参考文献

[1] 四川省绿化委员会办公室. 2021年四川省国土绿化公报[R]. 2022.

[2] 四川省环境政策研究与规划院，四川联合环境交易所有限公司. 四川省社会活动碳中和进展报告（2022）[R]. 2022.

四川省交通运输领域绿色低碳转型发展路径分析

范林强，陈晓艳，罗涛①

【摘　要】随着双碳战略目标的提出，我国生态文明建设进入以降碳为重点战略方向、推动减污降碳协同增效的全面绿色转型关键时期。加速四川交通运输绿色低碳转型是贯彻习近平生态文明思想、推动行业高质量发展的重要方向和必然选择。本文系统分析了四川交通运输领域发展面临“两高一优”的发展趋势，总结了近年四川交通节能环保相关工作成效，梳理出推动交通绿色低碳转型面临的发展意识不足、运输结构调整存在制约、清洁能源装备推广受限、工程建设碳排放管理治理有待优化、行业监督和管理有待加强等困境。针对问题结合地方实际，提出推动交通运输碳达峰“五转”，打造交通绿水蓝天，强化基础设施“扩绿增汇”协同推进四川交通运输领域转型的战略路径，以期为行业高质量发展提供基础参考。
【关键词】四川交通运输；绿色低碳；发展路径

党的十八大以来，以习近平同志为核心的党中央高度重视生态环境保护，先后作出“保护生态环境就是保护生产力，改善生态环境就是发展生产力”“绿水青山就是金山银山”等重要论断，习近平总书记还在第 75 届联合国大会上向全世界庄严承诺，中国力争 2030 年前实现碳达峰、2060 年前实现碳中和。2022 年 6 月，习近平总书记在四川宜宾考察时，强调“四川地处长江上游，要增强大局意识，牢固树立上游意识，坚定不移贯彻共抓大保护、不搞大开发方针，筑牢长江上游生态屏障，守护好这一江清水”。这些重要论述，明确了生态文明建设在党和国家事业发展全局中的重要地位，为交通运输系统践行绿色发展理念、做好生态环保工作提供了根本遵循。推动交通运输领域绿色低碳转型，是深入贯彻习近平生态文明思想的生动实践，是加速行业绿色低碳转型、推动交通运输高质量发展的重要抓手，是加快建设交通强国、交通强省的重要内容。

一、四川交通运输绿色低碳转型发展形势紧任务重

（一）四川交通运输能源消耗及碳排放总量占比较高，未来还将持续增加

按照目前的能源结构来看，四川交通运输行业仍以化石燃料消耗为主，且在较长时间段内都是碳排放的重要来源之一。截至 2019 年底，全国交通运输碳排放约占碳排放总量的 11%，低于能源和工业排第 3 位[1]；四川省交通运输碳排放占碳排放总量的 16%～18%，仅次于工

① 范林强，四川省交通运输发展战略和规划科学研究院战略规划所所长、高级工程师，主要研究方向为综合交通运输和战略规划；陈晓艳，四川省交通运输发展战略和规划科学研究院高级工程师，主要研究方向为交通节能减排和环境保护；罗涛，四川省交通运输发展战略和规划科学研究院政策法规所主持工作，主要研究方向为交通运输行业政策。

业居第 2 位。从城市分布来看，经济发展程度较高的城市，交通运输碳排放占比更高[2]。四川作为全国交通运输“第四极”和西部经济中心，当前和今后一个时期，其发展仍处于重要战略机遇期，随着经济社会的快速发展和人民生活水平的不断提高，运输需求总量和碳排放总量仍将增加。在自身总量上升以及工业、建筑业碳排放总量下降的双重影响下，交通碳排放占比将持续增加。

（二）公路运输碳排放占综合交通运输的比重较高，且呈现货增客减趋势

经初步核算，四川省公路运输碳排放占综合交通全行业碳排放总量的 82%，是交通运输领域碳排放的最主要来源。受购置成本高、储能供能技术水平低、配置设施不完善等因素影响，电动货车和氢燃料电池货车大规模推广难度大，随着居民消费能力不断增强，电商平台快速发展，物资运输和快递运输量将大幅增加，公路货运仍将是我国交通运输用能与碳排放的大户。反之，随着“电动四川”行动和“公交都市”“绿色出行城市”创建推进，公交车、出租车、营运客车等趋近全电动化，客运碳排放量却能快速显著降低。

（三）四川清洁能源资源富集，交通运输绿色转型具有先天优势

2021 年，四川省水电装机规模达 8 082 万千瓦，水电发电量 3 514 亿千瓦，分别占全国的 21.8%、25.9%；天然气（页岩气）探明储量 5.18 万亿立方米、年产量达 432 亿立方米，分别占全国的 27.4%、22.9%；风电、光伏并网装机规模近三年分别提升了 40%、102%，全球前十强晶硅光伏企业已有 5 户落户四川，全国最大的动力电池产能基地加快建设。2021 年 12 月 2 日，四川省委十一届十次全会审议通过《中共四川省委关于以实现碳达峰碳中和目标为引领推动绿色低碳优势产业高质量发展的决定》，着力培育支撑高质量发展的绿色低碳新动能，谋划清洁能源产业布局。四川清洁能源资源优势和产业发展基础优势为四川交通运输绿色低碳转型提供全链基础。

四川省第十二次党代会报告中提出“美丽四川建设迈出新步伐，大气、水、土壤环境质量持续改善，能源资源利用效率大幅提升，碳排放强度明显下降，长江黄河上游生态屏障进一步筑牢”。推动交通运输领域低碳转型是我省立足新发展阶段的必经之路，是打造带动全国高质量发展的重要增长极的组成部分，是筑牢长江上游生态屏障的主动担当。

二、四川交通运输绿色转型初具成效

（一）全面树牢绿色理念，工作机制不断完善

一是完善工作机制。四川省交通运输厅成立生态环境保护工作领导小组，负责统筹全省交通运输领域生态环保、绿色发展、碳达峰碳中和等各项工作。与生态环境厅建立常态化沟通联系机制，两厅主要领导、分管领导定期或不定期对交通运输生态环境保护与推进、“双碳”等工作进行会商，有力推动了行业绿色发展。建立“五转”专班，从政策研究、课题研究、试点工程等方面统筹谋划、系统推进碳达峰工作。

二是完善推进机制。四川省印发《四川省“十四五”交通运输绿色发展规划》《四川省

2021—2025 年绿色出行“续航工程”实施方案》《四川省高速公路大中修路面废料回收及循环利用管理办法》等文件，制定实施交通运输领域生态环保与绿色发展、碳达峰等 2 个工作要点，逐一明确公路水路绿色低碳发展的时间表、路线图和任务书，有效推动行业在能耗排放上做好了“减法”、在经济发展上做好了“加法”。

三是完善督导机制。四川省交通运输环保工作督导组多次开展现场检查、核查、回访等。大力推进暗查暗访，并与日常业务工作、综合督导检查等结合，形成常态化监督检查机制，从管理层面保障行业绿色发展。选取交通运输领域突出问题制作警示片，组织全省交通运输行业干部职工观看，起到了良好的警示镜鉴效果。

（二）积极响应双碳目标，节能降碳举措见效成势

一是运输装备能源结构不断优化。将新能源汽车推广应用纳入推进绿色出行城市、公交都市、绿色货运配送示范城市创建任务，重点引导公交、出租、物流配送领域优先购买使用新能源汽车，2021 年全省新增和更新公交车中新能源公交占比超过 97%，成都、泸州被交通运输部、公安部、商务部命名为“绿色货运配送示范城市”；截至 2021 年底，全省累计建成岸电设施 98 套，长江干线五大类港口岸电配备率达 100%。

二是基础设施“四新技术”广泛应用。选取沿江高速、泸永高速项目开展工程机械电能替代试点。以平安百年品质工程建设为引领，在沿江宁攀段、成绵扩容、久马高速项目开展低碳施工材料及技术应用。开展九寨沟至绵阳国家绿色公路建设示范工程、雅安至康定段高速公路二郎山隧道全国首例自备电源供电示范工程等建设，新技术、新装备在交通运输领域的应用效果逐步显现。

三是运输结构持续优化。加快推进长江上游（四川）航运中心建设，完成泸州、宜宾、乐山三港整合，新增广安至重庆、南充至重庆集装箱班轮航线，集装箱班轮航线增加到 13 条，推动更多中长距离货物运输向公铁、公水等联运方式转变。开通泸州港—昆明、成都、乐山、攀枝花等地方的铁水联运班列，建立攀枝花等 7 个无水港，铁水联运集装箱量较 2020 年同比增长 17.6%。

四是绿色出行体系不断完善。推进定制客运发展，全省定制客运线路 396 条，车辆 3 728 辆，分别较 2020 年翻了一番；优化公交出行，全省城市公共交通覆盖率达 99%。成都、泸州、自贡等三市积极创建国家公交都市建设示范工程，形成了“立体开放、多元高效、绿色友好、智能安全”的城市公共交通新体系。大力实施人民满意乡村客运“金通工程”，在实现“具备条件的建制村全部通客运”的交通脱贫攻坚目标基础上，打造乡村客运升级版，提高综合客货运输效率，推动道路运输结构性节能减排。

五是交通智能化水平持续提升。建立综合交通运输运行监测调度机制，开展出行大数据分析，实施“一路三方”联合指挥调度，全力做好重点时段缓堵保畅工作。加快拥堵收费站专项治理，提高货车 ETC 安装率，高速公路 ETC 车辆使用率达到 70%以上并持续保持在全国前五。智慧港口、智慧高速推进较好，宜宾港志城作业区 5G 智慧港口一期（一标段）工程完成验收并正式上线试运行，成宜、二绕、峨汉等“智慧高速”试点里程逾 300 千米。川渝两地组建联合调度中心，嘉陵江通航实现“一次申报、全线通过”，船舶过闸效率提升 33%。

（三）多管齐下降污减排措施，污染防治工作持续强化

一是坚决打好蓝天保卫战。各地交通基础设施建设落实绿色施工、道路扬尘等专项行动方案，有效提升了扬尘防治水平和重污染天气期间应急响应效率。规范汽修行业危险废物管理，强化挥发性有机物治理、尾气治理维修企业 M 站监管。截至 2021 年底，汽车喷烤漆房升级改造率超过 96%，全省建立 564 个汽车维修绿色钣喷中心；煤炭、矿石等散货码头堆场全面完成防风抑尘设施建设改造。

二是坚决打好碧水保卫战。大力推进绿水绿航行动，深入推进非法码头整治，完成对各市（州）2020 年港口船舶污染防治和非法码头整治考核，需规范提升的 88 座已发放港口经营许可证 46 座。建立船舶与港口污染防治工作情况季度调度机制，全省 695 艘 100 总吨以下需改造的船舶全面完成防污染设施加装改造，船舶水污染实现上岸后转运处置多部门联合监管。基本建成岷江犍为航电枢纽鱼道、鱼类增殖放流站设施。

三是坚决打好环保督导战。按照省污染防治攻坚战领导小组职责分工，牵头对德阳市开展 2021 年秋冬季大气污染防治攻坚督导，工业源、移动源、扬尘源等污染得到进一步管控。按照四川省关于“绿盾 2021”自然保护地强化监督工作的统一安排部署，牵头开展成都、乐山、雅安等三市的“绿盾 2021”自然保护地联合执法检查和督导，并圆满完成相关工作任务。

三、四川交通运输绿色转型面临的困境

（一）绿色低碳发展意识不足

地方政府更加重视经济增长，对绿色发展相对而言重视程度不够，市州层面交通部门普遍对碳达峰碳中和工作的重要性认识不到位，对于促进行业低碳发展的配套政策、工作抓手思考不够，工作推进的机制尚未建立。企业在日常运营中更多考虑经济效益，对新能源、清洁能源车辆购置和营运信心不足，调研中某物流企业货运车辆的高排放燃油车型比例为 99%，个别企业受 LNG 加气站配置不足、加气不便、价格上涨快等因素影响，车辆闲置并难于转售。民众对于是否绿色出行则因群体而异，普遍的需求是如何提高公共交通的便捷性和舒适度，以满足个性化、高品质的出行需求。

（二）运输结构调整存在制约

公转铁难度极大。主要货运干线铁路运能明显不足，东向、南向成昆、襄渝等线路的能力利用率超过 80%，达成、遂成等线路的能力趋于饱和；园区铁路专用线建设总体滞后。和公路运输相比，铁路运输成本高、运输效率低，在青白江铁路港的调研发现，公铁联运虽然有利于减少碳排放，但并没有时间优势，在一定条件下也不具备价格优势，而且转卸过程繁杂。受产业结构影响，我省高速公路平均运距短，仅为 136 千米（全国平均 155 千米），且 50 千米运距以内的数量占比超过一半（占 56.8%），200 千米运距以内的数量占比近九成（占 89.1%），中长途货物运输市场不明显。

公转水制约明显。卡脖子问题多处存在，水运虽然具有明显的价格和减排优势，但是长江三峡（葛洲坝）通航能力早已饱和，通行等待时间较长；嘉陵江等支流航道航电枢纽密集，

缺乏完善的过闸机制，导致船舶待闸、过闸时间过长。同时航道网络能力不足，四级及以上高等级航道里程占比仅为 15.6%，约三分之二的航道为等外级，长江干线仅丰水期能通行 3 000 ~ 5 000 吨级船舶。航道等级低导致运力超 3 万吨的企业仅 4 家，没有规模效应，对于大型企业、大宗货物公转水吸引力不强。加之适水货物、水运市场培育都还有空间和潜力。

（三）新能源清洁能源装备推广受限

电动车辆推广使用存在瓶颈。电动车较燃气车价格优势并不明显，电动车的购置费较高，基本抵消了营运成本优势。续航能力制约电动大客车、船舶推广，现有电动大客车和客运轮船动力电池续航能力仅能满足短途出行需求，推广范围相对有限。充电设施供给不足，四川充电桩总数和配比均低于全国平均水平，全省充电桩、换电站实际建成数目较规划目标仍有较大差距，且存在“有站无人、有桩无电”的现象。四是充电服务综合电价较高，公共充电桩是主要供电对象，但服务费占比较高，综合电价远高于私人充电桩对应的民用电价，导致电动车用电成本大幅上升。

LNG 车船推广使用受限。受制于 LNG 车辆市场保有量等因素，全省 LNG 加气站建成数目仍然不足，不在加气站覆盖范围内的短途运输加气不便（如双流的 LNG 短途运渣货车要去新津加气），且存在价格稳定性不高等问题，反向制约了 LNG 车辆市场保有量。此外，省内还没有建成的 LNG 加注码头，制约了我省 LNG 船舶推广使用。

（四）工程建设碳排放管理治理有待优化

四川省针对公路工程建设领域碳排放的监测体系尚未建立，建设领域的污染治理和碳排放管理还较为粗放，公路建设碳排放治理难度大。目前，四川省已有的新工艺、新技术、新材料、新设备等四新技术对于交通工程建设的节能减排具有较好的效果，但会增加建设投入，拉高建设成本。

（五）行业监督和管理有待强化

目前四川省交通运输降碳减排工作标准还不完善，行业能源消费和排放计量、统计体系建设滞后，交通运输行业涉及的公交、出租、客运、货运、工程建设等领域的碳排放现状只能通过调研和测算得到，缺乏科学的监测手段支撑。围绕工程建设、公路货运等领域鲜有降碳的政策支持，汽车充电桩、LNG 加气站的规划和建设支持政策不多，车船充电电价等涉及多部门的工作，缺乏协调和沟通，降碳工作的资金投入和筹措思考研究还没有起步。

四、交通运输绿色低碳转型发展路径与建议

（一）全面推动交通运输绿色低碳转型，深化交通运输节能减排，推动交通运输碳达峰“五转”

1. 聚焦能源消费转型，推进运输装备“油转电”

一是优化用能结构推动运输装备电动化清洁化。大力推广和普及电动汽车，研究电动车

高速公路通行费优惠政策，逐步扩大与燃油车成本差距。推动城市公共服务车辆电动化，新增和更新城市公交、出租汽车等电动化占比逐年提升。有序发展氢燃料电池汽车，稳步推进换电模式和氢燃料电池在重型卡车、营运大客车领域的试点应用。适度推进内河船舶使用LNG动力，推广应用新能源船舶。推进港作机械、物流枢纽和园区场内车辆装备电动化更新改造。二是深入实施“绿色出行续航工程”和“电动四川”，加快完善充（换）电设施。加强新能源、清洁能源基础设施顶层设计，充分结合新能源、清洁能源车辆保有量、线路、运距和场站基础条件等因素，优化充电桩、LNG加气站等基础设施布局，确保规划的前瞻性和可实施性，探索推进换电站和加氢站建设。加强川渝协同联动，布局完善川渝地区重要公路通道沿线充（换）电设施，构建成渝“电走廊”。三是深入实施“绿水绿航绿色发展五年行动方案”，加快完善港口岸电设施。加快推进港口岸电设施改造和船舶受电设施安装，实现全省港口码头具备岸电供应能力，不断提高岸电使用率。加快推广渡口出行使用新能源，创建零碳平安渡运示范点，实现渡运“零排放”。四是持续提升运输工具能源利用效率。推进货运车辆大型化、厢式化、专业化发展，推动落实新建标准船型船舶，淘汰老旧客渡船舶。加强与四川省交通运输物流公共信息平台对接，推动物流公共信息共享互通，提高对道路客货运输车辆覆盖率，提升供需精准匹配度，减少运输空驶率、空载率。

2. 聚焦货运结构调整，推进“公转铁、公转水”

实施“公转铁”。一是推进货运铁路扩能提质。加快成昆铁路、成渝铁路等干线扩能，建设铁路“无水港”，推广高铁货运，促进铁路运输提质增效。二是加快建设铁路专用线。加快推动大型物流园区、工业园区、经济开发区以及工矿企业的铁路专用线建设，强化港区及疏港铁路与干线铁路和码头堆场的衔接，推动进疏港公路建设，加快港区铁路装卸场站及配套设施建设。三是完善智能自动化设施。推动智慧枢纽、自动化转运设施建设，提高货物中转效率，简化货物堆放和吊装环节。深入推进多式联运“一单制”，探索应用集装箱多式联运运单，推动各类单证电子化。四是培育多式联运企业。鼓励港口航运、铁路货运、航空寄递、货代企业及平台型企业等加快向多式联运经营人转型，培育鼓励大型国有物流运输企业发展多式联运业务，提高供应链整合能力，降低多式联运全过程物流成本。

实施“公转水”。一是加快完善“两核四翼多点”港口体系和“一横五纵多线”航道网。加快建设专业化、规模化的内河港口，加快推进长江、嘉陵江航道等级提升，推进岷江航电枢纽、金沙江翻坝转运体系建设，全面提升内河水运运输效能。二是提高港口集疏运效率。协同发改部门、中国铁路成都局推进宜宾港、广元港张家坝作业区进港铁路建设，加快推进泸州港神仙桥码头疏港公路、南充港都京多用途码头进港大道等项目，加快港区铁路装卸场站及配套设施建设。三是培育水运市场。提升船舶运力，推广三峡船型、江海直达船型和节能环保船型；推动嘉陵江—长江干支联运航线常态化稳定运行，引导金沙江等沿线中长距离大宗散货“公转水”“水水中转”；鼓励航运企业兼并重组、港口企业整合发展，培育省内航运龙头企业。

3. 聚焦客运结构调整，推进公众出行“私转公”

推进“地铁＋公交＋慢行”三网融合发展，加快构建“135”绿色出行体系（1公里步行，3公里骑自行车，5公里乘坐公共交通工具）。一是打造轨道上的都市圈提升公众出行的便捷性。加快成德眉资区域“四网融合”都市圈轨道交通网络骨架建设，打造成德眉资区域半小时轨道通勤圈。二是建设公交都市优化居民出行环境。以“公交都市”和“绿色出行城市”创建为依托，加强城市步行、自行车等慢行交通系统和配套设施建设，提高非机动车道的连续性和通畅性，改善行人过街设施条件。加快推进公交专用道、城市公交枢纽站、首末站和慢行绿道等基础设施建设，完善地面公交站点设置，提高港湾式公交站点设置比例。积极推行公交信号优先和智能化系统建设。三是优化服务品质引导主动选择公共交通工具。积极发展快速公交、定制公交、夜间公交、社区公交等多样化公交服务产品，加快完善公共交通线路和站点布局，优化公共交通之间换乘设施和流程。结合骑行热力图建设自行车专用道，鼓励共享单车企业结合骑行需求调度单车投放，改善用户体验。完善共享汽车分时租赁政策，鼓励共享汽车企业优化站点布局、强化车辆调度、改善车内卫生，提升共享汽车吸引力。打造定制客运“通勤”“接驳”“接送机”“小团游”等产品和“互联网 + 定制客运”发展模式，提高定制客运服务水平，减少私家车出行。继续创建“金通工程样板县”，提升乡村运输服务水平。四是积极宣传教育引导鼓励绿色出行。积极倡导绿色出行文化，推动绿色出行城市创建，推广和完善“碳惠天府”等绿色出行奖励制度，引导公众优先选择公共交通、步行和自行车等绿色出行方式。

4. 聚焦智慧交通建设，推动交通状况“堵转畅”

一是优化四向八廊通道提升路网畅通性。加快成昆铁路、成渝铁路扩能，促进铁路运输提质增效。加快京昆高速、沪蓉高速等公路扩能改造，提升车辆高速公路通行效率。深化推进金通工程，加快消除普通公路省际“断头路”“瓶颈路”。二是推动智慧高速公路建设提升道路畅通性。提升智慧高速应用规模，探索高速公路主线和匝道控制，积极研究和发展高速公路主线和匝道联合控制系统，确保主线畅通，降低拥堵延误。三是打通航道断点提升水路畅通性。推进岷江航电枢纽、金沙江翻坝转运体系建设，提升船舶过闸效率。四是深化 ETC 使用提升公路水路过闸通行效率。率先在大型货运企业及企业信用评级 AA 级以上货运企业推广 ETC 安装，并支持 AA 级以上企业作为客货运车辆 ETC 担保主体，加快货车 ETC 普及。探索建立全省船舶过闸联动机制，推行水上 ETC，推行在线缴费，减少船舶通关时间。五是完善物流体系推动配送集约化发展。统筹优化“物流分拨中心、公共配送中心、末端公共取送点”三级城市配送体系，升级城市共同配送信息平台，提升城市配送效率。合理确定限制和禁止城市配送车辆通行的区域与时段，鼓励开展共同配送、夜间配送、统一配送等集约化配送模式。

5. 聚焦建设技术创新，推动交通建设“旧转新”

一是推动“三州一市”高速公路服务设施光伏建筑一体化。探索推进“三州一市”光伏资源与高速公路项目的打捆招商和联合开发，在高速公路边坡、服务区、隧道顶、收费站等合适区域建设光伏发电设施，实现能源互补或自洽，打造一批光伏高速和“零碳”服务区。二是推动枢纽场站能源供给多元化实现自洽。构建综合交通枢纽场站“分布式光伏 + 储能 + 微电网”的交通能源系统，推动新建铁路客货运场站、民航运输机场、港口码头、物流枢纽、仓储分拣设施等按照“能设尽设”的原则建设屋顶光伏、光伏玻璃幕墙、光伏车棚，辅以风能发电、地源热泵和墙体保温工艺，实现场站能源自给。三是推广施工四新技术应用打造减排增汇碳中和施工体系。推广应用节能环保材料、清洁能源和低碳技术，推动就地热再生、排水路面等养护新技术，推动废旧路面、沥青、疏浚土等材料以及建筑垃圾循环利用，打造“零碳工地”和“品质工程”。四是树立新理念建立全生命周期能耗与碳排放监测制度。探索建立交通基础设施建设全生命周期碳排放评估检测和跟踪报告制度，将绿色低碳理念贯穿交通路网、枢纽等基础设施规划、建设、运营和维护全过程，降低全生命周期能耗与碳排放。在工程项目的前期规划、项目决策、方案比选阶段，将方案的节能减排措施及效果纳入研究范围；在项目招标阶段，将相关低碳要求纳入招标文件作为重要评分因素；在施工阶段，定期提交阶段性碳排放核算报告或第三方检测评估报告，并将施工企业纳入碳排放交易体系。

（二）坚持标本兼治，加强“污染防治”源头治理，打造交通绿水蓝天

一是强化大气污染防治认真打好蓝天保卫战。加快高污染、高能耗、老旧车辆淘汰，落实营运车船能耗限值标准、达标车型核查、汽车排放检验与维护（I/M）等制度，落实机动车污染物排放限值及测量方法，建立超标排放车辆闭环管理联防联控机制。规范维修作业废气、废液、固废和危险废物贮存管理，推进汽车绿色维修。加强船舶用油标准和尾气排放监察，完善高能耗老旧营运船舶限制使用政策，鼓励引导高能耗船舶技术改造升级和提前退出。强化干散货码头粉尘治理，推进散货码头粉尘防治的智能化、自动化技术应用，严格执行原油成品油码头油气回收治理。鼓励使用电气化施工机械，加强施工现场扬尘防治。二是强化水污染防治认真推进绿水绿航行动。深入推进港口、枢纽场站、高速公路服务区的污水达标处理和循环利用。持续推进船舶与港口污染物接收转运处置工作，推行船舶污染物近零排放，强化船舶污染物接收、转运及处置信息监管平台应用。推进洗舱基地和水上服务区建设，提高船舶垃圾、生活污水、含油污水、化学品洗舱水等污染物接收处置能力。三是强化安全建设提升污染事故应急能力。健全污染事故应急预案体系，强化水上溢油及危险化学品泄漏事故应急处置能力建设，合理配备应急设施，定期开展应急演练。强化危险货物运输源头监管，严把企业资质及从业人员资格关，推进危货运输企业安全标准化建设，严格落实企业安全主体责任。完善全省综合交通运行调度应急指挥平台，提升交通污染事故应急处置水平。

（三）注重全生命周期绿色发展，促进基础设施建设和生态环保统筹融合，强化基础设施“扩绿增汇”

一是优化交通基础设施空间布局推进交通基础设施与国土空间规划等协调融合。建设集约化、一体化绿色综合交通枢纽，鼓励公路与铁路、高速公路与普通公路共用线位，合理有序开发港口岸线资源，发展集约化和专业化港区，促进区域航道、锚地和引航等资源共享共用。二是加强全过程的生态保护修复推动交通与自然和谐共生。树立基础设施全生命周期生态保护修复理念，统筹交通基础设施建设，推进山水林田湖草沙一体化保护，巩固和提升生态系统碳汇能力。在规划阶段考虑生态承载力，构建生态可承载的交通网络布局；在设计阶段强化生态选线选址，认真落实“三单一线”，主动避让或无害化穿越跨越重要生态敏感目标；在施工阶段建设绿色交通基础设施，深入开展动植物保护和生态环境修复；在养护阶段重建生态系统，不断提升生态环境和生物物种多样性。同时加强重大基础设施建设生态保护调查监管力度，开展川藏铁路等工程区的生态系统保护成效评估。

五、结　语

稳步推进交通运输领域绿色低碳转型，首先要明确转型发展不是约束发展，不能为了减污降碳而刻意限制或约束交通基础设施建设和客货运输需求，不能仅追求绿色而不考虑经济效益和社会实际发展程度，要在支撑经济社会快速发展和满足人们美好舒适便捷出行需求的基础上，建立低碳高效的运输体系、节能环保的建养体系、开放共享的监管体系。同时，交通绿色低碳转型是系统性工作，具有涉及领域广、工作体量大、时间周期长、资金需求大、牵扯利益方多等特点，在工作推进过程中需要做好顶层设计，加强行业领域联系融合，加强宣传引导，完善保障措施，制定落实相关法律法规体系、相关产业发展政策和财税制度等。四川交通将紧绷“生态优先、绿色发展”这根弦，采取环保措施新手段，深入推动碳达峰碳中和、环境保护修复、环境治理体系等工作，让生态环保绿色低碳成为交通运输领域高质量发展的创新点、突破点。

参考文献

[1] 李晓易，谭晓雨，吴睿，等. 交通运输领域碳达峰、碳中和路径研究[J]. 中国工程科学，2021，23（6）：15-21.

[2] 袁志逸，李振宇，康利平，等. 中国交通部门低碳排放措施和路径研究综述[J]. 气候变化研究进展，2021，17（1）：27-35.

四川省气候变化关键问题和适应对策建议

文新茹，向柳[①]

【摘　要】四川位于青藏高原向长江中下游平原的过渡地带，海拔垂直高差超过 7 000 米，气候季风性、地带性、垂直性特征突出，自然环境复杂多样，自然灾害多发频发，具有更加易受气候变化不利影响的“敏感体质”。建议坚持久久为功、宏观视野、全局意识、系统理念、底线思维，统筹推动减缓和适应气候变化，分区分类强化适应行动，加快建设气候适应型社会。

【关键词】适应气候变化；风险；自然脆弱度

一、区域气候变化关键影响和风险

四川地处长江和黄河上游，土地面积广大，地势起伏较大，地形地貌多样，冰川江河众多，气候系统交汇，生态系统多样，地带性特征突出，且开发活动强烈，易受气候变化不利影响。

（一）气候变化明显，早春、暖冬、酷暑现象更明显

《2021 年全球气候状况》[1]显示，全球平均温度已较工业化前升高 1.2 °C。与全球一致，四川近 60 年来气候呈变暖趋势，年平均气温每 10 年升高 0.17 °C，近 20 年是有气象记录以来最热的时期，最热的 3 个年份（2006 年、2013 年、2015 年）均出现在近 20 年。春夏秋冬四季平均气温每 10 年分别升高 0.19、0.15、0.18、0.21 °C，春季最高气温、冬季最低气温每 10 年分别升高 0.27、0.28 °C，早春、暖冬、酷暑现象更明显。四川盆地高温日数增加速度最快，春季升温幅度最大，“整体暖化”趋势明显。攀西地区气温升高速率最大，极端最高气温显著升高，近 20 年高温日数急剧增多，呈“热上加热”格局。川西高原气温明显升高，极端最低气温降低，年降水量显著增加，呈“暖湿化”趋势。由于温室效应的滞后性，预计气候变化仍将持续上百年甚至数个世纪。

（二）自然脆弱度提升，攀西地区山火灾害趋于频繁

气候变化对四川冰川冻土、河湖水文、森林草原、生物多样性等自然系统产生广泛而持久的影响。1961 年以来，川西高原积雪日数平均每 10 年减少 1.7 天，1990 年以来平均每 10 年减少 6.4 天。冰川消融加剧，根据中国科学院研究数据，1966—2009 年大雪山主峰贡嘎山

---

① 文新茹，四川省环境政策研究与规划院助理工程师，硕士，从事能源环境经济及应对气候变化研究；向柳，四川省环境政策研究与规划院工程师，硕士，从事能源环境经济及应对气候变化研究。

冰川面积减少 11.3%,其东坡海螺沟冰川平均每年消退 25 ~ 30 米。水安全形势趋于严峻,1961—2005 年，岷江、嘉陵江年降水量呈减少趋势，金沙江流域年降水呈增加趋势。冬季印缅槽持续偏弱，西南地区干旱风险加大。自然生态系统胁迫增大，外来物种入侵风险加大，川西北草地物种组成趋于单一化，若尔盖草原 20 世纪 60 年代以来以平均每年 11.65%的速度沙漠化。攀西地区四季更热，森林草原火灾孕灾环境恶化。未来，系统性风险将进一步凸显。

（三）经济敏感性增强，威胁粮食安全和城市运转

气候变化虽然蕴含一些机遇，但也给粮食生产、电力保障、资源供应、城市建设管理、基础设施运行、人体健康等经济社会方面带来系统性挑战。气候变化对农业生产结构、种植制度、作物品种、栽培管理措施和农作物产量产生显著影响，增加了农业生产的不稳定性，气象灾害频繁发生也对粮食持续高产稳产构成威胁。随着夏季高温热浪更加频繁，城市群用电负荷屡创新高，调峰电源和规模化储能系统运营压力增大。冰川等自然景观类旅游资源可持续胁迫增多，维护成本运营增大。气候变化诱发或加剧的洪涝、滑坡泥石流、热岛效应直接威胁城市建筑和信息、交通、能源等生命线设施，造成通信、交通、电力等中断风险。高温热浪等极端天气气候事件增大人类死亡、营养不良和意外伤害的风险，造成传染病发病率增加、传染病分布范围扩大、人群对疾病易感性增强，威胁居民健康福祉。

二、适应气候变化现状及突出问题

自 20 世纪 80 年代以来，四川不断健全气候观测网络，编制气候监测评估公报，开展诊断研究和未来风险预估，制定省级应对气候变化规划，开展海绵城市和气候适应型城市建设、推广抗逆作物品种、气候灾害防御等行动，取得一定成效。但与日益凸显的气候变化风险尚有差距，亟须强化适应行动。

（一）基础研究和社会认知薄弱

气候变化及影响观测数据少、序列短，尚未形成多位一体的气候、水文、生态观测网络，基础信息数据库不健全。气候变化基础研究引导不够、投入不足、布局不系统，研究成果分散化、碎片化，尚未建立高分辨率区域气候模式。气候变化宣传教育薄弱，科普体系不健全，社会整体认知不高，与气候变化形势不相适应。

（二）体制保障和能力建设滞后

适应气候变化理念较前沿，涉及领域宽泛，尚未建立有力的跨部门的省、市（州）统筹协调工作机制，工作体系不够健全，市（州）层面仅成都、宜宾、广元设立应对气候变化科（处）。气候治理过多关注降碳，适应工作要素投入不足。适应气候变化专业人才匮乏，工作推动专业支撑不足。信息公开梗阻多，适应措施和工具针对性不强。

（三）政策支持和资金投入不足

2013 年，国家发展和改革委员会等九部委印发《国家适应气候变化战略》。2022 年，生态环境部等 17 部门联合印发《国家适应气候变化战略 2035》。四川还未发布省级适应气候变化行动方案，政策引领性明显滞后。除气象、林草等领域外，住建、交通、能源、水利、农业农村、卫健、金融等重点领域适应考虑总体偏少。适应气候变化基础研究、技术研发、试点示范、能力建设等资金缺口较大，投融资机制缺位。

三、新时期适应气候变化的必要性和紧迫性

（一）适应是全球应对气候变化的重要组成部分

人类活动已造成气候系统发生前所未有的变化，2011—2020 年全球地表温度已较工业革命前升高 1.09 °C，预估到 21 世纪末全球地表温度将上升 1.0 ~ 5.7 °C。评估显示，未来 20 年全球温升将达到或超过 1.5 °C，实现《巴黎协定》确定温升控制目标[①]的不确定性增大。气候变化和极端天气已然成为全球最主要的中期和长期风险之一，并以“风险级联”方式从自然生态系统向经济社会系统传递。虽然全球不断强化碳减排行动，但已经发生的气候风险不会消除，潜在的气候风险仍在不断累积，甚至在全球实现碳达峰、碳中和后一定时期内仍将持续，需将 “适应”摆在重要的位置。《联合国气候变化框架公约》将“采取预防措施预测、防止或尽量减少引起气候变化的原因并缓解其不利影响”作为五大指导原则之一。《巴黎协定》将“提高适应气候变化不利影响的能力并以不威胁粮食生产的方式增强气候抗御力和温室气体低排放发展”作为三大目标之一。2018 年，荷兰、中国等 17 国发起成立全球适应委员会，推动国际社会提高适应气候变化力度和加强伙伴关系。2021 年，首届气候适应峰会举行，同年底达成的格拉斯哥决议文件再次强调要进一步将适应气候变化纳入地方、国家和区域规划。越来越多的国家和地区更加注重气候变化风险管理，制定适应战略、行动框架和计划。2007 年以来，欧盟陆续发布《欧洲适应气候变化——欧盟行动选择》《适应气候变化：面向欧洲的行动框架》《欧盟适应气候变化战略》，不断强化适应行动。美国制定《联邦部门制定适应气候变化规划的实施指南》，发布《美国为气候变化影响做准备》《国土安全部气候行动计划》《联邦紧急事务管理局气候变化适应政策声明》《国家行动计划：在气候变化条件下管理淡水资源的优先事项》《国家鱼类、野生动物和植物气候适应战略》等政策，系统性开展适应行动。国际适应气候变化进程见图 1。

---

① 2015 年《巴黎协定》提出，把 21 世纪末全球平均气温升幅控制在工业化前水平以上低于 2 °C 之内，并努力将气温升幅限制在工业化前水平以上 1.5 °C 之内。

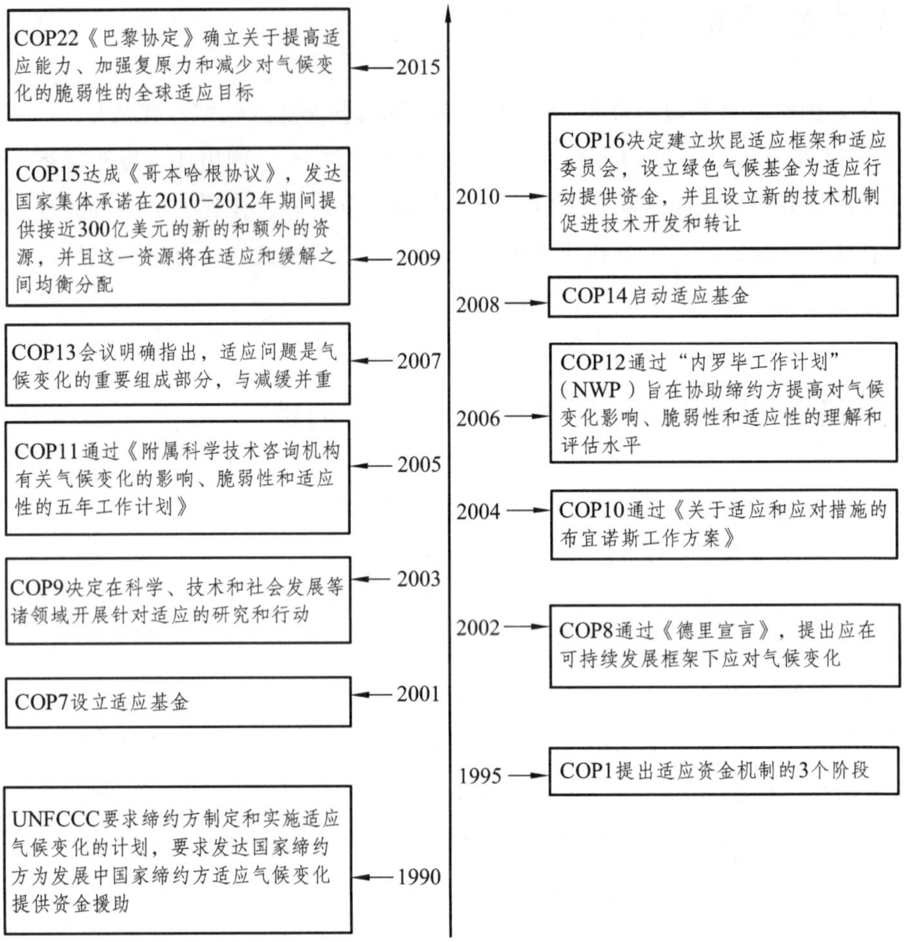

图 1　全球适应气候变化进程

（二）适应气候变化是实现可持续发展的内在要求

1970 年以来的 50 年是过去两千年以来最暖的 50 年，大约有 33 亿 ~ 36 亿人生活在气候变化高脆弱环境中，受气候变化影响最大的国家和地区见表 1。我国平均每年由极端天气气候事件造成的直接经济损失高达 3 000 亿元。预计到 21 世纪中期，气候系统将进一步变暖，导致或加剧冰冻圈消融、降雨模式改变、森林草原火灾、极端高温和干旱、热带气旋增强、生物多样性消失、海平面升高、海洋酸化等不利影响和风险，严重冲击全球可持续发展和人类福祉，尤其是小岛屿国家和最不发达国家将深受其害。2015 年，国际社会达成的《变革我们的世界：2030 年可持续发展议程》提出，气候变化是当今时代的最大挑战之一，其产生的不利影响削弱了各国实现可持续发展的能力；将“采取紧急行动应对气候变化及其影响”列为 17 个可持续发展目标之一，并与粮食安全、水安全、防灾减灾、卫生健康等目标相关联。世界经济论坛新发布的《2022 年全球风险报告》[2]将应对气候变化措施进展缓慢、极端天气事件列入 2022 年全球十大风险，可见气候变化对全球发展的重要影响。联合国有关报告指出，到 2030 年全球因气候变化损失的生产力相当于 8 000 万个全职工作，3 500 万至 1.22 亿人或因气候变化陷入贫困，亟须推动全球气候适应型发展。

表 1　2000—2019 年受气候变化影响最大的国家和地区排名

CRI 排名（括号内为 1999—2018 年排名）	国家或地区	CRI 值	死亡人口/人	每 10 万居民死亡比重/%	经济损失规模/百万美元	损失占 GDP 比重/%	事件数量（2000—2019 年）
1（1）	波多黎各	7.17	149.85	4.12	4 149.98	3.66	24
2（2）	缅甸	10.00	7 056.45	14.35	1 512.11	0.80	57
3（3）	海地	13.67	274.05	2.78	392.54	2.30	80
4（4）	菲律宾	18.17	859.35	0.93	3 179.12	0.54	317
5（14）	莫桑比克	25.83	125.40	0.52	303.03	1.33	57
6（20）	巴哈马	27.67	5.35	1.56	426.88	3.81	13
7（7）	孟加拉国	28.33	572.50	0.38	1 860.04	0.41	185
8（5）	巴基斯坦	29.00	502.45	0.30	3 771.91	0.52	173
9（8）	泰国	29.83	137.75	0.21	7 719.15	0.82	146
10（9）	尼泊尔	31.33	217.15	0.82	233.06	0.39	191

注：来自气候观察发布的 *Global Climate Risk Index 2021*，CRI 为气候风险指数。

（三）适应气候变化是维护国家安全的重要方面

随着气候变化风险日益凸显，欧盟、新西兰、瓦努阿图等越来越多国家和地区宣布进入“气候紧急状态”①，气候变化已成为重要的传统和非传统国家的安全威胁（见表 2）。传统安全领域，气候变化本身不会引发战争，但可成为战争的加速剂和放大器；非传统安全领域，气候变化将导致“气候难民”②、粮食安全、水资源纠纷等问题，加剧社会不稳定，削弱政府治理能力和应对气候灾难事件的能力。进入 21 世纪，全球开始将气候变化纳入国家安全领域。2007 年以来，联合国安理会多次就气候变化与安全问题进行辩论，标志着气候变化问题被纳入全球安全问题议程。2008 年，欧盟委员会发布《气候变化与国际安全》报告，提出气候变化是国际安全威胁的“放大器”。2014 年，联合国政府间气候变化专门委员会（IPCC）首次评估气候变化对安全的影响。美国奥巴马政府称，全球变暖对美国构成“直接风险”，采取紧急行动对抗气候变化是国家安全的当务之急。我国大部属于季风性气候，升温速率明显高于同期全球平均水平，是全球气候变化的敏感区和影响显著区，气候变化将对我国国家安全等产生不容忽视的影响。

表 2　气候变化相关的地区冲突[3]

大洲	事件	原因之一
非洲	苏丹达尔富尔地区战争	持续的干旱加剧牧民和农民之间的冲突
非洲	尼日利亚袭击事件	尼日利亚极端组织充分利用自然资源短缺来发动反政府袭击
非洲	索马里内战	极端的暴力冲突与气候干旱与极端高温有关
中东	叙利亚内战	由于干旱导致农作物和家畜死亡，引发 150 多万人的迁移，从而催化叙利亚内战

① 气候紧急状态是指一种需要采取紧急行动来缓解或遏制气候变化，以避免引发不可逆转的环境破坏的状况。
② 由于气候异常变化，被迫离开本国国土而进行跨国迁移的难民群体。

四、四川适应气候变化的对策建议

（一）补齐短板，增强气候变化风险多维感知能力

一是利用遥感、自动化、大数据等技术，探索开展气温、降水、冰川、冻土、植被、水文、灾害等要素动态监测、智能集成、立体呈现、建模分析，实现高时空分辨感知，高效识别风险并发出预警。二是建立气候变化、土地利用、自然灾害、森林草原等要素的长时间序列基础数据库，评估识别气候变化影响和潜在风险，开展全省气候变化区划和风险区划。三是加强气候变化、水文水资源、生态系统、自然灾害等行业监测、观测和统计体系融合，联合搭建西南地区及青藏高原气候变化科学大数据共享平台,实现跨领域跨区域网络互联互通、数据共建共享。

（二）突出重点，增强敏感领域适应气候变化能力

一是聚焦自然系统，围绕极端天气气候事件、水文水资源、森林草原湿地等开展适应行动，重点加强森林草原火灾防治、典型生态系统保护、山地灾害综合治理，探索冰川冻土、高原湿地、自然保护地适应路径。二是聚焦经济系统，围绕农业生产、基础设施、人居环境、敏感二三产业等开展适应行动，重点加强农业防灾减灾、生命线基础设施保护、城市内涝和热浪应对、特殊时段能源供应保障，强化地下车库、下穿通道、地铁等地下空间出入口防倒灌措施，提升长江上游电站水库群气候适应性，着力增强电力系统分布式、移动式、规模化应急调峰能力。三是聚焦人体系统，围绕卫生保障、身心健康等开展适应行动，重点加强气候敏感疾病监测、预警和医治，依托四川大学华西大健康创新资源优势开展气候敏感疾病风险跟踪研究，加强四川盆地、长江上游干热河谷高温监测预警能力。四是聚焦目标指标，因地制宜科学构建区域适应气候变化目标指标体系和评价方法，实现压力可传导、行动可落地、成效可评估。

（三）分区施策，增强脆弱区域适应气候变化能力

一是四川盆地重点增强城市生命线系统气候韧性，加强沿江低洼地区洪水和城市内涝治理，以海绵城市理念引领建设气候适应型城市、都市圈和城市群。提高节水灌溉能力，推广抗逆作物品种，保障粮食安全。二是盆周山区重点优化国土空间开发布局，优化布局城镇体系，大力发展特色经济。加强陡坡耕地还林，恢复林草植被，治理水土流失，加强山洪、泥石流防范，保护生物多样性。三是川西北高原区重点加强气候变暖影响观测，控制国土空间开发强度，推动生态功能区核心区和地灾高易发地区内常住人口稳步减少。发展生态文化旅游和特色农牧业，控制草原载畜量，修复草原和湿地生态系统，加强冰川冻土监测和保护。四是川西南山地区重点加强石漠化和水土流失综合治理，提高森林质量和防灾减灾能力，加强山洪、泥石流防范，提高干旱和高温热浪应对能力。

（四）试点示范，增强重点环节适应气候变化能力

一是开展城市功能区示范，开展新城新区等重大规划和工程气候可行性论证，纵深推进

广元国家气候适应型城市试点，支持成都平原地区气候适应型城市、遂宁丘陵地区气候适应型城市、泸州临江气候适应型城市、攀枝花干热河谷气候适应型城市建设，降低城市生命线系统脆弱性。到 2035 年，地级及以上城市全面开展气候适应型城市建设。二是探索重点基础设施示范，依托川藏铁路等穿越川西高原和川西南山区的重点铁路线、骨干高速公路、电力输送通道，以及跨流域输配水网、雅砻江和大渡河流域电站水库群，开展适应性规划、设计、运营和调度研究和示范。三是推动山水林田草沙冰一体化修复治理，以贡嘎山、海螺沟、达古冰川为重点，开展冰川保护试点。以若尔盖泥炭地为重点，开展高原湿地保育。以九寨沟、黄龙、都江堰为重点，开展世界遗产气候适应性保护试点。以大熊猫国家公园为重点，开展自然保护地适应性保护试点。以攀西地区为重点，开展森林适应高温热浪试点。以猕猴桃、茶叶、水稻和油菜籽为重点，开展气候智慧型农业试点，开展气候友好型低碳农产品认证。

（五）夯实基础，增强适应气候变化行动支撑能力

一是构建区域适应政策体系，出台全省适应气候变化行动方案，制定林草、水利、住建等领域专项适应行动方案，推动川西地区、重点流域、典型自然保护地适应行动方案。二是完善体制机制，加快构建党委政府领导、生态环境部门统筹、各部门协同推进、各地区积极行动、全社会广泛参与的适应气候变化工作格局，探索建立川西适应气候变化和生态环境厅际工作联系机制，加强信息共享、工作统筹和政策协同。三是衔接气候投融资和绿色金融，研究制定区域气候投融资识别指南和评价指标体系，建立气候投融资项目库和市场化对接平台，纳入更多具有气候适应效益的空间优化、生态修复、水网建设、灾害治理等重大工程项目，逐步建立极端天气气候事件灾害风险分担转移机制。四是围绕前端风险监测分析、中端风险评估预警、末端风险应对管理，开展科研攻关、技术示范、对策研究和效果评估。用好中科院系统、气象系统、农林系统、华西系统、应急响应系统等科研平台，建设一批气候变化适应支撑性、战略性平台，建设四川省适应气候变化联合创新中心。五是全面强化适应气候变化机构和人员配备，加强气候变化教育科普、干部培训和机构支撑，增强对气候变化风险及其适应的认识，更加主动地推动适应行动。

参考文献

[1] 世界气象组织. 2021 年全球气候状况[R]. 2021.
[2] 世界经济论坛. 2022 年全球风险报告[R]. 2022.
[3] 刘长松. 气候变化与国家安全[J]. 中国发展观察，2017（11）：20-22.

第五篇　区 域 篇

践行新发展理念的公园城市建设与探索

李甜甜，刘冬梅，向蔓菁，唐书培①

【摘　要】作为公园城市首提地，天府新区坚决践行“把生态价值考虑进去”，建设践行新发展理念的公园城市先行区，促进“人城境业”和谐统一的大美公园城市形态初步彰显。为了科学、定量评价天府新区生态价值实现程度，以及公园城市建设过程对生态价值转化的促进作用，研究构建生态效能评价指标体系，引导公园城市建设充分“把生态价值考虑进去”，为天府新区生态价值持续高质量转化提供理论和技术支撑，为国内相关标准体系的研究制定提供实践探索。

【关键词】公园城市；生态效能；对策建议

一、引　言

2018年2月，习近平总书记在视察成都天府新区时，首次提出“公园城市”理念，指出要“突出公园城市特点，把生态价值考虑进去，努力打造新的增长极，建设内陆开放经济高地”。《成渝地区双城经济圈建设规划纲要》明确提出“支持四川天府新区在公园城市建设中先行先试，开展可持续发展创新示范，实施城市生态用地改革创新，探索建立公园城市规划导则、指标评价、价值转化等体系”。《关于支持四川天府新区开展公园城市标准化综合试点的复函》批准四川天府新区开展公园城市标准化综合试点（期限2022—2025年），提出要“充分借鉴国家标准化综合改革试点做法”“形成公园城市标准化建设可复制可推广的经验”。未来4年乃至更长一段时期，在全国率先构建支撑天府新区公园城市建设的新型标准体系，将作为重点任务贯穿天府新区公园城市建设工作始终。

天府新区围绕公园城市的规划、建设和管理开展了探索研究，先后制定了《四川天府新区成都直管区公园城市规划管理技术规定》，编制了《天府新区直管区乡村振兴农村人居环境综合治理导则》《天府新区公园城市分类分级城市管理调研报告》《天府新区公园城市管理标准体系》等文件，发布了全球首个《公园城市指数（框架体系）》和《天府新区公园城市规划建设白皮书》等。但怎样在公园城市建设的标准体系中“把生态价值考虑进去”，公园城市建设对生态价值的影响如何，这些问题仍需进一步探讨。

① 李甜甜，四川省环境政策研究与规划院高级工程师，硕士，从事生态文明建设研究；刘冬梅，四川省环境政策研究与规划院高级工程师，硕士，从事生态环境保护战略与政策研究；向蔓菁，四川省环境政策研究与规划院助理工程师，硕士，从事生态价值实现研究；唐书培，四川省环境政策研究与规划院助理工程师，硕士，从事城市与区域生态研究。

二、公园城市的概念与内涵

（一）公园城市的基本概念

1971 年的联合国教科文组织第 16 届会议首次提出“生态城市”概念，明确提出要从生态学的角度用综合生态方法来研究城市，在世界范围内推动了生态学理论的广泛应用和生态城市、生态社区、生态村落的规划建设与研究。我国从生态学角度开展城市发展模式探究，经历了园林城市、森林城市、生态城市、生态园林城市、公园城市等。公园城市[1]，是指以人民为中心、以生态文明为引领，将公园形态与城市空间有机融合，生产生活生态空间相宜、自然经济社会人文相融、人城境业高度和谐统一的现代化城市，是开辟未来城市发展新境界、全面体现新发展理念的城市发展高级形态和新时代可持续发展城市建设的新模式。

（二）公园城市的基本特征

公园城市的提出，是高质量背景下城市建设的新模式探索，是城市可持续发展的必然选择，是人、城、境、业高度和谐统一的现代化城市形态。

第一，以人民为中心是公园城市的价值核心。坚持造福人民的城市发展逻辑，把握普惠、公平、共享、美丽、宜居的本质要求，将人性化、人情味融入城市发展全过程，使人民的获得感、幸福感、安全感更加充实、更有保障、更可持续。

第二，绿水青山是公园城市的根本特征。牢固树立新时代生态文明观，像对待生命一样对待生态环境，尊重自然、顺应自然、保护自然，走生态优先、绿色发展之路，满足人民日益增长的优美生态环境需要，实现人与自然和谐共生的现代化。

第三，城乡融合是公园城市的必然要求。秉持“农业成景观、农居成景点、农村成景区”理念，做好农业产业化、生态化、景观化和城乡一体化这篇大文章，实现城乡融合、共同繁荣，让农村成为农民安居乐业的美丽家园、市民亲近自然的美丽花园。

第四，中华文化是公园城市的独特印记。坚定中华文化自信，不忘本来、吸收外来、面向未来，精心挖掘和保护利用乡土特色文化资源，创造性转化融入城市建筑群落，绵延传承中华文化基因，涵养独具一格、别样精彩的天府风范。

第五，品质生活是公园城市的重要目的。坚持提供人性化、智能化、现代化的基础设施、生态设施和公共服务设施，丰富完善高品质、多样化城市服务功能，提升城市美誉度，塑造美丽宜居的品牌形象。

第六，共建共享是公园城市的内在要求。全面提升城乡社会治理法治化、科学化、精细化水平和组织化程度，注重以文化人、以德润城，倡导培育共治共建共享的良好风尚，构建基层党组织领导的多方共治城乡社会治理体系，共筑和谐幸福家园。

三、公园城市生态效能的概念

生态价值具有两层含义：其一泛指自然或非自然的个体、群体、过程对生态系统及环境维持的有用性；其二指生态系统通过为人类社会提供环境条件、自然资源和精神享受而产生的对人类社会生存、生活、生产和生计的有用性或有益性，也称为生态系统价值，是生态系统服务在哲学范畴中与人类之间的主客体效用关系[2]。

目前，城市生态价值的研究主要集中于以“生态系统服务”概念为核心的生态环境价值，包括三方面[3-5]：一是生态资源“产品”属性所带来的，农业、林业、畜牧业、渔业等产业的产品价值，以及能源和其他自然资源的价值；二是生态资源“环境条件”属性带来的，水源涵养、土壤保持、洪水调蓄、大气净化、固碳释氧、病虫害控制等调节服务价值；三是生态资源“生产要素”属性带来的，休闲游憩、教育文化和精神宗教等文化服务价值。

从生态系统服务功能的角度衡量城市生态价值仅考虑了生态系统效用，忽略了城市发展对生态系统的保护与营建。公园城市作为一种新型城市发展模式，可持续发展是应有之义，保护城市生态系统则是推动公园城市健康可持续发展的重要一环。因此，公园城市的生态价值应注重生态系统的“产出与产能”并重，一方面考虑生态系统为城市发展提供的价值，充分利用生态系统创造人类社会生存、生活、生产和生计的条件；另一方面考虑城市建设对生态系统的影响，通过城市建设为生态系统健康发展创造良好条件，促进生态系统为城市发展持续提供价值。

效能是指使用行为目的和手段方面的正确性与效果方面的有利性，它反映了所开展活动目标选择的正确性及其实现的程度。生态效能指自然要素（包括耕地、湿地、河流等）所具有的生态功能，如涵养水源、净化空气、防风固沙、调节气候等，是自然要素所具有的客观自然属性，在一定条件下还可以转化为经济效能和社会效能[6]。公园城市生态效能则是衡量天府新区生态价值实现程度和能力的尺度，是公园城市建设“将生态价值考虑进去”所获得结果的综合反映。

四、公园城市生态效能评价指标体系的思考

研究开展公园城市生态效能评价，目的是引导公园城市建设切实贯彻落实“将生态价值考虑进去”的工作方针，规范公园城市建设。因此，研究以生态价值实现为导向，聚焦公园城市建设重点领域，全方位、多维度构建指标体系，开展综合评价。

（一）构建思路

习近平总书记多次在调研考察城市建设时强调，要科学合理安排生态、生产、生活之间的内在联系（见表 1）。围绕《成都建设践行新发展理念的公园城市示范区总体方案》提出的总体要求，公园城市要有良好的生态环境、宜居宜业的良好氛围和现代化的治理体系，实现山水人城和谐相融。其中，良好的生态环境、宜居宜业的良好氛围与城市生态、生产、生活功能分类一脉相承，现代化的治理体系则是统筹城市建设全局、实现公园城市规划、建设“全周期管理”[7]的基层治理创新，是公园城市建设经济、政治、文化、社会、生态等各领域治理效能的充分体现。

表 1　习近平总书记关于城市建设的重要论述

序号	来源	内容
1	2015.12.20—2015.12.21，习近平在中央城市工作会议上的讲话	统筹生产、生活、生态三大布局，提高城市发展的宜居性。城市发展要把握好生产空间、生活空间、生态空间的内在联系，实现生产空间集约高效、生活空间宜居适度、生态空间山清水秀
2	2019.1.16—2019.1.18，习近平在京津冀考察时强调	建设北京城市副中心要坚持规划先行、质量第一。要把公共建筑与山水自然融为一体，科学布局生产、生活、生态空间，使工作、居住、休闲、交通、教育、医疗等有机衔接、便利快捷。要把规划执行好、落实好，把蓝图变为实景，使北京城市副中心成为这座千年古都又一张靓丽的城市名片
3	2019.11.2—2019.11.3，习近平在上海考察时强调	无论是城市规划还是城市建设，无论是新城区建设还是老城区改造，都要坚持以人民为中心，聚焦人民群众的需求，合理安排生产、生活、生态空间
4	2020.3.29—2020.4.1，习近平在浙江考察时强调	要把保护好西湖和西溪湿地作为杭州城市发展和治理的鲜明导向，统筹好生产、生活、生态三大空间布局，在建设人与自然和谐相处、共生共荣的宜居城市方面创造更多经验
5	2020.11.12—2020.11.13，习近平在江苏考察时强调	建设人与自然和谐共生的现代化，必须把保护城市生态环境摆在更加突出的位置，科学合理规划城市的生产空间、生活空间、生态空间，处理好城市生产生活和生态环境保护的关系，既提高经济发展质量，又提高人民生活品质

为此，将生态效能“自然要素客观自然属性，在一定条件下可以转化为经济效能和社会效能”的基本概念与公园城市目标要求相结合，以生态、生产、生活 3 个维度作为评价体系的根本出发点，提出生态安全、绿色发展和幸福人居三大评价体系，反映高质量、高品质、高效能的公园城市建设目标形态。

基于评价指标体系，搭建评价指标体系的具体应用场景，推进天府新区生态效能持续提升。研究制定一系列政策，建立与生态效能提升相适应的制度框架，推动指标对应的具体工作任务落地、落实。制定一系列指南，先行试点试验，推动优秀成果向技术标准转化。形成一个评价方法，细化并赋予指标合理的权重，准确反映各指标对总体评价结果的影响程度。配套一个考核办法，发挥党政实绩考核“指挥棒”作用，为推动生态效能提供坚实保障。

（二）构建原则

第一，理念引导。构建天府新区公园城市生态效能评估指标体系指标的主要目的是能够全面反映基于“将生态价值考虑进去”的公园城市建设成效，引领天府新区加快建成公园城市。指标体系必须紧密契合成都市及天府新区对公园城市建设的要求，突出公园城市建设的特点，如“300 米见绿、500 米见园”的公园城市形态。

第二，人本优先。公园城市建设的主要目的是要增进居民的幸福感、获得感，因此生态效能评估更强调以人为本。聚焦解决群众身边急难愁盼问题，强调生态空间和基础设施的可达性和覆盖率，提高公共产品服务的均等化水平。评价指标的选择应体现人性化，注重指标考核内容与居民日常生活的相关性，以及居民对评价结果的易感知程度，如人体舒适度气象指数。

第三，科学可行。构建生态效能评价指标体系必须以科学性为原则，能够客观真实地反映天府新区公园城市建设现状，同时指标应具有典型代表性，指标尽量简单明了，充分考虑数据的可获得性，确保指标的可操作性和可比性。

第四，动态发展。生态—经济—社会效益的互动发展需要通过一定时间、空间尺度的指标才能反映出来，公园城市建设也是一个不断动态变化的过程。因此，指标的选择要充分考虑到动态变化特点，选取的指标应该动静结合并且收集若干年度的变化数值。

第五，方法统筹。生态效能评价是对研究对象是否能达到公园城市建设目标“能力”的评估，既包含对建设内容的客观定量评估，也包含考虑居民意见的定性评估，因此需综合考虑客观指标和主观评价，数据来源可包括调查问卷、空间分析和统计数据等。

（三）基本内容与要求

天府新区公园城市生态效能评价主要围绕生态安全、绿色发展和幸福人居开展，在指标设计上要有利于推动天府新区公园城市建设，不仅要厚植绿色生态本底，还要拓宽生态价值实现路径，实现生态价值的全面彰显。

一级指标，通过对公园城市的内在含义、指导思想等进行分解，得到能反映公园城市价值取向、战略愿景的目标层指标；二级指标，根据一级指标的含义以及相关政策文件和理论研究，得到能反映天府新区公园城市建设目标的系统层指标；三级指标，结合公园城市具体建设内容，细化实现二级指标的具体措施，得到能引导公园城市建设生态效能最大化的任务层指标；四级指标，综合现有城市评价标准体系以及天府新区具有特色和代表性的建设内容，优化创新能客观、全面落实任务层要求的指标。

1. 生态安全

生态安全表征公园城市的绿色生态本底，是保证天府新区公园城市建设目标实现的坚实基础，应要求生态系统健康、环境质量优良、环境风险可控，并在不同阶段调整指标内容来优化公园城市建设的整体决策。

对于生态系统健康，要以本底良好、生物多样为重点，完善城园融合的生态格局，加强生态系统保护与修复，重点评估生态系统质量和功能，反映公园城市建设在保持山水生态的原真性和完整性方面的效能。

对于环境质量优良，要以解决突出生态环境问题为重点，管控污染源排放，加强城市生态环境建设，重点评估水、空气和土壤等环境因素的质量状况，反映公园城市建设在保障居民健康生活需求方面的效能。

对于环境风险可控，要以保障人民生命财产安全为重点，加强生态环境监测和风险隐患研判，完善突发环境事件应急网络，反映公园城市建设在提高城市防灾韧性方面的效能。具体指标见表 2。

表 2　生态安全指数指标体系构建设想

目标层	系统层	任务层	序号	指标层	单位	属性
生态安全	生态健康	生态格局	1	平均斑块面积	—	+
			2	生态绿隔区建设用地占比	%	+
		生态功能	3	水源涵养量	—	+
			4	土壤保持量	—	+
			5	新发现新记录野生动植物种类	个	+
			6	本地水生生物数量比例	%	+
			7	特色美（乡土木本植物应用比例）	%	+
	环境保护	环境质量	8	地表水水质优良比例	%	+
			9	空气优良天数比例	%	+
			10	土壤样本重金属超标率	%	−
		森林系统	11	林草覆盖度	%	+
			12	森林自然度	—	+
		湿地系统	13	河湖水面率	%	+
			14	湖泊富营养化程度	%	−
	风险防范	能力建设	15	监测网络覆盖率	%	+
			16	生态环境保护投入比例	%	+
		应急保障	17	防灾救灾演练次数	—	+

2. 绿色发展

绿色发展表征公园城市的宜业环境氛围，是天府新区实现高质量发展的强大引擎，反映的是“把生态价值考虑进去”的情况下如何实现“增长极”“内陆开放经济高地”的发展目标，包含对资源利用、产业结构、发展潜力等经济活动全过程的要求，应构建更小资源投入、更大要素产出、更多绿色特征的高质量发展模式。

对于资源利用，要以减污降碳协同增效为重点，加强资源循环利用、提高资源利用效率、优化能源结构，重点评估废旧物资循环利用水平、主要资源产出效率、清洁能源开发利用力度和碳减排效益，反映公园城市建设在生产过程清洁化方面的效能。

对于产业结构，要以市场为导向，以发展绿色经济为重点，提高产业结构与资源供给结构、技术结构、需求结构的适应性，推动产业结构合理化和高级化，重点评估传统产业清洁生产设施设备提档升级水平、绿色技术产业化情况和绿色交易市场体系建设情况，反映公园城市建设在以绿色发展为核心驱动模式，推动生态价值实现方面的效能。

对于发展潜力，要以增强城市发展竞争力为重点，吸引人才涌入、产业集聚，为城市发展注入新活力，重点评估高端人才、营商环境等要素资源吸附集聚能力，及城乡发展水平、富裕程度等城市发展红利的均等化和全覆盖水平，反映公园城市建设在以厚植生态本底带动天府新区资源要素升值溢价和转化方面的效能。具体指标见表 3。

表 3　绿色发展指数指标体系构建设想

目标层	系统层	任务层	序号	指标层	单位	属性
绿色发展	资源节约	循环利用	1	一般工业固体废弃物综合利用率	%	+
			2	中水回用率	%	+
			3	农业废弃物综合利用率	%	+
		资源效率	4	单位工业增加值用水降低率	%	+
			5	单位 GDP 建设用地面积下降率	%	+
		节能降碳	6	万元 GDP 能耗降低率	%	+
			7	碳排放强度	%	+
		应对气候变化	8	清洁能源消费占比	%	+
			9	绿电率	%	+
	绿色经济	绿色改造	10	企业绿色改造率	%	+
			11	园区绿色改造率	%	+
		产业优化	12	高新技术产业比重增长率	%	+
			13	绿色认证产业产值贡献率	%	+
		绿色金融	14	气候投融资项目库项目增长率	%	+
			15	绿色金融发展规模	%	+
	发展潜力	营城聚人	16	高层次人才落户增长率	%	+
			17	城市建成区人口密度增长率	%	+
		共享发展	18	城乡居民人均可支配收入比	%	

3. 幸福人居

幸福人居表征公园城市的综合宜居度，是天府新区满足人民群众对美好生活需要的实现路径，反映的是如何以人民为中心，打造美好生活的幸福家园，包含公众对居住环境、生活方式、公共服务等生理、心理和社会多维度的目标要求。

对于居住环境，要聚焦自然环境、用地安全、基础设施和景观营造等领域，创造安全、健康、卫生、舒适的居住环境，重点评估环境要素对居民的健康影响和不良伤害，及环境基础设施服务水平，反映公园城市建设在强化城市建设底线管控，提升人居生活品质方面的效能。

对于生活方式，要统筹考虑生态价值和人文价值，以彰显科学、进步的城市文化为重点，将“人与自然和谐共生”培育为广泛认同的城市精神和价值追求，引导环保、健康、高质量的生活方式变革，重点评估基础设施建设绿色化程度，反映公园城市建设在营造绿色生活氛围，坚定生态文化自信方面提供的基础支撑效能。

对于公共服务，要以环境资源的均享为重点，塑造优质、普惠的城市生态绿地系统和蓝网系统，重点评估蓝绿景观的亲和性，与居民生活的融合度，是否满足居民多样化的生活需求，反映了公园城市建设在推进景区化、景观化，可进入、可参与的公园体系建设方面的效能。具体指标见表 4。

表 4　幸福人居指数指标体系构建设想

目标层	系统层	任务层	序号	指标层	单位	属性
幸福人居	健康安全	环境健康	1	上呼吸道慢性疾病发病率	%	−
			2	建设用地安全率	%	+
		饮食安全	3	安全农用地占比	%	+
		卫生整洁	4	城镇污水处理率	%	+
			5	城镇生活垃圾分类减量化行动	—	+
			6	每万人拥有公共厕所量	—	+
		安静宜居	7	噪声达标区覆盖度	%	+
			8	公园绿地应急避险场所实施率	%	+
			9	人体舒适度气象指数	—	+
	绿色生活	绿色出行	10	30 分钟通勤时间人数占比	%	+
			11	慢行交通路网密度	km/km^2	+
			12	新能源汽车保有量占比	%	+
		绿色建设	13	城镇新建绿色建筑比例	%	+
			14	城市地下空间开发强度	%	+
	诗意栖居	景观优美	15	风景林推广率	%	+
			16	公众对城市园林绿化的满意度	%	+
		人景互动	17	公园共享指数（公园绿地 500 m 服务半径覆盖率）	%	+
			18	河道亲水生态带覆盖率	%	+

五、结　语

构建公园城市生态效能评价指标体系，通过一定时间、空间尺度的动态变化来反映天府新区公园城市建设生态、生产、生活方面的效能以及相互影响，能够掌握天府新区生态“家底”，发现生态建设短板，为规范公园城市建设提供探索与借鉴。评价体系建立后，应进一步以此为引领，加强相关基础调查和评价标准等具体应用场景研究工作，为天府新区生态效能提升提供有力支撑和参考借鉴。

参考文献

[1] 成都市人民代表大会常务委员会．成都市美丽宜居公园城市建设条例[Z]. 2021-07-31.

[2] 于贵瑞，杨萌．自然生态价值、生态资产管理及价值实现的生态经济学基础研究——科学概念、基础理论及实现途径[J]. 应用生态学报，2022，33（5）：1153-1165.

[3] 廖茂林，潘家华，孙博文. 生态产品的内涵辨析及价值实现路径[J]. 经济体制改革，2021（1）：12-18.

[4] 黎祖交. 关于建立生态产品价值实现机制的几点思考[J]. 绿色中国，2021：（5）：68-75.

[5] 张林波，虞慧怡，郝超志等. 生态产品概念再定义及其内涵辨析[J]. 环境科学研究，2021（3）：655-660.

[6] 祝光耀，张塞. 生态文明建设大辞典[M]. 南昌：江西科学技术出版社，2016.

[7] 王健. 树立“全周期管理”意识探索超大城市社会风险治理的新路径[J]. 理论与现代化，2020（5）：121-128.

典型可再生能源富集区高质量碳达峰路径建议
——以四川省绿色发展示范市雅安为例

向柳，李言洁，文新茹①

【摘　要】雅安清洁能源和森林碳汇资源禀赋得天独厚，同时发展不平衡不充分、高耗能高载能产业聚集，未来碳排放具有增量小、强度低、达峰晚的特点，碳达峰路径区域特征显著。建议雅安锚定绿色发展示范市定位，统筹近期与远期、“加法”与“减法”、供给侧与需求侧、“存量”与“增量”，优化产业结构和能源配置，培育壮大生态低碳经济，健全完善节能降碳体制机制，积极探索符合生态环境资源禀赋特征、工业化城镇化阶段的高质量碳达峰之路，夯实全省碳中和先行市基础。

【关键词】可再生能源富集区；碳达峰路径；雅安市

不同于我国以火电为主的电力结构、以煤为主的用能结构，典型可再生能源富集区高质量碳达峰路径应具备两个特征：一是在较低排放强度的基础上持续降低强度；二是以可再生能源为依托为其他区域低碳发展赋能增效。本研究以雅安市为例。

一、碳达峰具备的基础

（一）绿色定位突出，规划政策体系初步构建

雅安高位建设绿色发展示范市，出台《中共雅安市委关于深入贯彻省委十一届三次全会精神加快建设绿色发展示范市的决定》，重点围绕能源消纳、生态环保、有机农业、旅游康养、锂电材料、大数据、循环经济等构建绿色低碳发展政策体系，清洁能源、森林碳汇等绿色发展指标居全省前列。抓住绿色金融创新试点契机，创新构建绿色金融政策体系，率先在全省建立绿色金融企业库和项目库，落地全省首笔“低碳贷”。

（二）清洁能源富集，水电开发规模居全省前列

雅安地处四川盆地与青藏高原的过渡带，地势高差较大，加之河川密布、降雨丰沛，水能资源十分丰富。全域水力资源理论蕴藏量 1 601 万千瓦、可开发量 1 322 万千瓦。依托丰富的水能资源，建成瀑布沟、大岗山、龙头石等代表的水电站群，水电主力军作用不断强化，

① 向柳，四川省环境政策研究与规划院工程师，硕士，从事能源环境经济及应对气候变化研究；李言洁，四川省环境政策研究与规划院助理工程师，硕士，从事能源系统及应对气候变化研究；文新茹，四川省环境政策研究与规划院助理工程师，硕士，从事能源环境经济及应对气候变化研究。

2020 年水电装机容量 1 269 万千瓦，居全省第二位，占全省水电装机的 1/5，电力外送比例达 75%。同时，加快培育风能、太阳能等可再生能源发电新的增长点。

（三）能源结构较优，高比例低碳用能特征突出

水电资源是雅安招商引资、聚集产业的基础优势。近年来，雅安立足可再生能源资源禀赋优势，率先落地建设水电消纳产业示范区，推动留存电量支持绿色低碳产业发展，推动茶叶加工等传统产业电能替代，发展电炉钢产业，不断提升水电就近消纳能力，切实将资源禀赋优势转化为发展优势。2020 年，全市非化石能源占一次能源消费比重达 71%，分别比全国、全省高 55 个、33 个百分点，占比居全省 18 个地级及以上城市首位。

（四）低碳特征突出，经济碳排放强度水平偏低

雅安注重能源节约，淘汰落后产能和燃煤锅炉，累计创建省级工业资源综合利用园区 3 个、企业 5 户。发展文旅康养产业，打造“大熊猫国家公园南部入口”，建设特色旅游目的地。利用电价“洼地”等优势，发展新型绿色载能产业，诞生全国首个碳中和国家绿色数据中心。2020 年，碳排放总量以工业领域为主（见图 1），仅占全省的 1.2%，分别低于人口、GDP、能耗占比 0.5 个、0.3 个、1.4 个百分点，单位 GDP 二氧化碳排放仅为全省平均水平的 79%。

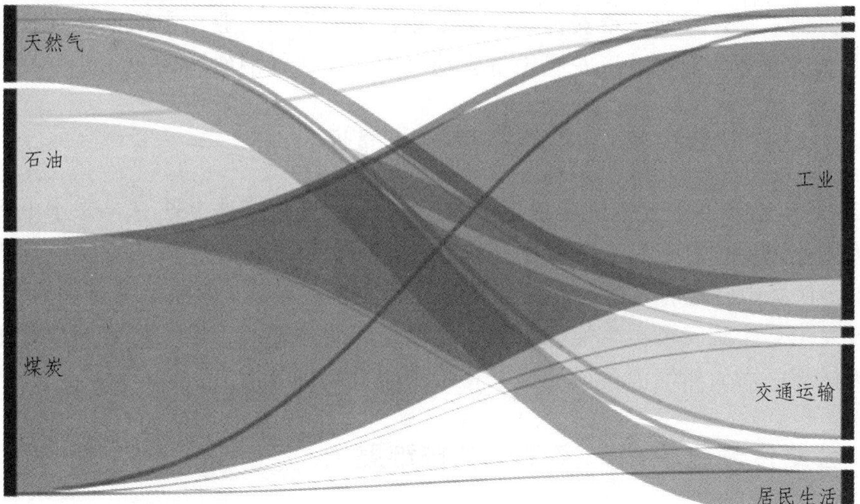

图 1　2020 年雅安市名义碳排放关系图

注：名义碳排放暂根据生态环境部《省级二氧化碳排放达峰行动方案编制指南》（环办气候函〔2021〕85 号）测算。

（五）生态禀赋良好，生态系统碳汇规模可观

雅安生态环境本底优越，是大熊猫国家公园划入面积最大、占比最高的市（州），是全国森林旅游示范市、省级森林城市和四川省首批林草碳汇项目开发试点市，自然保护区、森林公园、遗产地面积分别占全域的 11.8%、8.6%和 32%，森林蓄积量 1 亿立方米，森林覆盖率

达 69%、居全省第一，生态环境质量居全国全省前列。全域碳储量较大，年生态系统碳汇近 300 万吨，居全省第六，约占四川省的 4.5%[1]。

二、碳达峰面临的挑战

（一）处于城镇化加速期，碳足迹仍将增长

城镇化意味着人均消费水平的提升，是驱动碳排放增长的重要因素。虽然 2009 年以来雅安常住人口不断减少，2010 年以来乡村人口年均减少 3.1 万人，但是同期城镇化持续推进，城镇人口年均新增 2.4 万人[2]。2021 年，雅安常住人口城镇化率 53.55%，分别低于全国、全省 11.17 个、4.25 个百分点，仍处于并将长期处于城镇化加速期（城镇化率 30% ~ 70%），出行、居家、消费等生活领域碳排放仍将在较长时期内呈增加趋势。

（二）高载能产业聚集，能耗总量增长较快

工业是国民经济行业门类中能耗和碳排放强度最大的行业。由于独特的能源资源优势，雅安电炉钢、化成箔、锂电材料、大数据等高耗能高载能产业聚集，工业化的高耗能特征突出，能源消费总量占全省的 2.6%、高于 GDP 占比 1 个百分点，单位 GDP 能耗是全省平均水平的 1.7 倍。未来一段时期，雅安仍将处于工业化中期进而工业化中后期，高耗能特征短期内不会发生根本改变，工业经济发展仍将驱动电力和天然气消费增加。

（三）水电开发率偏高，能源接替问题显现

雅安 2020 年已开发水电装机容量达 1269 万千瓦，开发率达 96%，未来水电开发潜力十分有限。太阳能方面，雅安是全省降雨量最多的地区，日照偏少，太阳能资源评级不高。风能方面，主要在高山谷地有零星分布，开发和外输受地形地貌、生态红线等条件约束。因此，随着水电开发殆尽，雅安可再生能源电力留用增量将明显缩减，用能将逐渐偏好毗邻地区电力和输入天然气，而天然气消费量的提升将带来明显碳排放增量。

（四）公路依赖度较高，交通碳减排难度大

从区域看，雅安地理位置特殊，是省会成都通往甘孜、攀西地区的主要通道，川藏公路、京昆高速穿越，公路过境交通流量较大。从内部看，雅安山地占比高达 94%，道路蜿蜒曲折，加之铁路密度低、水运基础欠缺，交通物流碳排放强度偏高。交通“油转电”“公转铁”背景下，由于受地形和交通条件限制，电动汽车接受度、普及率将明显低于成都平原，推广成本也将更高，交通物流用油碳排放在较长时间内可能保持增长。

三、2035 年前碳排放特征

2035 年，雅安碳排放变化面临国际气候治理进程、经济社会发展形势、国家气候变化政

策、能源开发利用技术、碳资产市场价格等不确定性。总体来看，雅安碳排放将呈现三个基本特征。

（一）碳排放增量小

2020 年，雅安煤炭生产和消费占比均不断降低，非化石能源占能源生产、消费的比重分别为 96.1%、71.1%，已形成高比例可再生能源体系。在此支撑下，虽然未来建筑和交通领域油气消费将稳步增长，但仍保持可再生能源为主、天然气为辅的新增用能格局，新增单位用能的碳排放仍将保持在较低水平。

（二）碳排放强度低

当前，雅安第三产业增加值占比已超过 50%，对经济增长的贡献率也超过 50%。根据三次产业发展规律，随着工业化城镇化深入推进，第三产业占比仍将在现有水平基础上继续提升，将拉低全市碳排放强度。预计“十四五”“十五五”“十六五”时期碳排放强度将保持持续下降态势。

（三）碳排放达峰晚

雅安发展不平衡不充分问题较为突出，人均 GDP、城镇化率等发展指标远低于全国和全省平均水平，正处在工业化中期、城镇化加速期，未来较长时期内仍将处在工业化进程和城镇化加速期。受发展阶段、发展水平等影响，碳达峰时间将滞后于全省。预计 2035 年常住人口城镇化率达 65%左右，工业化进入中后期，将顺利实现碳达峰。

四、高质量碳达峰路径

相比一般地区，典型可再生能源富集区碳达峰路径应更加突出能效引领，巩固可再生能源为主的用能结构和格局，统筹兼顾能源禀赋发挥与优势产业培育。建议雅安锚定绿色发展示范市定位，统筹近期与远期、“加法”与“减法”、供给侧与需求侧、“存量”与“增量”，优化产业结构和能源配置，培育壮大生态低碳经济，健全降碳体制机制，积极探索符合生态环境资源禀赋、工业化城镇化特征的高质量碳达峰路径。

（一）优化生产力布局，严控“两高一低”项目

一是综合考虑生态环境、地形地貌、资源禀赋、交通区域等条件，优化布局生态、生产、生活空间，严守生态保护红线，科学布局国土空间开发和区域发展格局，从源头降碳增汇。二是完善招商引资策略，突出“亩均论英雄”理念，坚决遏制高污染、高排放、低水平项目盲目上马，实施水泥熟料、电解铝、钢铁等产能等量减量替代，严控外地水泥熟料产能指标落地，合理控制产业链“两头在外”、单位用能产出低、化石能源消费多的项目落地。三是调整工业经济结构，推动能耗高、单位用能产出低、环境污染严重、市场竞争力弱的产业的有

序退出和转移，合理发展电炉钢、再生铝等循环经济，加快布局氢能、锂电、新能源汽车等新业态，稳步提升园区土地产出效率和集约化利用水平。

（二）挖掘“存量”潜力，协同开展工业节能降碳改造

一是推动传统产业重组和升级，提升产业集约化、规模化水平，有序退出、腾挪、替代落后产能，推动生产工艺、设施设备更新换代，加快引进先进高效生产力。二是将能源资源节约作为推动降碳最经济、最直接、最普遍的手段，坚持节约优先，以建材、化工、冶金等传统行业为重点开展节能降碳行动，严格执行重点领域能效基准值和先进值，推动余热余压余能综合利用。2025 年、2030 年，重点行业达到标杆水平的产能比例分别达 30%、50%。三是加强大数据产业能效管理，推广使用高效环保制冷技术，加强自动化智能化能耗管理，推动存量机组滚动开展节能增效改造，防范处置虚拟货币“挖矿”活动。

（三）优化用能配置，巩固电为主新增用能格局

一是加强用能预算管理，严把用能项目准入关，严格执行固定资产投资项目和技改项目节能审查，推动新增用煤项目煤炭消费减量替代、高耗能项目用能等量减量替代。二是优化新增用能结构，统筹未来本地、川西电力和四川盆地天然气（页岩气）资源潜力，实施以可再生能源电力为主、天然气为辅的新增用能策略，分档设置不同行业新增项目电力消费占比要求，合理控制天然气消费增速。2025 年、2030 年，力争新增用能中可再生能源占比分别达 80%、90%。三是推动存量用能清洁替代，稳步推动食品加工、纺织等行业实施“煤改气”“煤改电”“气改电”，逐步降低建材、化工等行业化石能源消费占比。2030 年，全市非化石能源消费占比巩固稳定在 70%左右。

（四）突出低碳导向，促进非工业领域低碳发展

一是推动城乡绿色低碳建设，秉持以人为本、顺应自然、全生命周期绿色理念，推行低影响城镇开发模式，推动建设就地取材、建材循环利用，避免县城、城镇不切实际的“高楼大厦”“大拆大建”发展模式，提升城乡建筑天然气化和电气化水平，引导高山区清洁取暖，减少散煤使用。二是加大铁路（轨道）交通运输供给，争取更多城际铁路、过境铁路和山地轨道布局建设，提升川藏铁路服务和运营水平，提升轨道交通和公共交通出行分担率，示范推动原材料、初级产品等大宗货物和中长距离运输“公转铁”。三是有序推动交通能源替代，以城区、景区和高速公路、国道沿线为重点，加快推动充电基础设施建设和网络化，提升城市公交、环卫等领域新能源汽车普及率。2025 年、2030 年，新能源汽车（含混合动力）市场渗透率分别达 20%、30%。

（五）用好市场机制，拓展生态产品价值实现路径

一是用好“大熊猫国家公园南部入口”，大力发展山地农业、生态旅游、旅游康养等生态经济，打造精品景区和旅游路线，促进生态文化旅游融合发展。二是严格生态环境保护要求基础上，持续挖掘既有水电项目发电潜力，推动风光资源有序开发，推动流域水风光储多能

互补、协同增效，将单一资源优势转化为耦合增效优势。三是积极参与国家温室气体自愿减排交易市场，有序推动林业碳汇项目化开发、市场化交易和异地消纳。到 2025 年、2030 年，力争国家核证自愿减排项目和减排量备案数均居全省前列，将宝兴县打造为四川省碳中和先行县。

（六）深化改革创新，构建低碳转型服务保障体系

一是坚持高位推进，加强碳达峰碳中和工作统筹，建立健全体制机制，强化顶层设计、政策统筹和日常调度，充分调动各地各部门、各行业各企业的积极性。二是常态化编制市级温室气体清单，建立分县区、分行业碳排放统计核算体系，推动重点行业企业温室气体报告核查和信息披露，建立县区碳排放总量和强度“双控”目标分解、评价考核和责任追究机制，突出碳排放强度目标的刚性约束。三是整合加大财政资金投入，创新发展绿色金融和气候投融资，深化对外交流合作，推动社会资本、市外资本投入。四是加强宣传和能力建设，提升公众和领导干部对碳达峰碳中和的认识水平、行动意愿和驾驭能力。

参考文献

[1] 雅安市生态环境局. 雅安市 2018 年温室气体清单报告[R]. 2020.

[2] 雅安市统计局，雅安市第七次全国人口普查领导小组办公室. 雅安市第七次全国人口普查公报[R]. 2021.

成渝地区双城经济圈建设战略下，构建四川省五大经济区绿色协调发展新格局

黄庆，张卫兵，闫卫坡[①]

【摘　要】区域协调发展是“十四五”时期经济社会发展的主题，是解决发展不平衡问题的内在要求，而绿色协调发展是构建新发展格局的重要途径。本文通过梳理中共中央、四川省及21市州“国民经济和社会发展第十四个五年规划和二〇三五年远景目标的建议”和部分解读材料，识别区域资源环境现状及问题，形成如下建议，四川省突出打造带动全国高质量发展的重要增长极和新的动力源的战略定位，建设具有全国影响力的高品质生活宜居地；成都平原经济区突出高质量发展引领区和公园城市先行区的战略定位，打造成渝地区双城经济圈高品质宜居地先行示范核心区；川南经济区突出产业转移创新发展示范区和长江上游绿色发展示范区战略定位，加快建设川南渝西黔北滇北区域绿色发展先行示范区；川东北经济区突出产业绿色转型升级示范区与绿色农产品供应地战略定位，加快建设嘉陵江流域国家生态文明先行示范区；攀西经济区突出国家战略资源创新开发试验区与国际阳光康养旅游目的地战略定位，加快建设川西南滇西北绿色转型高质量发展先行示范区；川西北生态示范区突出长江黄河上游生态屏障、国家生态文明建设示范区和国际生态文化旅游目的地的战略定位，加快建设中国西部碳达峰碳中和先行示范区。

【关键词】五大经济区；成渝地区双城经济圈；绿色协调发展

一、引　言

区域协调发展是“十四五”时期经济社会发展的主题，是构建高质量发展国土空间布局的客观需要，是解决发展不平衡问题的内在要求，是构建新发展格局的重要途径。《中华人民共和国国民经济和社会发展第十四个五年规划和2035年远景目标纲要》提出，深入实施区域重大战略、区域协调发展战略、主体功能区战略，健全区域协调发展体制机制，构建高质量发展的区域经济布局和国土空间支撑体系[1]。生态环境保护事业也必须以推动区域协调发展为主题，协同推进生态环境高水平保护和经济高质量发展。在新形势下，如何促进区域协调发展，构建绿色发展新格局，助力推动高质量发展成为新的时代命题。

① 黄庆，四川省环境政策研究与规划院正高级工程师，硕士，从事环境规划研究；张卫兵，四川省环境政策研究与规划院工程师，硕士，从事环境规划与评价研究；闫卫坡，四川省环境政策研究与规划院工程师，博士，从事环境规划研究。

二、四川省重点区域“十四五”发展战略及方向

通过对《中华人民共和国国民经济和社会发展第十四个五年规划和 2035 年远景目标纲要》《四川省国民经济和社会发展第十四个五年规划和二〇三五年远景目标纲要》及 21 市州“国民经济和社会发展第十四个五年规划和二〇三五年远景目标的建议”进行全面梳理，深入剖析后得到了四川省及重点区域“十四五”发展战略与方向。

（一）四川省“十四五”发展战略及方向

“十四五”时期是四川省全面建成小康社会、实现第一个百年奋斗目标之后，乘势而上开启全面建设社会主义现代化国家新征程、向第二个百年奋斗目标进军的第一个五年。深入贯彻落实省委十一届八次全会精神，必须把发展作为第一要务，积极融入新发展格局，以新发展理念引领高质量发展，坚持以成渝地区双城经济圈建设为战略牵引，深化拓展“一干多支、五区协同”战略部署，构建“一轴两翼三带”区域经济布局[2]，做强成渝发展主轴，增强成都极核和主干功能，促进成都都市圈同城化发展，带动两翼协同发展，推进南翼跨越发展，推动北翼振兴发展，辐射“三带”联动发展，高质量构建成德绵眉乐雅广西攀经济带，培育壮大成遂南达经济带，优化提升攀乐宜泸沿江经济带，促进区域协调发展，引导重大基础设施、重大生产力和公共资源优化配置，在西部形成高质量发展的重要增长极，建设具有全国影响力的重要经济中心、科技创新中心，建设改革开放新高地、高品质生活宜居地，推动新时代治蜀兴川再上新台阶。

（二）成都平原经济区“十四五”发展战略及方向

加快推动成德眉资同城化发展，协同推进“三区三带”建设，以成都国际铁路港大港区联动德阳共建成德临港经济产业协作带，以天府新区联动眉山共建成眉高新技术产业协作带，以成都东部新区联动资阳共建成资临空经济产业协作带[2]，创建成德眉资同城化综合改革试验区，打造现代化成都都市圈。强化成都主干带动和极核引领，打造践行新发展理念的公园城市示范区，高质量建设“两区一城”，筑牢国际门户枢纽地位，建设创新引领的活力城市、协调共融的和谐城市、生态宜居的美丽城市、内外联动的包容城市、共建共享的幸福城市[3]。绵阳加快推进科技城新区建设，大力发展数字家庭产业，打造具有国际影响力的中国科技城和国家重要国防科研生产基地。德阳壮大装备制造产业，创建 5G＋工业互联网先导区，加快建设世界级重大装备制造基地，构建支撑成都都市圈高质量发展的重要功能板块。乐山做大做强光伏产业，打造“中国绿色硅谷”，参与共建巴蜀文化旅游走廊，建设峨眉山文旅融合发展示范区、世界重要旅游目的地。眉山重点发展绿色建材等先进材料产业，依托天府新区、川港合作示范园建设高新技术产业集聚地，打造现代服务业发展示范区。资阳加快建设全国医疗器械产业基地，重点打造“中国牙谷”，与大足共建文旅融合发展示范区，建设成渝门户枢纽型临空新兴城市。遂宁重点发展锂电新材料产业，打造遂潼川渝毗邻地区一体化发展先行区，建设成渝发展主轴绿色经济强市和联动成渝的重要门户枢纽。雅安大力发展大数据产业，建设成渝地区大数据产业基地和成都都市圈重要功能协作基地，打造川藏物资贸易集散地。

（三）川南经济区“十四五”发展战略及方向

加强宜宾—泸州沿江协同发展，促进内江自贡同城化快速发展，带动川南经济区一体化发展，建设承接东部地区产业转移创新发展示范区，打造世界级优质白酒产业集群，打造全省第二增长极，支撑成渝地区双城经济圈南翼跨越发展。宜宾加快推进三江新区发展，做强食品饮料产业，建设国家创新型现代产业发展示范区和国家产教融合示范市，打造世界消费品工业重镇、长江上游区域中心城市、全国性综合交通枢纽。泸州推进川南临港片区加快发展，大力发展优质白酒产业，打造长江上游航运贸易中心、医药健康中心，建设川渝滇黔接合部区域中心城市。自贡壮大节能环保产业，建设区域性物流中心，打造全国老工业城市产业转型升级示范区和国家文化出口基地。内江发展新型材料产业，打造现代农业高新技术产业示范区，建设成渝发展主轴重要节点城市、成渝特大城市功能配套服务中心。

（四）川东北经济区“十四五”发展战略及方向

积极承接产业和人口转移，推进川东北和渝东北一体化发展，持续走好秦巴山区绿色发展之路，促进革命老区高质量发展和川东北振兴发展相互衔接，打造省际交界区域高质量发展引领区，推动成渝地区双城经济圈北翼振兴发展。南充大力发展临江新区，壮大纺织产业，打造全国汽车汽配产业基地，建设南充建设成渝地区北部中心城市、重要交通枢纽节点和嘉陵江绿色生态经济带示范市。达州做强能源化工产业，创建万达开川渝统筹发展示范区，打造巴文化传承创新和旅游发展高地，建设东出北上综合交通枢纽和川渝陕接合部区域中心城市。广安做强生物医药产业，建设国家级承接产业转移示范区，与渝北共建高滩-茨竹产城融合新区，打造川渝合作示范区，探索跨省城一体化发展。广元壮大铝基材料产业，推进铁路综合物流基地建设，建设川陕甘接合部区域中心城市和北向东出桥头堡。巴中做强农副产品加工产业，建设川陕革命老区振兴发展示范市，打造成渝地区绿色产品供给地和产业协作配套基地。

（五）攀西经济区“十四五”发展战略及方向

坚持改革创新和科技攻关双轮驱动，加快结构调整转型升级，大力发展资源深加工和应用产业，构建安宁河谷经济走廊、大小凉山生态走廊协调发展空间布局，推动区位优势、生态优势、资源优势转化为发展优势。攀枝花、凉山州大力推进安宁河谷综合开发，建设现代农业示范基地，打造国家级战略资源创新开发试验区、成渝地区阳光康养度假旅游“后花园”、国际阳光康养旅游目的地、清洁能源基地，筑牢川西南、滇西北区域中心城市和南向开放门户。

（六）川西北生态示范区“十四五”发展战略及方向

坚持生态优先、绿色发展，以基础设施改善提升为先导，以发展全域旅游为主线，以保障和改善民生为出发点和落脚点，加强政策设计和体制机制创新，把生态资源优势转化为经济发展优势。阿坝州、甘孜州大力发展生态经济，不断壮大生态旅游产业，打造国家生态文明建设示范区、现代高原特色农牧业基地、国家全域旅游示范区和国际生态文化旅游目的地。

三、区域资源环境现状及问题

（一）四川省资源环境现状及问题

四川省是全国资源型大省，能源资源品种齐全、总量丰富，整体表现出“水多、气丰、煤少、油缺”及区域分布不均的特点。水能资源集中分布于川西南山地的大渡河、金沙江、雅砻江三大水系，约占全省水能资源蕴藏量的 2/3；而中部地区的遂宁、自贡、内江、成都等地人均水资源仅 600 m^3 左右，又属于缺水城市。川东北地区的天然气、川南地区的页岩气均为全国最为丰富的地区，天然气占全国探明地质储量的 21.18%，页岩气资源量占全国的 21%。新能源资源以风能、太阳能为主，主要位于三州地区。煤品燃料仍为四川省主要能源消费种类，消费量占能源消费总量的 36%左右。

2020 年，四川省环境质量整体改善幅度大。全省优良天数率 90.8%，同比提高 1.7 个百分点，高于全国平均水平 3.8 个百分点。全省 PM2.5 平均浓度 31 $\mu g/m^3$，同比下降 8.8%，低于全国平均浓度 6.5%。全省 PM10 平均浓度 49 $\mu g/m^3$，同比下降 7.5%。全省国考断面水质优良率 98.9%，同比提高 1.2 个百分点，高于全国 15.5 个百分点。

（二）成都平原经济区资源环境现状及问题

经济社会活动水平较高，大气污染排放强度大。2020 年，成都平原经济区常住人口数约占全省 50%，第二产业增加值占全省 57.5%。主要大气污染物排放量全省第一，运用四川省环境政策研究与规划院自研发的“SMEI”①模型，分析得出成都平原经济区颗粒物排放量占全省 30.4%，VOCs 排放量占全省 56.7%。另外，成都平原经济区位于四川盆地“两山”夹“一平原”的核心区域，静风频率高，秋冬季逆温现象频繁，春夏季日照辐射较强，污染物易累积、难扩散。2020 年，8 个城市中有 2 个城市空气质量超标，PM2.5 年均浓度 33 $\mu g/m^3$，成都市最高（41 $\mu g/m^3$），其次是德阳；优良天数率平均为 87.5%，其中成都市为全省最低（76.5%）。水资源分布不均，小流域污染较为突出。遂宁、成都缺水问题较为突出，人均水资源量低于 600 m^3，占比不足全省人均水资源量的五分之一，而雅安、乐山人均水资源量分别为 11 237 m^3、4 151 m^3，远高于全省平均水平；主要流域污染负荷较重，运用“SMEI”模型得知，2020 年，岷江流域 COD、氨氮、总磷排放量分别占全省的 14.0%、15.2%、14.7%，其中思蒙河、体泉河、毛河、阳化河等小流域污染问题依然突出。

（三）川南经济区资源环境现状及问题

污染物排放总量大，区域大气污染问题突出，碳达峰碳中和形势严峻。运用“SMEI”模型分析得出，川南地区主要大气污染物 SO_2、NOx、颗粒物排放量分别占全省 27.4%、23.1%、19.1%，仅次于成都平原经济区，同时，受制于地形及气象等因素，川南地区大气复合型污染问题突出。2020 年，4 个城市中有 3 个城市空气质量超标，PM2.5 年均浓度为 39 $\mu g/m^3$，高于全省平均浓度 25.8%，五大区域中倒数第一，其中自贡市 PM2.5 年均浓度全省最高

① SMEI 模型：一种基于社会经济数据的环境质量预测方法，通过经济数据，叠加政策因子，计算得到污染物排放量，通过污染物排放预测值计算出对应的环境质量预测值。

（43 μg/m³），其次是宜宾、泸州；优良天数率平均为85.7%，五大区域中最低。水资源短缺，生态流量不足，部分城市水环境质量较差。川南经济区内的自贡、内江人均水资源量600 m³左右，且现有工程调蓄能力相对不足，水资源配置体系不完善，局部存在水资源开发利用不合理等问题。2020年，区域内的旭水河、釜溪河、濑溪河等河流干支流水质以Ⅳ、Ⅴ类为主，水质改善压力较大。沿江、临城产业聚集，环境安全风险隐患较大。截至2020年，长江干流及重要支流两岸1 km范围内，宜宾尚有15家，泸州尚有24家化工企业分布。四川泸天化股份有限公司、泸州鑫福化工股份有限公司、自贡鸿鹤化工股份有限公司等重点企业紧邻城镇边界，流域性、区域性环境风险形势严峻。

（四）川东北经济区资源环境现状及问题

污染防治基础设施建设滞后。城镇污水收集处理率不高，嘉陵江及涪江流域部分城市建成区生活污水收集率仅40%左右，部分城镇生活污水处理厂仍执行一级B标准；乡镇污水处理设施建设滞后，区域农村生活污水平均有效治理率低于60%，部分地区低于50%；畜禽养殖业配套治理设施不完善，粪污综合利用率低于全省平均水平，污染防治压力大。部分城市大气污染问题仍然存在，小流域污染问题依然突出。火电、天然气化工、钢铁、建材等传统大气高污染产业分布众多，空气质量改善难度大。2020年，5个城市中有2个城市空气质量超标。渠江流域内工业企业污染、城乡生活垃圾污水污染、农业面源污染、畜禽养殖污染、排污口等问题仍然比较突出，达州的新宁河、明月江、平滩河，南充的流江河、西充河以及广安的长滩寺河水质依然以Ⅳ类、Ⅴ类为主。能源利用结构有待优化。川东北地区天然气已探明地质储量2.9万亿立方米，占全国探明地质储量的21.2%，位居全国第一，但能源利用方式仍以原煤利用为主（占比54%），清洁能源占比仅为24.3%。

（五）攀西经济区资源环境现状及问题

资源开发活动与生态保护矛盾突出，区域生物多样性保护受威胁。水电、矿产资源开发以及交通基础设施建设等造成河流、林地、草地、湿地等生态空间被挤占，部分生物生境的整体性和连通性被割裂，导致野生动植物栖息地萎缩，物种生存遭受威胁。固体废物处置利用难度大，大量堆存会产生环境安全隐患。由于历史原因，攀枝花、凉山州地区矿山开发过程中，产生了大量的剥离废石、煤矸石、矿渣、钛石膏等工业固体废物，对环境、安全等带来较大压力，如攀枝花市现有尾矿库51座，所涉矿种包括黑色金属、铅锌、有色金属三类，其中有9座尾矿库尚有大量的工业固体废物未得到有效利用，存在环境安全隐患。

（六）川西北生态示范区资源环境现状及问题

水电及矿产等资源开发加重环境压力。矿山开采、弃渣堆放等造成地表植被破坏、水土流失加剧，导致野生动物栖息地分割侵占，对区域生物多样性和生态系统稳定性造成一定影响。水电资源存在无序开发，部分小水电未充分考虑和保障生态用水，造成河流生态功能退化、水生生物生境破坏等生态影响。自然灾害频繁，制约生态屏障建设。受区域地质特征影响，区域地质构造活动剧烈，地质环境稳定性较弱，地震、火灾、极端天气、风雪、洪灾、泥石流、病虫害等自然灾害频发，不可避免地对区域重要生态系统造成破坏，导致局部生态脆弱性加剧。生态环境敏感脆弱，恢复治理难度较大。川西北地区是我国典型的农牧交错生态脆弱区，随着近年来区域经济社会的迅速发展，虽然生态环境恢复与保护工作力度已逐步加大，但区域生态环境仍面临普遍脆弱、局部改善、总体恶化的情况，生态承载力和生态功能急剧下降，沙化面积约 0.86 万平方千米，天然草原平均超载率超过 10%，草原承载压力较重。

四、构建四川省五大经济区绿色协调发展新格局的建议

新形势下促进区域协调发展，总的思路是：坚持生态优先、绿色发展，调整完善区域政策体系，发挥各地区比较优势，以推动区域协调高质量发展为主线，促进各类要素合理流动和高效集聚，统筹各地区绿色发展方向及生态环境保护工作重点，加强联防联控，形成合力，筑牢长江、黄河上游生态安全屏障，实现人与自然和谐共生的现代化。

（一）成都平原经济区

区域绿色发展定位与目标：突出高质量发展引领区和公园城市先行区的战略定位，实现区域战略新兴产业竞争力进一步增加，资源集约节约利用水平走在全省前列，生态空间比例明显提升，产业生态化在全省实现示范引领，绿色生活生产方式广泛形成，加快建设成渝地区双城经济圈高品质宜居地先行示范核心区。

构建区域绿色发展新格局：成都应以建设践行新发展理念的公园城市示范区为统揽，加快建设美丽宜居公园城市，重点发展新兴产业，扩大新能源示范应用，引导产业项目向资源环境承载力强、发展潜力大的周边城市布局。眉山、德阳、资阳应充分发挥比较优势，提高城市综合承载能力和资源优化配置能力，严格准入环境门槛，优先承接功能疏解和产业外溢。德阳应以打造世界级重大装备制造基地为契机，推动传统产业高端化、智能化、绿色化，大力发展服务型制造业。绵阳应高质量建设中国（绵阳）科技城，推进先进制造业绿色升级转型，加快建设成渝地区副中心绿色发展标杆城市和西部生态强市。乐山、雅安应加强生态空间保护，做好生态旅游融合发展，建设水电消纳产业示范区，乐山加快推进“中国绿色硅谷”建设。遂宁应着力打造绿色经济强市建设，推动锂电新材料绿色发展，做好生态环境导向的开发模式。

绿色发展重点任务：一是大力发展战略新兴产业，优化产业结构。加快推动产业结构升级，大力发展以“低碳”为特征的节能环保、数字信息、新能源、生物医药、新材料、现代服务业等新兴产业，持续发展智能制造、绿色制造、服务型制造等先进制造业态。促进产业园区转型升级，推动传统产业绿色化改造。二是合理优化产业布局，以适应区域资源环境条件。重点关注“绵阳—德阳—成都—眉山—乐山”大气污染突出区域的产业转移，支持区域内水泥、玻璃、钢铁、焦化、电解铝等废气排放量大的产业向有资源优势、环境容量允许的地区转移布局。支持成都、眉山、德阳等地造纸、纺织印染、电镀、酿造等高耗水产业向水资源丰富、水环境容量允许、基础设施完善的地区转移布局。持续淘汰落后产业、高耗能产业，严控钢铁、水泥、煤炭、电解铝、平板玻璃等过剩行业新增产能。三是加快清洁能源应用，提高资源能源利用水平。对标国际先进水平，着力提高资源能源利用效率，建设全国重

要绿色低碳制造基地。提升消费端清洁能源比例，做好低碳与新基建的衔接，打造规模化绿氢生产基地，完善新能源充电桩、加氢站等能源终端设施布局，确保新能源汽车在公共领域的使用比例在全省走在前列，成都市应走在全国前列。四是合理控制城市开发强度，增加生态空间占比，提高宜居生活品质。合理控制成都市开发强度和人口密度，加强环成都经济圈环保基础设施建设，承接成都功能疏解和产业外溢，打造成都平原生态产业圈。以建设践行新发展理念的公园城市示范区为引领，协同成德眉资四市共塑美丽宜居公园城市形态，联合打造一批重大文旅生态项目，推动“最四川”高品质宜居地的建设。五是创新生态产品供给，拓宽生态产品价值实现路径。通过“公园 +”“川西林盘 +”“大地景观 +”“绿道 +”等模式，以生态赋能产业创造产品、创新供给。大力发展绿色生态产业，着力打造高端生态品牌，建立以融合互动为导向的生态价值转化路径，深化农商文旅体融合发展机制，强化“绿道 + 赛事”“公园 + 产业”“场景 + 消费”等商业模式创新，大力培育生态美学文创、户外商业消费等新业态、新产品。

（二）川南经济区

区域绿色发展定位与目标：突出产业转移创新发展示范区和长江上游绿色发展示范区战略定位，实现区域转移产业绿色化水平明显提升，优势产业清洁生产达到国内先进水平，新型城镇化发展水平高于全省平均，煤炭消费比重下降幅度高于全省平均水平，绿色生产生活方式基本形成，加快建设川南渝西黔北滇北区域绿色发展先行示范区。

构建区域绿色发展新格局：宜宾应强化长江岸线保护，推动锂电产业、汽车制造、食品饮料等绿色发展，高质量建设三江新区，做好页岩气绿色开采。泸州应着力打造多式联运重要港口，提升区域新旧动能转化进度，持续推动白酒产业、能源化工绿色发展，做好赤水河高质量保护。自贡应加快打造老工业城市产业绿色转型升级示范区，壮大节能环保产业，严格产业引入的环境门槛。内江应着力建设滨江宜居公园城市，聚焦新材料、装备制造绿色发展，推动产业园区提档升级，推进内江自贡公共服务深度同城化。

绿色发展重点任务：一是发挥重点产业集群优势，推进产业绿色化水平。宜宾、泸州以世界级白酒产业集群、全球最大锂电生产基地等战略为契机，提升优势产业清洁生产水平。内江、自贡坚持以水定城、以水定产，重点发展高端装备制造、新材料、节能环保产业，强化工业节水措施，着力打造沱江下游绿色经济带发展。二是发挥长江流域黄金水道优势，打造绿色枢纽。实施长江、沱江航道扩能升级，提升长江干线航运能力，促进“公转水”。推进铁水、公铁、公水等多式联运，加快内河航运、港口、货运码头、园区铁路专用线等的建设。加快重点流域港口岸电设施建设，支持长江干线应用 LNG 动力船舶。三是补齐环保基础设施短板，有序承接产业转移。结合区域资源环境基础，严格环境准入，加强环境基础设施建设，加快长征渠、向家坝等重大水利工程建设，提升区域环境容量，有序承接产业转移，高标准规划建设承接产业转移创新发展示范区。重点关注空气质量全省最差的“自贡—宜宾”污染带，加快传统产业转型升级，逐步退出区域高耗能、高污染和资源性产业，实现“腾笼换鸟”。四是强化环境风险底线，化解沿江、临城产业环境风险隐患。优化沿江、临城重点产业转移布局，加强区域协调联动发展，结合“三线一单”空间管控要求，合理新增、扩大工业园区用地，提升现有工业园区绿色化水平，推动酿造、医药、化工、机械等产业向园区集聚转移。五是严格控制煤炭消费总量，加快推进碳达峰碳中和。实施煤炭减量开发，控制煤炭消费总量，实现区域煤炭消费总量及比重持续下降。推动燃煤清洁高效发电和绿色低碳改造，推动乐山、泸州等现有煤化工企业优化升级，加大环保治理和资源综合利用。加快长宁、威远、泸州等区块页岩气产能建设，推动页岩气绿色开发，加快配套管网、增压站、输变电线建设，保障“煤改气”“煤改电”等替代工程的实施。

（三）川东北经济区

区域绿色发展定位与目标：突出产业绿色转型升级示范区与绿色农产品供应地战略定位，实现区域传统产业升级改造取得明显成效，特色优势资源深度开发和加工转化绿色化水平明显提升，城乡融合、乡村振兴取得显著成效，加快建设嘉陵江流域国家生态文明先行示范区。

构建区域绿色发展新格局：南充应打造嘉陵江绿色生态经济带示范市，高质量建设临江新区，着力提升汽配产业绿色低碳底色。达州应加快统筹达万开协调绿色发展，加快落后产能淘汰，做好天然气开采中的生态环境保护，推进能源化工行业升级转型。广安应在承接产业转移中关注绿色发展，高质量建设川渝高竹新区，严格生物医药、玄武岩纤维等重点产业的环境准入指标。广元应加快发展“生态+”等产业，打造培育具有地方特色的生态旅游、生态康养品牌，高质量发展铝材料产业。巴中加快农村人居环境整治，打造绿色产品供给地，拓宽川陕革命老区生态产品价值转化路径。

区域绿色发展重点任务：一是推动重点传统产业绿色转型，协同推进制造业高质量发展。加快天然气化工、钢铁、建材等传统产业升级改造，不断提升清洁生产和污染治理水平，加快钢铁、水泥行业超低排放改造进度，促进区域绿色低碳发展。推动川东北和渝东北地区一体化协同发展，加强生态环境共保联治，联合打造省际交界区域高质量绿色发展引领区。二是优化能源供给结构，推动中国“气大庆”绿色开发建设。依托达州、巴中、广元等地天然气资源，推进天然气绿色开发，严控天然气勘探开发过程中的环境污染，打造中国西部最大的清洁能源基地。加快天然气配输管道和储备设施建设，为全省“煤改气”实施创造条件。加大清洁能源的本地消纳，减少煤炭开发，控制区域煤炭消费总量，推进煤炭绿色生产清洁高效利用。三是加强农村人居环境保护，构建绿色农业体系。加强生态环境保护与乡村振兴的衔接，因地制宜推进农村改厕、生活垃圾处理和污水治理，实施山水林田湖草综合整治，改善农村人居环境。实施高标准农田建设工程，大力发展高效生态农业，打造一批绿色、有机农产品和国家地理标志产品。加强南充、广元等地畜禽养殖业污染防治，加快推进种养结合，加强规模化畜禽养殖场（小区）标准化改造和建设，提升畜禽粪污资源化综合利用水平。

（四）攀西经济区

区域绿色发展定位与目标：突出国家战略资源创新开发试验区与国际阳光康养旅游目的地战略定位，实现区域战略资源利用率和现代化生产水平大幅提升，清洁能源高效利用水平显著提高，康养旅游环境更加优质，配套设施更加完善，加快建设川西南滇西北绿色转型高质量发展先行示范区。

构建区域绿色发展新格局：攀枝花应积极推进安宁河谷综合开发、绿色开发，加快钒钛产业绿色化、低碳化、智能化、链条化转型发展，持续推动能源结构调整，建设清洁能源基地，着力加快康养旅游配套基础设施建设。凉山州应积极推进安宁河谷综合开发、绿色开发，统筹水风光储一体化开发，提高能源利用效率，大力开展县城基础设施补短板行动，做好生态保护与脱贫攻坚、乡村振兴的有效衔接。

区域绿色发展重点任务：一是推进资源产业新型化，建设国家绿色创新示范基地。加快攀西经济区转型升级，合理有序开发稀缺矿产资源，推动矿产资源就地转化利用。协同推动钒钛产业链向下游延伸，加快发展高端精品钢材、延伸钢铁产业链条，提高绿色产品的市场竞争力。二是加强清洁能源开发利用，建设国家清洁能源基地。因地制宜大力发展风能、太阳能等清洁能源，加快风光水一体化开发，加快金沙江流域、雅砻江流域等水风光一体化基地建设。推进清洁能源消纳示范区建设，推动清洁能源与城乡建设相融合，将太阳能、风能等清洁能源装置、绿电充电设施融入城乡建筑中，提升清洁能源的开发与消纳水平。三是以建设国家康养目的地为契机，提升区域生态环境水平。坚持把阳光康养产业作为经济结构调整、城市转型升级和环境持续改善的重要突破口，加快形成以山体郊野公园、生态廊道为基底的城市生态园林绿地系统，提升区域生态环境质量。完善康养旅游环境保护基础配套设施建设，补齐管网、污水处理设施等短板，提升区域环境治理水平。四是加强生态修复，提升矿产资源综合利用水平。实施绿色矿山建设，加强矿山开采污染监管，严格履行防治土壤污染的法定义务，落实废渣、废水和废气污染防治工作。控制矿产开发规模，提高尾矿及工业废渣综合利用率，加强矿山生态修复和污染防范，提升金沙江干热河谷和安宁河谷生态保护修复和治理水平。开展环境风险隐患排查，加强尾矿库污染治理和环境风险防控。

（五）川西北生态示范区

区域绿色发展定位与目标：突出长江黄河上游生态屏障、国家生态文明建设示范区和国际生态文化旅游目的地的战略定位，实现区域生态环境持续向好，生态安全屏障更加牢固，城乡人居环境明显改善，生态经济基础更加稳固，“绿水青山就是金山银山”转化通道进一步拓宽，加快建设中国西部碳达峰碳中和先行示范区。

构建区域绿色发展新格局：甘孜州应加强生态环境保护，加快生态资源产业化，发展壮大绿色现代工业，加快水电、风电、光伏、地热资源开发，推进高原传统农牧业绿色化发展。阿坝州应关注黄河流域高水平保护与高质量发展，实现“最美黄河在四川”，持续推进绿色矿山建设，推动高原现代草原畜牧业示范区绿色化发展，大力发展生态旅游。

区域绿色发展重点任务：一是合理控制开发强度，提升生态安全屏障功能。坚持生态优先，合理控制工业、采矿等开发建设活动，实施重点生态功能区生态系统保护与修复重大工程，强化自然保护地生态环境保护，严格生态保护红线管控要求。合理控制畜牧业发展规模，实现草畜平衡。加大对河流水源涵养区保护，维持流域自然生态环境现状，保障区域重要生态功能和水源涵养功能，筑牢生态安全屏障。二是建设优质生态产品供给区，大力发展生态经济。依托洁净水源、清洁空气、适宜气候等自然本底条件，推动生态优势转化为产业优势。依托优美自然风光、历史文化遗存，在最大限度减少人为扰动前提下，打造旅游与康养休闲融合发展的生态旅游开发模式。加强生态价值转化，推动区域绿色发展，建设国家生态文明示范区、现代高原特色农牧业基地和国家全域旅游示范区。三是完善生态补偿机制，构建多维度生态补偿途径。健全生态红线、区域间、流域上下游的横向生态补偿机制，重点加强岷江流域横向生态补偿。探索构建覆盖范围更广、补偿方式更多元化的生态补偿机制，完善重点生态功能区财政转移支付机制，持续实施流域横向生态保护补偿机制，探索引入市场机制和社会资金参与生态补偿。四是提升能源开发供给水平。有序发展清洁能源，加快水电、风电、光伏、地热资源开发，努力提高留存电量比例，扩大留存电量实施范围，积极建设水电消纳产业示范区。

参考文献

[1] 中华人民共和国中央人民政府. 中华人民共和国国民经济和社会发展第十四个五年规划和2035年远景目标纲要[EB/OL]. [2021-03-12]. http：//www.gov.cn/xinwen/2021-03/13/content_5592681.htm.

[2] 四川省人民政府. 四川省国民经济和社会发展第十四个五年规划和二〇三五年远景目标纲要[EB/OL]. [2021-03-16]. https：//www.sc.gov.cn/10462/10464/10797/2021/3/16/2c8e39641f08499487a9e958384f2278.shtml.

[3] 中共四川省委. 关于深入贯彻习近平总书记重要讲话精神 加快推动成渝地区双城经济圈建设的决定[EB/OL]. [2020-07-16]. https：//baijiahao.baidu.com/s?id = 1672330931408795886&wfr = spider&for = pc.

第六篇 创新篇

碳排放权之财产权法律属性研究
——以四川碳排放权交易为例

赵婷婷，赵悦[①]

【摘　要】目前碳排放权交易相关法律及政策未对碳排放权的法律属性做出规定，其法律地位的悬置对碳排放权的自由交易造成一定限制，应从碳市场实践出发对碳排放权的财产权属性加以明确。四川碳市场已运行五年有余，交易表现突出，在各项活动中积累了优秀经验。通过梳理四川碳市场具体制度实践情况及其问题，总结出现有碳排放权交易制度存在对碳排放权财产权属性的保护不足，致使企业对碳市场缺乏稳定预期的问题。应当在制度层面给予碳排放权财产权定位，构建碳排放权交易的财产权保护制度，促使参与主体能更自由地开展交易活动，保障碳市场活动顺利进行。

【关键词】碳排放权交易；四川碳市场；财产权属性

碳排放权交易市场（以下简称碳市场）是应对气候变化的重要政策性市场工具，也是我国实现“双碳”目标的重要举措。在碳市场建设和发展进程逐步加快的过程中，如何建立和完善碳排放交易法律体系，“准确把握碳排放权、碳汇、碳衍生品等涉碳权利的经济属性、公共属性和生态属性”[②]，是立法和实践面临的制度难题。目前我国碳市场中各项活动涉及碳排放权财产特征的体现，碳排放权的法律属性不明不可避免地对碳排放权交易各项活动造成限制。如何界定碳排放权的财产权法律属性，保障碳市场有序运行和有关活动的展开，是碳排放权交易制度成功建立的关键。因此，亟须结合碳市场实践和交易需要，从碳排放权的经济属性出发，确立其财产权属性。

四川碳排放权交易于 2016 年开市，已有大量交易、质押融资等实践经验，能够充分体现碳排放权财产权属性。本文欲以四川省碳市场实践为视角，结合四川碳市场的法律政策和交易现状，论证碳排放权的财产权属性，为碳排放权的法律属性探讨提供地方实践依据。同时，为四川省碳排放权交易各项活动提供理论支撑，为有效控制碳排放、保证碳市场稳定发展，并最终推动“双碳”目标的实现打好基础。

一、碳排放权的财产权法律属性问题

碳排放权交易起源于排污权交易理论，20 世纪 60 年代由美国经济学家戴尔斯提出，被

---

① 赵婷婷，四川大学法学院硕士研究生，研究方向为环境资源法学；赵悦，四川大学法学院副教授，法学博士，研究方向为环境资源法学。

② 《最高人民法院关于新时代加强和创新环境资源审判工作为建设人与自然和谐共生的现代化提供司法服务和保障的意见》第十五条。

用于解决国内空气污染问题。20 世纪末，人们逐渐注意到气候变化问题在全球范围内的重要影响，1992 年《联合国气候变化框架公约》创设了碳排放权的法律概念，1997 年《京都议定书》作为其补充，为发达国家设定减排义务，各个国家分配碳排放配额，促成了碳排放交易市场的诞生。

碳排放权的法律概念虽确立，其法律属性不明，则不能对其进行有效的法律保护，难以应对碳排放交易中可能的纠纷。实践中，各国对碳排放权法律属性的认知大不相同。碳市场的起源地美国，在法律上否认碳排放权属于财产权；而运行有序、发展成熟的欧盟碳市场，也在《碳交易指令》回避了“碳排放权”这个称呼，将其称为碳排放额的交易。部分国家还存在将碳排放权认定为新型财产权、金融工具的情况。可见，碳排放权法律属性的认知并无定论，需结合本国法律与碳市场交易需求确定。

理论上，两大法系对碳排放权的财产权属性的规定存在差异。普通法系财产权多种多样，当事人可以通过合同，在有对价的情况下创造出原来不存在的财产；而大陆法系遵循物权法定原则，某物是否受法律保护需满足物权法意义上的“物”，物权与债权的财产权体系明确，物权制度下所有权的各项权能可进行拆分，便于对物进行规制与保护。两大法系对财产权的认识存在差异，普通法系的财产权制度从所有权出发，普遍使用“财产”概念，主张为财产确立明确的所有人，并无严格财产权体系；而大陆法系将用益权从所有权中剥离，对资源的用益权进行单独保护。但两大法系理论上均认可了排放权的财产权性质，碳排放权作为一种利用大气环境容量的制度，其交易行为具有明显的财产特征。受到大陆法系财产权理念的影响，我国财产权体系以物债两分为基础，设立物权制度对物进行保护，债权制度如合同法、侵权法等对债权进行保护。碳排放权的客体不同于传统意义上的物，其法律属性亦讨论不休，但主流学说亦认可碳排放权具有财产权属性。

自 2011 年碳排放权交易试点到全国碳市场建立，我国碳排放权交易经过十余年发展，交易量逐年攀升，市场范围逐步扩大，而碳排放权法律属性不明在一定程度限制了碳市场自由发展。碳排放权作为碳市场交易内容，目前立法和理论上均未明确其法律属性，而在四川省碳市场实践中，碳排放权作为一种财产广泛参与碳市场的交易、融资担保、资产管理等活动。碳排放权在四川碳市场具体制度中如何体现财产权属性？现有制度存在哪些对碳排放权财产权属性的保障？相应措施能否充分满足碳市场交易需求？下文试图通过四川省碳市场在现有法律制度下的交易实践寻求答案。

二、碳排放权财产权法律属性的现有规定

（一）碳排放权财产权属性相关理论

我国碳市场试点建设伊始，关于碳排放权财产权属性的讨论已经展开，早期表现为对温室气体排放权财产权利定性问题的讨论，后期聚焦于碳排放权归属于何种具体财产权类型的判断，其中以碳排放权的物权说为主流观点，其中又分为准物权说、用益物权说和新型财产权说。准物权说认为碳排放权是基于国家授权取得，具有较强公法属性，体现的是对自然资源价值的“利用”，一般不以对标的物的占有为必要条件[1]。新型财产权说认为，温室气体排放权是国家为解决气候领域的公地悲剧而创设的具有公法和私法双重属性的管制性财产权

[2]，私人经授权获得的部分财产权仍受制于政府公共权力[3]。用益物权说指出，碳排放权是对大气环境容量的占有、使用和收益，由大气环境容量所有权衍生，国家分配给控排企业一定配额，本质上是一种他物权。

围绕这一问题，多数研究倾向于从现有财产权体系出发，正向推导碳排放权是否符合我国法律体系中的财产权，以便在财产权制度中为碳排放权寻求一席之地；部分研究结合地方试点碳市场政策文件中规定的有关财产活动，如配额回购、配额承继、担保融资和破产配额有限收回制度[4]，认可碳排放权具有物权属性。现有研究为碳排放权的财产权属性提供了重要学理分析和规范支持，但少有研究以碳市场实践和需求反向确定其财产权属性，探求其应受到的法律保护，为碳排放权法律属性定分止争，界定权利边界，以及在此基础上保障该权利不被侵犯。

财产权可以从具体的经验中抽象出来，形成一个保护财产权的共识。碳排放权具有财产属性和交易价值性，从排放权的经济属性出发，用物权理论分析和解决大气环境容量资源问题是碳排放权交易的制度诉求。学界就碳排放权的财产权类型争论不休，而碳市场经过区域试点建设至全国碳市场开市十余年的发展，并将随着我国气候目标的实现和减排义务履行逐步扩大，有必要从今时今日的碳市场交易表现中提取交易需求，碳排放权的财产权定位需要对碳市场的发展需求作出回应，最终落脚点是促进碳市场长足发展，减排更上一层楼。因此，尽管碳排放权应归于何种物权加以法律保护尚处争鸣，但碳排放权是一项挑战了现有权利体系的新型权种，兼具公法和私法双重属性，正逐渐形成共识[5]，碳排放权的财产权属性在理论上具有已有支撑。

（二）法律规定

碳排放权的法律属性问题，学术界争论尚未休止，法律层面亦无确切规定。全国性法律文件层面，生态环境部发布的《碳排放权交易管理办法（试行）》（以下简称《管理办法》）第二十条规定仅说明了碳排放权的交易内容；第四十二条①规定对碳排放权的解释为“分配的碳排放额度”。而更高层级的行政法规《碳排放权交易管理暂行条例（草案修改稿）》的第三十三条规定沿用了《管理办法》中对碳排放权的定义，将其认定为“政府分配给重点排放单位的、规定时期内的碳排放配额”。此前其《征求意见稿》第十条规定“碳排放配额是所有权人的资产，其权属通过国家碳排放权注册登记系统登记确认，权属变更自登记时起发生法律效力”，而草案修改稿删除了该表述，仅仅将碳排放权表述为一种配额，回避了法律定位的问题。这种变化在一定程度上体现了生态环境部对于将碳排放权视为财产权的谨慎态度[6]。尽管法律上没有明确确立为财产权，交易中碳排放权一直作为一种财产或资产在流通，但这是从实践角度对其财产权属性的认可。

三、四川碳市场中碳排放权的财产权属性问题

（一）四川碳市场概况

2011年10月，国家发改委印发了《关于开展碳排放权交易试点工作的通知》（以下简称

① 第四十二条第（三）项规定，碳排放权是指分配给重点排放单位的规定时期内的碳排放额度。

《通知》)，我国碳排放权交易试点工作正式启动，《通知》确立北京、天津、上海、重庆、湖北、广东及深圳 7 个省市作为碳排放权交易试点地区。2013 年起，碳排放权交易市场建设进入实质阶段，试点地区碳市场相继启动；2016 年福建碳市场启动，同年 12 月四川开展国家核证自愿减排量（Chinese Certified Emission Reduction，CCER）交易。四川碳市场在四川联合环境交易所开市，全国碳市场能力建设（成都）中心同步揭牌，四川成为全国非试点地区第八家拥有国家备案碳交易机构的省份，值得注意的是，四川省碳市场以 CCER 开市，为全国碳市场能力建设机构布局形成了有效补充。2021 年全国碳市场开市后，我国碳交易市场已经形成“1 个全国性碳交易市场 + 8 个碳交易试点市场 + 1 个 CCER 交易市场”的总体格局。

碳排放权交易市场以碳排放配额的交易为主，CCER 交易为辅，而四川环交所从未开展碳配额交易，严格来说进行的是温室气体减排交易。四川碳市场开市以来，承担 CCER 交易，但在全国碳市场开始前，交易表现一直不瘟不火，全国碳市场开始后交易量显著攀升。根据《四川省碳市场运行报告 2021》，四川省 CCER 交易量逐年增长，成交量位于全国前列，仅 2021 下半年成交量就是过去四年的几倍。究其原因在于：全国碳市场开市带动了 CCER 市场整体回升。全国碳市场与地方碳市场同步进行，CCER 具有价格低、市场规模大的优势，企业有购买 CCER 用于抵消一部分碳排放，以便顺利履约的需求。2021 年，四川环交所开通的“绿色通道”成功帮助近 20 户重点排放企业开立 CCER 登记账户和交易账户，促成国家温室气体自愿减排量交易 37 笔，顺利完成首个碳市场履约期清缴工作，履约完成率高于全国平均水平。四川省 CCER 交易市场总体平稳，但交易量小、交易时间集中在履约前期、交易价格偏低等问题突出。

在政策法规等规范层面，四川省遵循全国性法律文件对碳排放权交易的有关规定。四川省自主设计了碳排放交易有关具体规则，但不论是早期的《四川省碳排放权交易管理暂行办法》①，还是在四川联合环境交易所制定的《四川联合环境交易所碳排放权交易规则》中，都在交易产品项下规定“排放配额是指政府分配的碳排放权的凭证和载体”。可见，有关碳排放权交易的政策及立法亦未超出全国性立法文件的范围，即在全国和地方立法及政策规定中，均没有明确就碳排放权财产权属性进行制度性回应。在没有上位法对基本问题做出规定的情况下，地方性立法文件或政策自然不能主动作出越界规定。

（二）财产权有关具体制度及其存在的问题

在环境保护领域，排放交易机制是财产权可交易特征的最具代表性的体现。碳排放权具有财产属性和交易价值性，其财产属性是伴随着《京都议定书》中的交易制度的提出、构建而逐渐形成的[7]，碳排放权交易是国际上应对气候变化的普遍做法和良好手段。碳排放权的“财产”特征从其设立目的和交易实践可得而知。首先，碳排放权的创设是为给予碳排放实体一定排放额度，并允许各排放实体根据自身需要进行配额交易，实现对大气资源有效配置，在政府部门引导下完成减排目标。其次，碳排放权交易在试点区域的实践表明，各地进行了配额交易、担保融资和碳资产管理等活动。

在考察当前碳排放权交易有关财产权的具体制度的设计和运作情况时，需要对两个问题作出回应。首先，现有碳排放权交易各项活动与制度是否将碳排放权视为一种财产，有无财

① 第十二条规定，碳排放权交易市场的交易产品为排放配额、国家核证自愿减排量、期货等其他交易产品。

产性权利的保护制度；其次，当前碳排放权交易各项活动与制度就碳排放权作为财产性权利的保护是否充分且恰当。从四川碳市场交易实践得出，现有碳排放权交易的具体制度未明确将碳排放权视作财产权进行保护，碳排放权交易缺乏稳定可预期的制度保护。

1. 碳排放权交易

前文提到，四川省碳市场以 CCER 交易开市，无碳排放配额交易，且交易表现优异。自 2017 年 3 月国家发改委停止对 CCER 项目备案后，目前全国有 9 个可进行 CCER 交易的场所，交易对象为停止备案前的 CCER 存量。全国碳市场开市后，为何企业倾向于选择四川碳市场进行 CCER 交易，购买 CCER 抵消一定比例的碳排放配额？究其原因，主要有三点。第一，四川省 CCER 项目存量较多。得益于拥有丰富可再生能源的天然优势，四川省 CCER 项目备案量位于全国前列，可进行交易的存量体量较大。第二，四川碳市场 CCER 项目覆盖面广、价格较低、参与主体广泛、交易活跃度高。四川环交所接受来自全国各地的 CCER 挂牌，向全国各地的企业开放交易，目前有 20 余个省份，90 余个项目在环交所挂牌交易，项目涉及水电、风电、生物质能等多种类别。市场交易规律来看，供需关系影响价格，因此四川 CCER 价格友好，能够受到企业青睐。但当前 CCER 价格与全国碳排放配额价格高度挂钩，没有政府指导定价，波动比较大，具有不稳定性。第三，四川环交所推出利好企业的交易政策。交易费用低、及时披露相关政策和交易数据，为入市企业提供了良好平台。

自 CCER 项目停止备案后，存量交易已进行五年有余，存量即将耗尽，全国碳市场履约需要以 CCER 抵消，CCER 项目重启势在必行。北京绿色交易所承建的全国自愿减排交易中心承接全国 CCER 交易后，四川碳市场未来是否继续进行 CCER 交易，辅助全国 CCER 市场稳步开展，暂且不能判断。但可以肯定的是，CCER 全国市场开市后，未来 CCER 项目备案要求趋于严格化，备案量不会太多，将推动价格走势增高。目前的 CCER 价格逼近全国碳配额价格，而市场自发调节的价格形成是财产属性体现的表征之一，从四川碳市场实践来看，不论是交易标的，还是受供求关系影响的价格波动，都充分反映了碳排放权具备“财产”特征，企业所有的碳排放权（或 CCER）可占有并自行处分（如用于履约、交易等），是典型的财产权利行使方式。

2. 质押融资担保

融资担保活动是财产权权能实现的重要方式之一，在碳交易机制下，碳排放权具有明确的市场价值，为碳排放权作为抵质押物发挥担保增信功能提供了可能。通过碳交易市场多年来的发展，碳排放权抵质押融资已成为目前国内碳金融领域落地相对较多的一种融资方式。碳排放权质押融资成为近年来商业银行在碳金融领域的布局重点，实践中碳排放权可作为企业资产担保融资，在全国碳市场及多个区域碳市场中已有案例。2021 年 8 月，中国民生银行依托全国碳排放权注册登记结算系统，为 3 家央企集团下属发电企业成功办理碳排放权担保贷款，实现全国市场首次碳排放权担保业务落地。四川乐山商业银行质押落地四川省首笔“碳排放权质押贷款”[①]，成功为乐山市五通桥恒源纸业再生利用有限公司发放四川首笔碳排放权质押贷款 60 万元。

① 乐山市商业银行于 9 月 23 日在中国人民银行征信中心动产融资统一登记公示系统对碳排放权配额进行质押登记和公示。

但碳排放权质押融资活动有关法律政策性文件并不多见，全国性立法文件缺位，仅上海市、浙江省和绍兴市先后发布有关碳排放权质押贷款操作指引①。文件在程序上为碳排放权的抵质押融资活动作出详尽规定，但对于碳排放权抵质押融资活动的实质性法律问题缺少回应。碳排放权以何种属性的权利进行抵质押活动？抵质押权利的实现方式与传统物权有无区别？若允许银行通过出售或拍卖的方式实现抵质押权，由于企业的碳排放配额免费分配获得，是否涉及对于国有资产的处分？是否体现债权人的优先受偿权先于国家气候目标实现的矛盾？因此，尽管在实践中有碳排放权质押实践案例，但缺乏保障碳排放权质押融资活动的有关制度，在制度层面具有不确定性和不可预期性，需要出台相关制度，保障碳排放权质押担保活动的开展没有后顾之忧。

3. 碳资产管理

碳排放权作为一种资产没有在法律上得到承认，但企业多以“碳资产”对待碳排放权。企业进行有效碳资产管理，应当明白“双碳”目标的达成必然带来投资机遇和社会结构的变革，理解碳排放是资产并非成本的理念，从参与碳排放权交易的目的出发，充分盘活碳资产。要求企业推行碳减排技术，积极进行能效改革不是向企业施加压力，从发展的角度理解减排技术的革新和碳排放量的控制是对碳排放权的充分行使，企业如何调度、使用配额亦是资产管理的体现[8]。

碳排放权的交易行为是碳排放权制度设立的根本目的，企业将碳排放权作为资产并通过交易创收已屡见不鲜。2020 年，特斯拉凭借出售碳排放积分获得 15.8 亿美元的营收，是年净利润的 2 倍还多。马斯克通过碳减排推动特斯拉市值②便是碳资产创收的经典案例。而在我国，许多重点排放企业初入碳市场，对碳资产认识不足，管理意识缺位，白白浪费获得一大笔经济利益的机会。但也有个别企业提前部署碳资产管理计划，已取得初步成效。四川威立雅三瓦窑热电（成都）有限公司积极在组织上建立碳资产管理部门，通过实施能效升级、技术改革，技术上更换高耗能设备、余热回收，温室气体排放实现大幅减少，企业将通过配额结余交易，并获得一定收入。三瓦窑电厂通过能源管理等手段进行碳资产管理成效明显，不仅能通过配额交易短期获益，更是企业的一项长期投资，保证自身能在碳排放交易中获得长效收益。

碳排放权既然被视为资产，至少有两个亟须明确的问题：第一，企业破产时，碳排放权能够作为债务参与清算；第二，碳排放权可否进行“储蓄”，即配额能否结转使用，尤其是在全国碳市场首个履约期完成而下一履约期尚不明晰的情况下。2021 年全国碳市场首个率约期内，碳排放配额充足，交易活跃度不高，部分原因是企业倾向于把剩余配额留在手中不出售，以便结转至下一年使用。但随着未来减排压力加大和配额收紧以及碳配额分配制度的进一步完善，价格发现机制作用初步显现，企业减排意识和能力水平得到有效提高，未来碳排放权交易的经济效益将得到充分展现③。而目前法律政策没有明确上一年配额能否结转，碳配额

① 《上海市碳排放权质押贷款操作指引》《浙江省碳排放配额抵押贷款操作指引》《绍兴市碳排放权抵押贷款业务操作指引》。

② 数据显示，2018 年特斯拉依靠出售碳积分赚取了 4.19 亿美元，2019 年则赚取了 5.93 亿美元，2020 年上半年，该企业依靠出售碳积分累计获得了 7.82 亿美元。

③ 对十三届全国人大五次会议第 6637 号建议的答复[EB/OL]. [2022-09-14]. https://www.mee.gov.cn/xxgk2018/xxgk/xxgk13/202301/t20230117_1013380.html.

有效期尚不明确，市场普遍预计配额可以跨期使用，配额的价值长期看涨，企业的行为存在不确定性。若未来政策为推动碳减排目标实现，不支持配额结转行为，企业将面临一笔不小的经济损失，对碳排放权交易制度的把握也不具备确定性。

四、四川碳市场发展中明确财产权属性的建议

当前四川碳市场体现了碳排放权交易对稳定可预期的制度保护的核心需要。本文建议，应从碳排放权财产权属性的明确和制度性保护两方面着手，对碳排放权的财产权属性进行明确和强化，促进碳市场活跃度，加强碳排放权交易法律体系建设，为市场参与者提供较为稳定、合理的交易预期。

（一）明确碳排放权的财产权属性

碳排放权的财产属性既由其创设目的决定，又是碳市场交易的实践需求，碳排放权财产权属性的明确不仅能完善我国碳排放权交易制度设计，更能在碳交易的实质层面发挥重要作用，也有助于反向约束政府的不当配额配给行为。

在碳市场具体制度和交易活动的表现上，首先，企业能够更自由地参与到碳排放权交易活动中，促进碳排放权质押融资活动依法进行。基于碳排放权的财产权属性，设计碳金融制度，由银行等金融机构开发新型的权利质押金融产品[9]，增加碳排放权的经济价值，提高流通性。其次，鼓励多种形式的主体参与碳市场，实现从部分高耗能行业参与向全社会参与的突破，探索设立个人参与碳排放权交易的市场交易机制[10]。最后，有助于我国形成自主的碳定价机制。碳价在碳排放权交易体系中发挥着重要作用，不仅可以反映交易配额的稀缺性与经济价值，还能激励控排单位合理减排，促进企业积极改革并发展低碳技术。碳排放交易市场作为由政府通过法律政策构建起来的特殊市场，既遵循一般的市场发展规律，又直接受到政府的调整与影响，市场失灵与政府失灵问题可能同时共存。

整体而言，碳排放权财产权属性的明确可以促进碳市场的自由交易，有助于提升碳市场活力，增加碳配额换手率和流通性，同时改善碳市场参与主体缺乏对市场发展的预期管理，难以把握市场走向，缺乏交易稳定性和可预期性的问题。

（二）加强碳排放权的财产权制度保护

明确碳排放权财产权属性的下一步是在制度层面对财产权保护进行回应。但需要指出的是，碳排放权交易本质上是为应对气候变化而建立的政策性市场工具，是我国实现碳达峰碳中和目标的核心政策工具之一，属于受制于政府调控的私法权利。因此，在承认碳排放权财产权属性的同时，也要兼顾国家气候目标的实现。碳排放权应被视为一种负有一定公法义务的财产权，同时具有财产利益内核和行政许可的外在属性。从权利客体方面抑或权利性质方面考察，碳排放权具备生态价值、经济价值双重属性。国家就实现气候目标而对特定排放主体的排放行为进行行政干预与碳排放权财产权权能的实现存在必然联系[11]。

碳排放权财产权保护面临着使得公共资源变为私有财产碳排放免费配额和配额征收补偿

的问题。政府对于碳排放配额进行的周期性的创设、分配、设定清缴义务、回购等行政行为等同于对社会财产进行的直接分配和干预，缺乏有力的法律依据。这样的道德挑战可以用碳排放权交易市场的本质是一种“政府主导下的市场”，需受到政府环境政策目标管制进行回应。对碳排放权交易活动的公法性保护涵盖碳排放配额的申请和分配、市场交易秩序管理维持、交易活动中的欺诈犯罪等非法行为的惩罚等方面。但若对财产权所施加的合法限制超出了合理性范围，则可能形成对财产权益的“实质性减损”，致其核心权能丧失。因此具体实施的过程中，要注意避免公权力过多干预市场活动，国家不可在法律规定以外的情况下任意对企业占有、使用、收益等处分行为进行干预，也不可借碳排放目标管理为由随意削减配额，造成市场交易不稳定的局面。鉴于此，本文建议在以财产性权利出发对碳排放权进行法律保护时，也要进行适当限制，以满足行政规制的需要，建立碳排放权的财产权有关制度时需要体现“保护”与“约束”共治。

目前我国碳排放权交易体系对诸多问题缺少具体细致的规定，需要以体系化思路构建碳排放权的财产权保护制度。从将碳排放权视为财产权的角度设计碳排放权交易保护制度，意味着碳市场各项活动可置于我国财产权法律体系之下。一方面规范对碳排放权的财产权层面的法律保护；另一方面对潜在碳排放权交易的纠纷进行规定，从而形成碳排放权财产权属性的有效保护和合理限制法律规范体系，以明确我国碳市场中碳排放权的法律定位。

五、结　论

随着“双碳”目标的提出和全国碳市场的稳步推进，明确碳排放权的财产权属性，对于为碳排放权交易各项活动疏通制度障碍、保障碳市场稳中向好运行具有重要实践意义。实践中，四川碳市场有关活动在开展中遇到的各项不顺利，与碳排放权财产属性不够清晰密切有关，而全国和地方法律及政策均缺乏明确规定碳排放权的财产权属性，在碳排放权的交易、履约、质押融资等活动中又充分体现出碳排放权的可交易性、价值型等典型财产特征，目前碳市场实践对现有碳排放权交易制度的诉求是更具稳定性和可预期性。对此，应当在法律层面认可碳排放权的财产权属性，并从碳排放权的经济属性出发，设计有关财产权法律制度，为碳排放权交易提供有效保障。

参考文献

[1] 杜晨妍，李秀敏. 论碳排放权的私法逻辑构造[J]. 东北师大学报（哲学社会科学版），2016（1）：227-233.

[2] 刘明明. 论温室气体排放权的财产权属性[J]. 重庆大学学报（社会科学版），2013，19（3）：107-111.

[3] 刘京. 论碳排放权的财产属性[J]. 湖北社会科学，2013（1）：158-162.

[4] 王慧. 论碳排放权的特许权本质[J]. 法制与社会发展，2017，23（6）：171-188.

[5] 田丹宇. 我国碳排放权的法律属性及制度检视[J]. 中国政法大学学报，2018（3）：75-88，207.

[6] 杨本研，方堃. 碳排放权的法律属性研究[J]. 环境保护，2021，49（16）：55-59.
[7] 刘京. 论碳排放权的财产属性[J]. 湖北社会科学，2013（1）：158-162.
[8] 陈江宁，王立东，夏苇，等. “双碳”目标下的碳资产管理模式探索[J]. 中国发展观察，2021（16）：37-38，47.
[9] 王燕，张磊. 碳排放权交易市场化法律保障机制的探索[M]. 上海：复旦大学出版社，2015.
[10] 郑云坚，吴施娟. 我国碳排放权交易管理沿革与发展探析[J]. 中国行政管理，2022（2）：159-160.
[11] 刘明明. 温室气体排放控制法律制度研究[M]. 北京：法律出版社，2012.
[12] 丁粮柯，梅鑫. 中国碳排放权交易立法的现实考察和优化进路——兼议国际碳排放权交易立法的经验启示[J]. 治理现代化研究，2022，38（1）：88-96.
[13] 王思峰. 不动产准征收研究[M]. 北京：中国社会科学出版社，2015.

《国家标准化发展纲要》绿色解读与地方落实工作思考

谢义琴，张璐，王恒[①]

【摘　要】为深入学习领会《国家标准化发展纲要》(以下简称《纲要》)精神，切实做好地方生态环境标准化工作，本文对《纲要》绿色发展专章涉及的碳达峰碳中和、生态系统建设和保护、自然资源节约集约利用、绿色生产、绿色消费等五大工程进行了深度解读，对相关标准化工作现状进行了梳理，并结合四川实际，提出了相关地方标准研制方向，以期为相关部门落实《纲要》任务提供参考。

【关键词】标准化；生态环境标准；绿色发展

一、引　言

在“十四五”规划开局之年，中共中央、国务院印发《国家标准化发展纲要》(以下简称《纲要》)，为未来15年我国标准化发展设定目标和蓝图。《纲要》作为指导中国标准化中长期发展的纲领性文件，开启了标准化发展的新征程，确立了标准化工作的新方位，提出了标准化改革新路径，明确了标准供给侧改革主攻方向，确立了标准化开放的新格局，对我国标准化事业发展具有重要里程碑意义。同时，《纲要》对绿色发展进行了专章论述，要求具体、翔实，为实现以标准化推动和引领绿色发展奠定了扎实的基础，生态环境保护标准化工作被提到了前所未有的高度。

二、碳达峰碳中和标准化提升工程

(一)《纲要》内容解读

实现碳达峰碳中和，是以习近平同志为核心的党中央统筹国内国际两个大局做出的重大战略决策，是着力解决资源环境约束突出问题、实现中华民族永续发展的必然选择。在推动“碳达峰碳中和”目标实现的过程中，政策落实、规范管理、技术引领、监测监管等各环节都离不开标准的支撑。因此，《纲要》对节能、可再生能源、碳排放核查核算、温室气体排放、生态碳汇、碳捕集利用与封存等标准化工作提出了具体要求。

---

① 谢义琴，四川省环境政策研究与规划院工程师，硕士，从事生态环境法治与标准研究；张璐，四川省环境政策研究与规划院法治与标准研究部副主任(主持工作)、高级工程师，硕士，从事生态环境法治与标准研究；王恒，四川省环境政策研究与规划院副院长、正高级工程师，从事环境政策研究。

（二）标准化工作现状

碳达峰碳中和相关标准涉及传统能源、新能源和可再生能源、节能环保、绿色低碳、循环经济等多个领域。基于重点领域的国家标准、行业标准调查统计显示如下[1]：

（1）节能和能效领域。2017 年，国家发改委、国家标准委联合印发《节能标准体系建设方案》，按照节能过程，构建了包括基础共性、目标、设计、建设、运行、评估、优化等 7 个标准子体系的节能标准体系。目前，节能和能效领域相关国家、行业标准共 700 余项，主要涉及能耗限额、节能监测、节能测试、节能评价、能源计量、能源管理等。

（2）新能源和可再生能源领域。新能源和可再生能源领域相关国家、行业标准共 1 900 余项，涉及太阳能、风能、氢能、生物质能、核能、海洋能、新能源汽车等，除生物质、海洋能方面尚未建立系统全面的标准体系外，其余已基本建立相关标准体系。

（3）温室气体管理领域。温室气体管理领域相关国家、行业标准共 30 余项，涉及行业企业温室气体核算与报告、项目减排量核算、核查系列标准、企业碳管理系列标准、单位产品碳排放限额等，在碳排放管理领域还需进一步完善标准体系建设，支撑温室气体排放管理。

（4）碳捕集、利用与封存领域。碳捕集、利用与封存领域相关国家、行业标准共 10 余项，涉及工程设计、碳捕集装置装备、运输等，在基础方法、技术推广、项目建设与管理、监测、风险管理等多个环节的标准还处于空白状态，尚需加大相关标准研制力度以满足市场需要。

（三）地方落实工作思考

四川是全国重要的清洁能源基地，清洁能源资源富集，林草碳汇禀赋条件优越。在支撑碳达峰碳中和标准化提升上，四川可错位国家标准定位和对接国际要求，立足当前需要，加强地方碳达峰碳中和标准研制。一是在围绕优势产业方面，制定钒钛钢铁、白酒、茶叶和页岩气开采等特色优势行业温室气体排放监测、核算、报告和信息披露，推动充电加氢等基础设施规划建设运营标准化。二是在促进低碳产品价值实现方面，探索高比例可再生能源地区产品碳标签和碳足迹评价与认证标准，探索气候投融资项目识别、认定、评价等标准，创新农村沼气、林草碳汇、社区光伏等区域碳普惠方法学，健全森林、草原、土壤等生态系统碳汇调查监测与核算技术规范。三是在推动低碳技术推广应用方面，探索构建碳捕集利用与封存、绿色氢能、氢冶金等先进技术标准体系。四是在培育绿色低碳产业方面，建立光伏晶硅、动力电池等领域标准规范，完善清洁能源检测认证、评估、审计等标准。同时，建议制定碳达峰碳中和标准化行动方案，加强国际化对标和规划布局，避免标准“方言化”过多过泛。

三、生态系统建设和保护标准化强化工程

（一）《纲要》内容解读

党的十八大以来，以习近平同志为核心的党中央把生态文明建设和生态环境保护摆在治国理政的重要位置，确立了习近平生态文明思想，谋划开展了一系列具有根本性、长远性、开创性的工作，推动我国生态环境保护从实践到认识发生了历史性、转折性、全局性变化。但当前我国生态环境保护结构性、根源性、趋势性压力总体上尚未根本缓解，生态环境保护

任重而道远。因此,《纲要》对生态环境质量、生态环境风险管控、污染物排放、污染物监管及防治、应对气候变化、山水林田湖草沙多生态系统质量与经营利用标准化工作进行了系统部署。

（二）标准化工作现状

我国生态环境标准是与环境保护事业同步发展起来的，从 1973 年发布第一项国家环境保护标准《工业“三废”排放试行标准》（GBJ4—73），历经 5 个发展阶段，已初步形成了较为完善的“二级六类”生态环境标准体系，全面覆盖水、大气、土壤、固废、噪声和辐射污染控制等领域。

第一阶段：起步阶段（1973—1978 年），主要体现为原国家建委、原国家计委和卫生部联合发布的《工业“三废”排放试行标准》（GBJ4—73）的制定实施，这对我国环境保护工作初创时期的污染物排放控制发挥了重大作用。

第二阶段：体系框架初步构建阶段（1979—1987 年）。此阶段我国建立并实施了一系列环境保护管理制度，环境质量标准和排放标准的法律地位与作用得到进一步明确。初步建立了以环境质量标准和污染物排放标准为主体，环境监测方法标准、环境标准样品标准、环境基础标准相配套的国家环境标准体系。同时，针对性地制定了不同行业污染物排放标准。

第三阶段：体系建设与调整阶段（1988—1999 年）。建立“以综合型排放标准为主体，行业型排放标准为补充，两者不交叉执行，行业型排放标准优先”的排放标准体系框架。在此期间发布了环境空气、土壤、海水、渔业水质、农田灌溉水质、电磁辐射等环境质量标准，环境质量标准体系基本完善。发布了《污水综合排放标准》《大气污染物综合排放标准》和火电、钢铁、纺织染整、水泥等行业污染物排放标准。

第四阶段：体系发展与壮大阶段（2000—2011 年）。此阶段我国对大气和水污染防治法进行了修订，明确规定了“超标违法”，这赋予污染物排放标准极高的法律地位，标准成为判断“合法”与“非法”的界限。对于行业标准针对性不强的问题,《国务院关于落实科学发展观加强环境保护的决定》和第六次全国环境保护大会对环境标准工作提出了更高要求，提出大力推进行业型排放标准制订工作，逐步转变为以行业为主、综合为辅的标准框架体系。

第五阶段：体系优化与完善阶段（2012—2019 年）。以《环境空气质量标准》（GB3095—2012）为标志，环境标准逐步与国际接轨，更加强调以人为本，以环境质量改善为目标导向，污染物限值更加严格，要求更加刚性，同时优化体系并加强标准的实施监督，开始执行直接排放和间接排放。

第六阶段：当前阶段（2020 年至今）。2020 年，生态环境部公布《生态环境标准管理办法》（部令第 17 号）对国家标准体系及类别划分再次进行了完善，在“两级五类”标准体系基础上，增加了“生态环境风险管控标准”类别，并将土壤污染风险管控、应对气候变化、海洋生态环境保护等相关标准纳入生态环境标准体系。

截至 2021 年底，现行国家生态环境标准总数已达到 2 202 项，其中，生态环境质量标准 16 项、生态环境风险管控标准 2 项、污染物排放标准 183 项、生态环境监测标准 1 283 项、生态环境基础标准 49 项、生态环境管理技术规范 669 项。虽然我国生态环境标准体系已较为完善，但在部分领域仍需加大相关标准研究，以适应最新的环境管理需求。

（三）地方落实工作思考

四川是长江黄河上游重要生态屏障和重要水源涵养地，肩负着维护国家生态安全的重大使命，拥有极其丰富的物种资源和生态系统类型，在全球生物多样性保护中占有重要战略地位。为强化生态系统建设和保护，四川以填补国家标准空白、支撑国家和省生态环境保护各项决策实现为着力点，围绕重点流域（区域）、重点行业，研究制定更加严格、更利于地方污染治理、管控的污染物排放、生态环境风险管控标准及相关配套技术规范，为改善生态环境质量提供支持。遵循系统治理理念，构建山水林田湖草沙冰一体化保护修复标准体系，研究制定生态承载力评估、水土流失综合治理等技术规范；制定生态系统“格局—过程—功能—服务”标准体系，系统解决生态问题，有力提升生态系统服务功能；结合四川优势，研究制定生物多样性保护标准，增加优质生态产品供给，保障生态安全。

四、自然资源节约集约利用工程

（一）《纲要》内容解读

2017 年 10 月，习近平总书记在党的十九大报告中指出：“节约资源是保护生态环境的根本之策。要大力节约集约利用资源，推动资源利用方式根本转变，加强全过程节约管理，大幅降低能源、水、土地消耗强度，大力发展循环经济，促进生产、流通、消费过程的减量化、再利用、资源化。”要正确处理发展与利用之间的关系，就需要在勘查、开发和利用等各环节界定适宜的“准线”，按照绿色发展的方式开展。因此，《纲要》从能源资源绿色勘查与开发、自然资源资产管理体系、国土空间规划技术及海洋资源开发保护四个方面对自然资源节约集约利用标准化工作进行了安排部署。

（二）标准化工作现状

2018 年 4 月，自然资源部正式成立，由其统一管理国土、地质、矿产、海洋、测绘地理信息等自然资源相关业务标准化工作。自然资源相关业务已有的标准体系主要有 2009 版《国家地理信息标准体系》、2016 版《国土资源标准体系》、2017 版《测绘标准体系》和 2017 版《海洋标准体系》等。

2009 版《国家地理信息标准体系》[2]由 7 大类 219 项标准组成，分为三个层次：第一层地理信息基础类标准，包括通用类、数据资源类、应用服务类、环境与工具类、管理类 5 大类标准，界定了地理信息获取、处理、管理、服务、更新、分析、查询、表示，以及在不同用户、不同系统和不同空间位置之间转换的方法、过程、工艺等。第二层专业类标准，是面向各专业领域对地理信息的需求，对基础类标准进行扩展和裁减而形成的专业用标准，涵盖公安、政区与地名、土地、生态与环境、交通、水利、农业、地震等领域。第三层专项类标准，是面向各类与地理信息相关的专项工程的需要，对基础类和专业类标准进行组合、扩展和裁减而形成的专项用标准，涵盖电子政务、数字城市、导航、应急服务等领域。

2016 版《国土资源标准体系》[3]由 4 个子体系 973 项标准组成。一是国土资源综合标准子体系，包括不动产登记、自然资源资产管理、国土空间规划、国土资源信息化等。二是土地标准子体系，包括土地调查、评价、规划、利用、保护、整治、监测监管等。三是地质标准子体系，包括区域地质调查、海洋地质调查、水工环灾地质、勘查技术方法、地质实验测试和地质资料管理与服务。四是矿产资源标准子体系，包括矿产资源调查评价、矿产资源规划、矿产资源勘查及资源储量、矿产资源开发利用、矿山地质环境保护与治理。

2017 版《测绘标准体系》[4]由 6 大类 377 项标准组成。一是定义与描述类，包括术语、参考系、分幅编号、分类与代码、数据字典、元数据、地图图式、地名译音。二是获取与处理类，包括大地测量、摄影测量与遥感、地图编制与印刷、海洋测绘、不动产测绘、界线测绘、工程测量。三是成果类，包括遥感数据成果、基础地理信息成果、基础地理国情监测成果、基本比例尺地形图、公众版测绘成果、数据库、其他成果。四是应用服务类，包括导航与位置服务、应急测绘服务、地理国情监测、智慧/数字城市、全球地理信息资源建设、其他应用服务。五是检验与测试类，包括成果检验、仪器检验、系统与软件测试、检验环境。六是管理类，包括项目管理、成果管理、文档管理、安全管理。

自然资源相关业务已形成较为完善的标准体系，据统计，在自然资源节约集约利用方面，现有地质矿产资源勘查利用标准 180 余项、自然资源调查监测标准 80 余项、国土空间规划技术标准 360 余项、海洋资源开发与保护标准 10 余项。

（三）地方落实工作思考

四川省是典型的资源型大省，能源资源品种齐全、总量丰富。为强化自然资源节约集约利用，四川可在国家统一的标准规范指导下，研究制定、加快建设符合四川实际的生态环境分区管控、国土空间开发保护、自然资源管控、资源有偿使用标准体系建设和应用机制，健全节地考核评价、自然资源调查评价监测工作标准和技术要求，加强土地、矿产、测绘地理信息、林业、地灾防治等业务领域标准建设，提高生态安全保障和绿色发展能力。

五、绿色生产标准基础工程

（一）《纲要》内容解读

2015 年 12 月，习近平总书记在中央经济工作会议上的讲话中指出：保护生态环境，要更加注重促进形成绿色生产方式和消费方式。保住绿水青山要抓源头，形成内生动力机制。要坚定不移走绿色低碳循环发展之路，构建绿色产业体系和空间格局，引导形成绿色生产方式和生活方式，促进人与自然和谐共生。为贯彻落实习近平总书记重要指示精神，《纲要》围绕农业、工业、建筑和生活设施等方面提出了绿色生产标准体系建设任务。

（二）标准化工作现状

农业绿色生产标准化就是要求农产品按照统一的技术标准、卫生标准、管理标准等进行生产，保证生产的农产品高品质且绿色无公害。据统计，现有绿色、无公害农产品生产相关国家、行业标准 300 余项，涵盖产地环境、生产技术、药品（添加剂）使用、产品质量、产品检验、加工、包装、防疫、认证等，历经 20 年发展，已经形成了较为完善的标准体系。

工业绿色生产标准主要以绿色制造为主，为加快推进绿色制造，2016 年工信部、国家标准化管理委员会联合印发《绿色制造标准体系建设指南》，对绿色制造标准体系建设及标准化工作进行了系统谋划。据统计，现有绿色制造相关国家、行业标准 120 余项，涵盖综合基础、绿色产品、绿色工厂、绿色企业、绿色园区、绿色供应链和绿色评价与服务等，已基本建立了绿色制造标准体系。

现有绿色建筑国家、行业标准 20 余项[5]，涵盖绿色建筑的设计、施工、运行、改造、拆除整个生命周期，形成较为完整的标准体系，以评价标准作为发展绿色建筑的具体目标和技术引导，以相关工程建设标准作为绿色建筑实践的技术支撑和保障，可较好地实现对绿色建筑主要功能类型和主要工程阶段的全覆盖。

（三）地方落实工作思考

近年来，四川省全面贯彻绿色发展理念，大力发展绿色低碳优势产业，开展绿色种养循环农业试点，加快构建绿色制造体系，积极发展绿色评价和绿色服务，大力创建绿色制造示范单位，建立企业、园区绿色发展标杆，绿色发展取得明显成效。为筑牢绿色生产标准化基础，四川可在国家统一的标准规范指导下，立足地方特点和发展需求，制定完善与产地环境质量、农业投入品质量、农业产中产后安全控制、农产品质量等相关的农业绿色发展环境技术标准，建立农业绿色标准体系。以四川省重点行业的绿色发展基础能力提升为重点，在原有绿色制造示范单位标准基础上，研究完善低碳工厂、园区、供应链标准体系；鼓励行业龙头企业积极开展绿色设计、绿色产品、绿色制造、新能源、新能源汽车等领域的标准开发，树立行业标杆。建立覆盖各类绿色生活设施的绿色社区、商场、村庄建设标准。

六、绿色消费标准引领工程

（一）《纲要》内容解读

2017 年 5 月，习近平总书记在十八届中央政治局第四十一次集体学习时指出：“生态文明建设同每个人息息相关，每个人都应该做践行者、推动者。要加强生态文明宣传教育，强化公民环境意识，推动形成节约适度、绿色低碳、文明健康的生活方式和消费模式，形成全社会共同参与的良好风尚。”大力发展绿色消费就是要全面推动吃、穿、住、行、用、游等各领域消费绿色转型，同时要统筹兼顾消费与生产、流通、回收、再利用各环节顺畅衔接。为强化绿色消费标准化支撑，《纲要》提出建立绿色产品分类和评价标准，从吃、穿、住、行、用、游等各领域全面构建绿色生活标准，合理制定消耗定额和垃圾排放指标。

（二）标准化工作现状

绿色产品是推进绿色消费实施的核心。国家统一发布绿色产品标识、标准清单和认证目录，依据标准清单中的标准组织开展绿色产品认证，目前列入绿色产品认证目录的产品共有 87 种，包括“全绿”产品认证 14 类，绿色建材产品分级认证 51 类，快递包装绿色产品认证 12 类，电器电子产品有害物质限制使用认证（ROHS）10 类，消费者可通过认证标志识别、购买绿色产品。据统计，农业方面，现有绿色食品类标准 180 余项。服务业方面，目前针对餐饮行业的有 2 项绿色低碳类标准，分别为《饭店业碳排放管理规范》（SB/T 11042—2013）和《绿色饭店》（GB/T 21084—2007）。同时，在消费过程中应注重对废弃资源的合理处置，杜绝造成环境污染，支撑废弃物资源化处置的相关标准主要有《城市生活垃圾分类标志》（GB/T 19095—2019）、《生活垃圾综合处理与资源利用技术要求》（GB/T 25180—2010）等。

（三）地方落实工作思考

2021 年四川省绿色低碳消费调查情况显示[6]，消费者对绿色低碳的认知尚不够清晰深入，绿色低碳消费观念宣传不够广泛，产品供给不足、配套跟不上、质量参差不齐、缺乏明确标准和技术不成熟等问题阻碍了绿色低碳消费的广泛普及。为全面促进重点领域消费绿色转型，在绿色消费标准化领域，四川可结合地方特色产业，研究制定生态产品价值核算标准，建立生态产品统计、核算和评估体系，推进生态产品价值转化，进一步完善绿色低碳产品标准体系，提升绿色低碳产品标识公众认可度。

七、结　语

标准是经济活动和社会发展的技术支撑，是国家基础性制度的重要方面。标准化在推进国家治理体系和治理能力现代化中发挥着基础性、引领性作用。标准化工作者要深刻领会、准确把握《纲要》精神，全面推进《纲要》在地方的贯彻实施，以标准化引领新业态、新模式发展壮大，助力我省全面绿色低碳转型。

参考文献

[1] 碳达峰碳中和标准体系建设报告[R]. 中国标准化研究院资源环境研究分院，2021-10.

[2] 李维森就《国家地理信息标准体系》颁布实施答记者问[EB/OL]. [2010-02-10]. http：//ghhzrzy. tj.gov.cn/zwgk_143/xzcjd/202012/t20201206_4610917.html.

[3] 解读《国土资源标准体系》（2016 版）[EB/OL]. [2016-09-08]. https：//www.yingzhou.gov.cn/xxgk/detail/content/5cde753fc67f89a02aec4878.html.

[4] 《测绘标准体系（2017 修订版）》颁布实施[EB/OL]. [2017-11-03]. http：//www.mnr.gov.cn/dt/ch/201711/t20171103_2346909.html.

[5] 傅小里，谢骆乐. 河北省绿色建筑标准体系现状分析[J]. 住宅产业，2021（5）：44-46，66.

[6] 刘佳.《四川省 2021 年度消费者满意度指数报告》发布[N]. 四川日报，2022-03-16（5）.

实现“双碳”目标的法治保障研究

王金华，张璐，王恒[①]

【摘　要】2020 年，习近平在第七十五届联合国大会一般性辩论上发表重要讲话并提出，“二氧化碳排放力争于 2030 年前达到峰值，努力争取 2060 年前实现碳中和”，表明了中国将致力于应对气候变化的坚定决心。“实现碳达峰、碳中和是一场广泛而深刻的经济社会系统性变革”，离不开法治固根本、稳预期、利长远的保障作用。推动“双碳”目标的法治进程，需要从立法、执法、司法以及守法等多角度、多维度对实现“双碳”目标法治保障进行深入思考，将实现“双碳”目标融入法治建设的全过程，以完备的法律体系为 “双碳”目标的实现提供有力法治保障。

【关键词】双碳；法治实践；法治保障

一、“双碳”目标下的法治实践现状

（一）政策先行，顶层设计加快

2021 年，“碳达峰”“碳中和”首次被写入政府工作报告，“双碳”目标作为新提出的国家战略，党中央、国务院高度重视，积极推动顶层设计，碳达峰碳中和“1＋N”政策体系初步构建（见表 1）。实践中政策先行，分领域分行业研究制定实施方案。

表 1　有关“双碳”目标的重要部署一览表

定位	时间	文件名称	具体要求
“1”	2021 年 9 月	《中共中央、国务院关于完整准确全面贯彻新发展理念做好碳达峰碳中和工作的意见》	在“1＋N”政策体系中发挥统领作用，从 10 方面 31 项重点任务明确路线图、施工图
“N”	2021 年 12 月	《国务院关于印发 2030 年前碳达峰行动方案的通知》（国发〔2021〕23 号）	是“N”中为首的政策文件，是碳达峰阶段的总体部署，重点实施能源绿色低碳转型行动、节能降碳增效行动、工业领域碳达峰行动等“碳达峰十大行动”
	2021 年 2 月	《国务院关于加快建立健全绿色低碳循环发展经济体系的指导意见》（国发〔2021〕4 号）	从生产、流通、消费、基础设施等方面构建绿色低碳循环发展经济体系

① 王金华，四川省环境政策研究与规划院工程师，硕士，从事环境法学研究；张璐，四川省环境政策研究与规划院法治与标准研究部主任副主任（主持工作）、高级工程师，硕士，从事生态环境法治与标准研究；王恒，四川省环境政策研究与规划院副院长、正高级工程师，从事环境政策研究。

续表

定位	时间	文件名称	具体要求
“N”	2021 年 9 月	《工业和信息化部、人民银行、银保监会、证监会关于加强产融合作推动工业绿色发展的指导意见》（工信部联财〔2021〕159 号）	明确工业绿色发展重点方向及具体任务
	2021 年 11 月	《国资委关于印发〈关于推进中央企业高质量发展做好碳达峰碳中和工作的指导意见〉的通知》（国资发科创〔2021〕93 号）	推动绿色低碳转型发展、建立绿色低碳循环产业体系、构建清洁低碳安全高效能源体系等方面推进中央企业在国家碳达峰、碳中和中发挥示范引领作用
	2021 年 11 月	《国家机关事务管理局、国家发展和改革委员会、财政部、生态环境部关于印发深入开展公共机构绿色低碳引领行动 促进碳达峰实施方案的通知》	从加快能源利用绿色低碳转型、提升建筑绿色低碳运行水平、推广应用绿色低碳技术产品等方面深入推进公共机构节约能源资源绿色低碳发展
	2021 年 11 月	《国家发展改革委等部门关于印发〈贯彻落实碳达峰碳中和目标要求 推动数据中心和 5G 等新型基础设施绿色高质量发展实施方案〉的通知》（发改高技〔2021〕1742 号）	从强化统筹布局、提高算力能力、创新节能技术等有序推动以数据中心、5G 为代表的新型基础设施绿色高质量发展
	2022 年 1 月	《国家发展改革委、国家能源局关于完善能源绿色低碳转型体制机制和政策措施的意见》（发改能源〔2022〕206 号）	从体制机制改革创新和政策保障的角度对能源绿色低碳发展进行系统谋划
	2022 年 1 月	《国家发展改革委等部门关于印发〈促进绿色消费实施方案〉的通知》（发改就业〔2022〕107 号）	从吃、穿、住、行、用、游等各领域，消费与生产、流通、回收、再利用各环节对节约减损和节能降碳提出要求
	2022 年 2 月	《国家发展改革委、工业和信息化部、生态环境部、国家能源局关于发布〈高耗能行业重点领域节能降碳改造升级实施指南（2022 年版）〉的通知》（发改产业〔2022〕200 号）	发布 17 个行业节能降碳改造升级实施指南，为推动各有关方面科学做好重点领域节能降碳改造升级
	2022 年 4 月	《教育部关于印发〈加强碳达峰碳中和高等教育人才培养体系建设工作方案〉的通知》（教高函〔2022〕3 号）	加强绿色低碳教育、打造高水平科技攻关平台、加快紧缺人才培养等方面提高碳达峰碳中和相关专业人才培养质量
	2022 年 5 月	《财政部关于印发〈财政支持做好碳达峰碳中和工作的意见〉的通知》（财资环〔2022〕53 号）	明确财政支持重点方向和领域以及具体财政措施构建有利于促进资源高效利用和绿色低碳发展的财税政策体系
	2022 年 5 月	《国家适应气候变化战略 2035》（环气候〔2022〕41 号）	从加强气候变化监测预警和风险管理、提升自然生态系统适应气候变化能力以及强化经济社会系统适应气候变化能力等方面为我国适应气候变化提供思路
	2022 年 6 月	《生态环境部、国家发展和改革委员会、工业和信息化部等关于印发〈减污降碳协同增效实施方案〉的通知》（环综合〔2022〕42 号）	从源头防控、重点治理以及环境治理等方面推动减污降碳协同增效

专项法律法规方面，我国 2021 年先后施行了《碳排放权交易管理办法（试行）》《碳排放权登记管理规则（试行）》《碳排放权交易管理规则（试行）》《碳排放权结算管理规则（试行）》等制度。基本形成了以《碳排放权交易管理办法（试行）》为统领，以碳排放权登记、交易、结算等管理制度为支撑，以温室气体排放核算、核查等技术规范为操作指引的碳市场制度体系。此外，“碳排放权交易管理暂行条例”正在制定中。

地方立法实践上，各地围绕“双碳”目标积极开展立法探索。天津制定了《天津市碳达峰碳中和促进条例》，这是全国首部以促进实现碳达峰碳中和目标为立法主旨的省级地方性法规。该条例以法规形式明确了管理体制、基本制度和绿色转型、降碳增汇的政策措施，为天津市实现“双碳”目标提供了遵循。深圳市结合地方实践制定了《深圳市碳排放权交易管理办法》，明确规定了碳排放交易的管理体制、与全国碳排放权交易市场的关系以及配额管理等制度。此外，在新修订的地方法规中，也明确把“双碳”目标的实现写进立法目的或在立法内容上有所体现。

目前，“双碳”立法理论研究也较丰富，如全国政协常委吕忠梅老师在 2021 年 3 月曾提出审慎推进“双碳”立法，分“稳步推进阶段、大力推进阶段、实现保障阶段”三步走的策略[1]；2022 年 6 月提出编撰环境法典，专设“绿色低碳发展编”[2]。秦天宝教授从整体系统观角度探讨“双碳”目标的法治保障。

（二）积极开展执法实践探索

各地生态环境主管部门围绕“双碳”目标的实现，加强碳排放权市场等违法行为的监管和处罚，及时曝光典型案例，促进碳交易市场有序、良性运行，督促企业依法开展碳排放权交易及相关活动。

2022 年 3 月 17 日，生态环境部公开了中碳能投等四家机构碳排放报告数据弄虚作假等典型问题案例，暴露出伪造原始检测记录、篡改伪造检测报告、核查程序不合规以及核查结论失实等问题，需进一步加强对技术服务机构的监督管理，规范咨询、核查、检测服务行为，确保技术服务过程和结果真实、合规、公正，保障碳市场平稳健康运行。

根据《碳排放权交易管理办法（试行）》和生态环境部《2019—2020 年全国碳排放权交易配额总量设定与分配实施方案（发电行业）》《关于做好全国碳市场第一个履约周期后续相关工作的通知》等规定，各地生态环境主管部门积极开展碳市场第一个履约周期宁夏重点排放单位碳排放配额和履约工作。2022 年 1 月，苏州查处首起全国碳市场碳排放配额未按期履约违法案件；2022 年 5 月，宁夏生态环境厅公布 2 起电厂、2 起化工行业碳排放配额未按时足额履约行政处罚案件，等等。

从以上典型案例可看出，违法行为多集中于碳排放交易领域，具体包括碳排放报告数据弄虚作假、碳排放配额未及时足额履约等，行政处罚的依据为《碳排放权交易管理办法（试行）》。

（三）创新生态司法，探索“双碳”目标实现新路径

在推动节能减排，如期实现碳达峰碳中和目标的过程中，司法机关通过司法裁判能够有效支持和规范碳排放监管秩序与行政机关依法行政。

近年来，各地法院聚焦陆地碳汇（绿碳）和海洋碳汇（蓝碳）等碳库资源的司法保护工作，创新服务“双碳”目标的相关司法保障机制，见表 2。福建法院坚持惩罚、调处、修复、

预防一体推进，刑事制裁、民事赔偿与生态补偿有效衔接，推动形成“破坏—惩罚—修复—监督”的生态修复闭环，加强对用能权、碳排放权等新类型案件审判指导，推动减污降碳协同增效，巩固提升生态系统碳汇能力①。创新涉碳案件司法保障机制，东山县人民法院成立全国首个双碳生态巡回法庭[3]，漳州市中级人民院率先建立蓝碳司法保护与生态治理机制，龙岩市中级人民院在全省率先出台森林碳汇补偿机制工作指引，三明法院服务保障林业碳票试点，积极营造绿色低碳的法治环境[4]。

陕西省检察机关为服务保障碳达峰碳中和也做了许多探索，召开了全省煤炭石油天然气污染防治检察公益诉讼工作推进会，就构建“行政执法 + 检察监督 + 企业转型”新模式达成了共识；联合陕西省法院、省公安厅、省生态环境厅等出台了《关于加强协作推动陕西省黄河流域生态环境保护的意见》，推行“刑事打击 + 公益诉讼 + 警示教育 + 生态修复”四位一体办案模式等[5]。

各地司法机关积极发挥能动性，提出“碳汇”修复司法理念，推行各具特色的办案模式，创新开展恢复性司法实践，助力“双碳”目标的实现。

表 2　有关涉碳纠纷案件司法文件一览表

时间	发布主体	文件名称	主要内容
2021 年 3 月	南平市中级人民法院	《关于在全市法院试行环境资源类案件被告人以认购碳汇方式替代性修复受损生态环境的通知》	加快推进碳汇认购修复模式在全市范围的试行推广，助力实现碳达峰、碳中和愿景
2021 年 6 月	绍兴市中级人民法院	《关于进一步发挥审判职能服务保障“碳达峰碳中和”工作的意见》	明确审判实践中常见的大气污染和森林资源保护案件类型，构建生态环境司法保护多元共治体系，对碳汇交易纠纷、新能源纠纷等绿色金融纠纷等新类型纠纷审理规则作出探索。
2021 年 10 月	最高人民法院	《关于新时代加强和创新环境资源审判工作为建设人与自然和谐共生的现代化提供司法服务和保障的意见》（法发〔2021〕28 号）	针对“助力实现碳达峰、碳中和目标”提出全方位的指导意见和具体要求
2021 年 10 月	漳州中院、市发改委、自然资源局、生态环境局、林业局、海洋与渔业局、闽南师范大学	《漳州市蓝碳司法保护与生态治理行动计划》（2021—2025 年）	围绕蓝碳司法保护、行政治理、法理研究、技术支持等方面开展工作，实施蓝碳司法保护示范行动、海洋增汇减排行动、蓝碳技术发展行动、区域合作交流行动、蓝碳文化宣教行动等五大行动助力新发展阶段碳达峰、碳中和目标任务
2021 年 12 月	湖北省高级人民法院	《关于充分发挥审判职能服务保障碳达峰碳中和目标实现的实施意见》	坚持以“两山”理念为指引，充分发挥审判职能作用，依法审理涉碳纠纷案件，为促进湖北绿色低碳高质量发展提供更加优质高效的司法服务和保障。
2022 年 6 月	深圳市中级人民法院	《关于充分发挥审判职能 服务保障碳达峰碳中和目标实现的实施意见》	从创新专业化审判机构、创新一体化保护格局、创新司法审判理念等方面为全面提升环境资源审判能力，为深圳生态文明建设和经济社会高质量发展提供有力司法服务和保障。

① 林先昌. 福建法院：助力“双碳”目标创新提供司法保障机制 [EB/OL]. [2022-06-21]. https：//baijiahao.baidu.com/s?id=1734533271540780745&wfr=spider&for=pc.

在裁判文书网就关键词“碳排放”“碳交易”进行搜索，结果显示，目前关于双碳司法的裁判文书较少，仅有两起 2021 年关于“碳排放”行政处罚案件的强制执行裁定书，1 起 2016 年的行政诉讼案件。

（四）积极开展普法宣传

积极开展普法宣传，提高全民绿色低碳意识。各地司法、行政机关、社会组织等积极开展多种形式的宣传教育，普及碳达峰碳中和基础知识。通过公益广告、知识竞赛、提供咨询等多种形式，持续开展世界地球日、世界环境日、全国节能宣传周、全国低碳日等主题宣传活动，增强社会公众绿色低碳意识，推动生态文明理念更加深入人心。

积极推广绿色低碳生活方式。通过“光盘行动”、旧衣回收、绿色建造、低碳出行等活动，推进吃、穿、住、行、用、游等重点领域消费绿色转型，推动消费与生产、流通、回收、再利用各环节顺畅衔接，全面普及绿色消费理念，加快形成简约适度、绿色低碳、文明健康的生活方式和消费模式。

企业积极履行社会责任。推动产业结构优化升级，大力发展绿色农业，发挥农业固碳增效的作用。大力推动节能减排，全面推进清洁生产，加快发展循环经济，加强资源综合利用，不断提升绿色低碳发展水平。坚决遏制高耗能高排放项目盲目发展，强化源头防控、过程监管、后果严惩的监管体系。大力发展绿色低碳产业，加快发展新一代信息技术、新能源、新材料、绿色环保以及航空航天、海洋装备等战略性新兴产业。

行业协会等社会团体充分发挥作用，督促企业自觉履行社会责任。例如，中国环境保护产业协会发布《加快推进生态环保产业高质量发展 深入打好污染防治攻坚战 全力支撑碳达峰碳中和工作行动纲要（2021—2030 年）》，根据环保产业的发展现状制定了具体的行动目标，聚焦八大任务、八项重点工程等重点内容助推环保产业发展，进一步打好污染防治攻坚战，支撑双碳工作有序开展[6]；分别与碳排放权登记结算（武汉）有限责任公司、国家绿色发展基金股份有限公司聚焦服务“双碳”总目标签署战略合作协议，通过在政策、标准、技术、人才等各方面支撑“双碳”行动，推动生态环保产业全面实现绿色转型发展，为“双碳”目标如期实现提供强有力的服务保障[7]。

二、“双碳”目标下法治实践的主要问题

（一）立法较为滞后，法律体系不健全

一是立法位阶较低及立法碎片化，缺乏高位阶的综合性立法。如前所述，“双碳”目标提出后，现阶段的管理依据主要为办法、通知、意见以及规则等规章和规范性文件，效力级别较低，在法律、行政法规方面还存在空白，“双碳”法律体系还不健全。现行法律法规如《大气污染防治法》《清洁生产法》《循环经济促进法》《煤炭法》等，虽涉及“双碳”目标相关规定，但内容较为分散，且规定过于笼统，针对性不足。“双碳”法律体系尚未建立，缺乏综合性、专门性的法律法规，不利于为“双碳”目标的实现提供全面、系统的保障，也不便于后续的执法、司法以及守法。

二是已有法律法规间缺乏协调性。“双碳”目标的实现是一个系统性的工程，涉及的部门多、行业广、领域宽，已有法律法规虽有涉及对双碳的规定，但部分法律法规的立法目的、立法内容存在差异，容易导致立法的重复和冲突。如《环境保护法》《大气污染防治法》和《循环经济促进法》都对“建设对环境有影响的项目，应当进行环境影响评价”，进行了重复规定。

三是法律法规修订不及时，不能满足最新实践发展需要。一方面，法律法规具有稳定性，但也需要与时俱进，定期根据实践发展需要进行修正、修订。随着“1+N”政策体系的不断完善，亟须对制定时间较长且不能适应实践发展需要的法律法规进行修订。如《环境保护法》施行时间已有7年，其间对环境保护管理有了许多新的要求，亟须加以修订从而增强其有效性。

（二）监管缺失，行政执法体制不完善

一是部门权责不清。“双碳”目标的实现涉及农业、工业、交通运输以及城乡建设等领域或行业，涉及的监管部门包括发展改革、生态环境、工业和信息化、交通运输、住房城乡建设、城市管理、农业农村、规划资源等，如此多部门联合管理、交叉管理，可能导致“九龙治水”或者“袖手旁观”的局面。在应对气候变化行政执法方面，目前我国采取的是“一元监管”“分而治之”的行政执法体制机制，导致在应对气候变化问题上各行政执法部门存在着职权冲突、部门割裂、监管松散、效率低下等问题[8]。

二是执法程序未细化。碳排放市场涉及碳排放权登记、交易以及结算等活动，规范执法对保障行政相对人的权益至关重要，但实践中执法程序不细致，容易侵害相对人的合法权益。根据《碳排放交易管理办法（试行）》第二十七条规定，排放单位对核查结果有异议，可以自核查结果之日起七个工作日内，向组织核查的省级生态环境主管部门申请复核。若对复核结果不满意，是否可以申请行政复议尚不明确[9]。这一规定未进一步细化相对人的救济程序，实践中易引发争议。

三是执法方式较单一。根据《碳排放交易管理办法（试行）》规定，碳排放违法行为承担的主要是以罚款为主的行政责任，处罚金额为二万元至五万元，违法成本较低。如虚报、瞒报温室气体排放报告的行为，应责令限期改正，处一万元以上三万元以下的罚款；逾期未改正，对于虚报、瞒报部分，等量核减下一年度碳排放配额。法律责任的单一以及处罚力度不强，可能难以有效打击违法行为。

（三）“双碳”司法保障不足

一是司法解释供给不足，审判实践缺乏有效指导。实践中，涉碳纠纷包括民事、行政以及刑事等案件类型，内容涉及生态资源、碳排放权交易、碳汇交易等。目前《民事案件案由规定》在合同纠纷项下新增了碳排放权交易纠纷与碳汇交易纠纷案由，但除了以合同认定、合同履行为内容的碳交易合同纠纷外，碳排放配额是否能够抵押或质押的问题亦是未来应对气候变化民事诉讼亟待回应的问题。[10]这其实是碳排放权的权利属性问题，需要司法解释进行明确。此外，“绿色金融”碳交易纠纷在案件管辖上应由金融庭还是环资庭管辖也需明确，为审判实践提供科学指导。

二是司法队伍专业化水平有待提高。涉碳纠纷涉及不同领域和行业，牵涉不同的案件类型，需要具备碳排放量的计算、碳排放交易及结算等方面的专业知识和审判能力，对因果关

系的认定、责任承担方式等综合做出判定。司法实务中，由于涉碳纠纷属于新型案件，审判人员可能存在专业性不强、审判经验不足等问题，一定程度上减损了司法权威性。

（四）“双碳”普法宣传力度不够

一是绿色低碳意识还有待提高。社会公众对碳排放的主要来源、碳排放急剧增加引发的气候变化危机，给生态环境造成的严重影响以及给人类社会带来的各种挑战认识不到位，对我国低碳发展的概念内涵、目标体系、具体行动以及公众自身定位都缺乏系统理解，导致工作、生活中不能自觉认真践行绿色低碳理念。如对绿色产品相关信息了解不够充分，绿色消费理念较落后；片面理解绿色低碳生活主要是出行等方面，存在食物浪费、超前消费等现象。

二是宣传不够深入。目前，涉碳宣传的对象上，主要面对在校学生以及企事业单位员工，对老年人等群体的宣传还不够。行业上，对于能源、钢铁、交通等重点行业的绿色低碳知识宣传较多，忽视了消费领域的宣传。区域上，主要集中在交通便利的城镇，对于偏远的农村宣传较少。涉碳普法宣传覆盖面不广，由此导致公众对我国低碳发展的参与度不够。

三是社会共治的合力还未形成。具体而言，“双碳”工作要从能源结构转型、产业结构升级、城乡建设优化、交通运输方式转变、低碳科技创新、碳汇能力巩固、绿色低碳全民参与等各个领域展开，政府、企业、个人、第三方主体是串联各个领域“双碳”工作的重要节点，其间既要发挥政府实现“双碳”目标的主导作用，又要合理调动企业、个人、第三方主体的参与力量，形成涉碳多元主体的治理合力[11]。实践中，根据中央环保督察通报的案例来看，有的地方政府遏制“两高”项目盲目发展认识不到位、行动不自觉，存在违规备案大量焦化项目，对钢铁行业产能置换审核把关不严的现象。有的企业贯彻落实可持续发展、绿色低碳发展有差距，存在违规建设“两高”项目、违规用能以及产业转型升级慢等问题。

三、实现“双碳”目标的法治化路径

（一）填补立法空白，完善“双碳”法律体系

一是选择“双碳”立法模式，明确立法导向。根据立法技术标准划分，目前主要存在“分类立法模式”“统一立法模式”以及“统分结合立法模式”三种应对气候变化的立法模式[1]。由于我国尚处于“双碳”目标战略初期，实践经验和立法经验尚不丰富，宜采用“统分结合立法模式”，即制定一部集中统一管理的综合法与分领域、行业或者部门制定的多部单行法。

二是建立健全双碳“1 + N”法治体系。根据双碳“1 + N”政策体系思路，一脉相承确立“1 + N”法治体系，即制定“1”部以应对气候变化法为统领的一般法，制定“N”部配套法律法规。应对气候变化法主要规定基本原则、基本制度和主要措施等内容，为“双碳”目标实现提供基本性、引领性指导。制定过程中可以借鉴国际立法以及地方立法经验，统筹好国际国内两个大局。“N”为“1”的有益补充，主要包括双碳相关的法律、行政法规、地方性法规以及规章等，从工业、能源、交通等不同领域助力“双碳”目标实现，更具操作性和针对性。

三是及时进行法律法规清理，增强法律法规间的协调性。适时开展立法后评估工作，全

面清理现行有效法律、行政法规、地方性法规以及规章中与碳达峰、碳中和工作不相适应的内容。“双碳”法律体系内，加快修订《节约能源法》《电力法》《煤炭法》《循环经济促进法》等法律，纳入碳达峰碳中和相关内容，避免立法重复和冲突，实现内部协调。“双碳”法律体系外，强化与《民法典》《行政许可法》《环境保护税法》等之间的有效衔接，为“双碳”法治实践提供全面的法治保障。

（二）提升执法水平，健全“双碳”执法体制

一是厘清部门权责。推进碳达峰碳中和，应该根据《关于构建现代环境治理体系的指导意见》《关于深化生态环境保护综合行政执法改革的指导意见》和“十四五”规划的要求，加快构建包括发展改革、生态环境、自然资源、城乡建设、科技、金融监管部门等多部门组成的综合行政执法体制机制，形成职权边界明晰、责任承担明确、信息共享、协调联动的综合执法格局。[12]制定行政权责清单，明确事权划分，进一步明确监管权限和执法权限。

二是严格执法。涉碳行政执法是气候变化治理中最为关键的治理手段之一，比如在产业结构调整中对“两高”项目施行清单管理；在城乡建设中开展对公共建筑能耗的限额管理；在交通运输领域对交通基础设施进行规划、建设、运营等管理；在循环经济领域对可再生能源综合利用行业进行规范管理等[13]。针对违法行为频发的领域或环节，科学分析其违法特点及常见违法手段，通过专项执法加大查处和问责力度，精准打击相关违法行为，形成有效震慑。

三是规范细化执法程序。全面贯彻落实“三项制度”，在涉碳行政执法源头、过程以及结果等环节中按照相关程序要求规范执法。细化生态环境行政处罚裁量标准，纳入双碳相关的法律法规规定和情形，进一步推进依法行政。加强行政执法与司法机关的工作衔接配合，建立健全案件移送制度，加强证据材料移交、接收衔接，完善案件处理信息通报机制。

四是推进执法方式多元化。新行政处罚法中新增通报批评、降低资质等级、限制开展生产经营活动、限制从业等处罚种类，可以考虑在后续的立法中增加降低资质等级、限制从业等处罚措施以及信用惩戒、负面评价等执法措施，以适应执法实践需要，为执法提供依据。此外，增加民事责任以及刑事责任等责任承担方式，完善法律责任体系。

（三）强化制度供给，加强“双碳”司法保障

一是制定出台“双碳”保障的相关司法解释和司法政策。随着“双碳”实践越来越丰富，相关的纠纷案例也会不断增加，需要司法机关出台相关司法解释，统一司法裁判标准，充分发挥司法定纷止争的作用。及时将成熟的“双碳”司法审判经验和做法上升为司法解释，根据各地法院的成功实践，细化完善案件管辖、案件审判以及案件执行机制方面的规定，创新开启“双碳”司法服务新局面。针对碳汇交易纠纷、用能权纠纷、绿色金融纠纷等新领域、新类型案件，人民法院应当积极探索和形成相应的审判重点、审理原则、审理规则、司法政策等[14]。

二是强化“双碳”司法理论研究，建设专业化队伍。审判人员通过专题培训等加强“双碳”相关专业知识的学习和研究，强化与高校、科研机构、碳交易机构的交流，不断提高审判能力。总结涉碳要素和涉碳领域的新问题、新样态，准确识别碳排放权交易纠纷、碳衍生品交易纠纷、碳税纠纷等，科学归类气候变化减缓类案件、气候变化适应类案件。依法审理

涉碳民事、行政、刑事案件，推动涉碳纠纷案件“三合一”归口审理[15]。围绕“双碳”目标开展前瞻性司法研究，深入典型案例研究，认真总结类案的特点和规律，指导司法审判实践，也为立法机关制定“双碳”相关的法律法规、执法机关严格规范执法提供借鉴。如根据各地司法实践，积极推广碳汇修复等法律责任承担方式。

（四）深化宣传引导，提高“双碳”守法意识

一是加大宣传力度、广度和深度，进一步提高全社会绿色低碳意识。强化法治各环节普法力度，在立法中通过征求意见等强化公众参与、执法中严格落实“谁执法谁普法”责任制、司法过程中庭审公开等广泛普及“双碳”相关法律知识，不断提高双碳普法的深度。加强宣传引导，将习近平生态文明思想和“双碳”法律法规纳入“八五”普法重要内容，常态化开展“双碳”相关法律法规主题宣传，营造浓厚法治宣传氛围。通过选取减污降碳典型，发挥其先进示范和价值引领作用，利用六五环境日、全国低碳日、全国节能宣传周等广泛开展生态环境保护和应对气候变化宣传教育和科普活动。

二是凝聚共识，加快形成社会共治合力，助推“双碳”目标的实现。政府要处理好与市场的关系，实现有为政府与有效市场更好结合。各级政府严格落实党中央、国务院有关“双碳”目标的部署，因地制宜制定细化措施，加大财政支持，压实地方责任和严格监督考核。企业要处理好发展和减排的关系，坚持走生态优先、绿色低碳发展道路，在经济发展中促进绿色转型、在绿色转型中实现更大发展。积极贯彻执行国家政策，加强自主创新，坚持行业自律，主动履行社会责任，探索减污降碳新路径，实现绿色转型，打造“双近零”排放标杆企业。社会组织充分发挥桥梁纽带作用，联动政府、企业以及公众，推动制定“双碳”相关的政策以及行业规范。社会公众在工作、生活中自觉践行绿色低碳理念，养成绿色、环保、低碳、健康的生活方式，广泛参与各类社会实践活动，积极监督和举报相关违法行为。

参考文献

[1] 肖隆平. 专访全国政协常委吕忠梅：用法律保障实现碳达峰碳中和[EB/OL]. [2022-06-17]. http：//m.tanpaifang.com/article/77005.html.

[2] 吕忠梅. 推进编纂环境法典[EB/OL]. [2022-06-21]. http：//www.china-cer.com.cn/shuangtan/2022062319500.html.

[3] 彭建军. “绿碳 + 蓝碳”全国首个双碳生态巡回法庭授牌成立[EB/OL]. [2022-06-22]. https：//baijiahao.baidu.com/s?id = 1717316631049884078&wfr = spider&for = pc.

[4] 福建创新司法保障机制 服务“双碳”目标[EB/OL]. [2022-06-23]. https：//baijiahao.baidu.com/s?id = 1734533276630064295&wfr = spider&for = pc.

[5] 高志民. 发挥检察公益诉讼职能保障“双碳”目标实现[N]. 人民政协报，2022-04-14（5）.

[6] 中国环保产业协会编制发布“双碳”行动纲要 [EB/OL]. [2022-06-24]. https：//www.hbzhan.com/news/detail/150246.htmlhttps：//www.hbzhan.com/news/detail/150246.html.

[7] 聚焦“双碳”目标开展战略合作[EB/OL]. [2022-06-28]. https：//www.shifair.com/wap/article_details/index/id/17019.htmll.

[8] 李猛.“双碳”目标背景下完善 我国碳中和立法的理论基础与实现路径[J]. 社会科学研究，2021（6）：90-101.

[9] 邹鲲.“双碳”背景下环境行政监管的趋势探析[EB/OL]. [2022-06-28]. https：//huanbao.bjx.com.cn/news/20211103/1185725.shtml.

[10] 秦天宝. 整体系统观下实现碳达峰碳中和目标的法治保障[J]. 法律科学（西北政法大学学报），2022（2）：101-112.

[11] 张忠民，王雅琪，冀鹏飞.“双碳”目标的法治回应论纲——以环境司法为中心[J]，中国人口·资源与环境，2022（4）：44-56.

[12] 李猛.“双碳”目标背景下完善我国碳中和立法的理论基础与实现路径[J]. 社会科学研究，2021（6）：90-101.

[13] 张忠民，王雅琪，冀鹏飞.“双碳”目标的法治回应论纲——以环境司法为中心[J]. 中国人口·资源与环境，2022（4）：44-56.

[14] 王雨彤.“双碳”背景下中国减污降碳协同治理的法治化路径[J]. 青年论坛，2021（4）：88-89.

[15] 吕忠梅，张忠民. 中国环境司法发展报告 2021[R]. 2022.

浅析碳排放管理员和碳资产管理机构培育

何涛，赵惠霞[①]

【摘　要】实现碳达峰碳中和是一场广泛而深刻的经济社会系统性变革，涉及领域广，专业性强，需要全方位培养、用好各类专业人才，培育专业碳管理机构。技术技能人才和专业服务机构是碳达峰碳中和智力支撑中的重要组成部分，从就业人员数量上来看则是主体。随着碳达峰碳中和工作的深入开展，亟待建设一支碳排放管理方面的技术技能人才队伍和一批优质的碳资产管理机构。

双碳背景下，碳排放管理员和碳资产管理机构培育需要提早谋划，做好布局，抢占行业发展先机，掌握绿色低碳发展的主动权。

【关键词】双碳；碳排放管理员；碳资产管理机构；培育

一、引　言

一个国家的发展离不开人才的培养，一个行业的向前推动也离不开人才和机构的培育。在国家碳达峰碳中和目标背景下，“双碳”人才培养和碳资产管理机构的培育将受到更多的关注。

目前，碳排放权因为其稀缺性而形成一定的市场价格，具有一定的财产属性，在碳约束时代，逐渐成为企业继现金资产、实物资产和无形资产后又一新型资产类型——碳资产。对重点排放单位来说，碳资产管理得当，可以减少企业运营成本、提高可持续发展竞争力并增加盈利；管理不当，则可能造成碳资产流失，增加运营成本，降低市场竞争力，影响企业可持续发展。对投资机构来说，碳市场已然成为资本博弈的新领域，各类碳金融产品和工具不断探索创新。在这一背景下，培养一批了解碳市场相关政策、掌握碳排放核算核查技术和碳市场交易规则的碳排放管理人才对控排主体实现碳资产的保值增值意义重大，也将对投资机构参与碳市场产生重要促进作用。

根据国际能源署的报告，在碳中和背景下清洁能源领域的就业人数到 2050 年将达到 3 000 万人。据碳圈一位资深专业人士预估，未来国内碳排放管理员行业的人才需求在千万以上。

二、碳排放管理员培育

（一）发展现状

随着我国经济发展方式向绿色低碳转型，碳排放管理的重要性日益显现，企业亟须掌握

① 何涛，四川联合环境交易所有限公司能力建设经理，硕士，主要研究环境资源权益交易市场建设和低碳人才队伍建设；赵惠霞，四川联合环境交易所有限公司能力建设高级经理，硕士，主要研究低碳人才队伍建设。

相关碳排放技术、熟悉政策标准，能胜任碳排放规划、核算、核查和评估工作的技术人员，从而催生了碳排放管理等新职业。2021 年 3 月，人社部、国家市场监管总局、国家统计局发布了 18 项新职业，“碳排放管理员”被列入国家职业序列，并在该职业下设置了“碳排放管理”“碳排放监测”“碳排放核算”“碳排放核查”“碳排放交易”“碳排放咨询”6 个工种。

碳中和代表全行业、全社会的中和，没有一个企业能够置身事外。每一家企业都需要有懂碳管理的人员，因此碳排放管理员缺口很大，这块人才的培育市场巨大。目前从事碳排放管理员培训这块业务的人不足 1 万，预计 5 年内这类培训人才需求量或超百万，而目前仅有 5 所高校设置了相关专业，2022 年才开始招生，3 年后第一批硕士、4 年后第一批学士才能走入社会。所以，碳管理人才培育主要靠社会培训。[6]

（二）培训类型

目前较有影响的社会培训主要有以下三类。

1. 全国碳市场能力建设各中心开展的能力建设培训

全国碳市场能力建设中心是经国家气候主管部门同意依托各交易机构设立的，面向市场参与方开展各种形式的应对气候变化能力提高活动，助推全国碳市场的顺利启动和平稳运行。全国共有 8 家能力建设中心，见表 1。

表 1　全国碳市场能力建设中心

序号	中心名称	依托机构
1	全国碳市场能力建设（成都）中心	四川联合环境交易所
2	全国碳市场能力建设（天津）中心	天津排放权交易所
3	全国碳市场能力建设（广东）中心	广州碳排放交易所
4	全国碳市场能力建设（上海）中心	上海环境能源交易所
5	全国碳市场能力建设（重庆）中心	重庆国际投资咨询集团
6	全国碳市场能力建设（北京）中心	北京绿色交易所
7	全国碳市场能力建设（湖北）中心	湖北碳排放权交易中心
8	全国碳市场能力建设（深圳）中心	深圳排放权交易所

这 8 家中心都是依托碳交易机构设立，由于有专业的交易背景作基础，所以组织的培训相对来说专业性和实操性较强。比较受市场参与者青睐。8 家能力建设中心的培训概况如下：

（1）培训课程。

包括碳交易、碳核查、碳管理、碳金融、碳会计、林业碳汇等课程。

（2）培训内容。

培训内容分四个专项：

① 碳排放管理技术。

碳排放管理技术是指从事企事业单位的二氧化碳等温室气体排放监测、统计核算、核查、交易、咨询等工作专业技术人员。

建立核算工作组，确定核算边界，确认排放源、气体种类、识别流入流出边界的碳源流及其类别、收集和获取活动水平数据、选择和获取排放因子数据、计算排放量、编制核算报告、报送核算数据和资料，包括核查安排。

建立核查技术工作组、文件评审、建立现场核查组、实施现场核查、出具《核查结论》、告知核查结果、保存核查记录等。

② 碳资产管理应用。

熟悉碳交易原理，跟踪分析国际碳市场和国内碳市场进展。

碳资产管理应用是指为碳资产的所有者实现碳资产的增值保值管理，并帮助企业运营全程的碳资产综合管理业务，包括碳资产开发、碳盘查、碳审计碳资产计量、碳资产评估以及低碳品牌建设等的专业人员。

帮助企业通过内部节能、技术改进、增加清洁能源利用等办法减少碳排放量的同时，把配额碳资产作为新型资产进行交易、转让、融资等活动。

协助企业开发信用碳资产，并在配额碳资产和信用碳资产中进行资产管理，使企业更早完成碳达峰碳中和目标。

③ 碳交易管理咨询。

熟知碳交易原理和行业企业配额分配规则，深度了解碳交易体系和市场动向。

碳交易管理咨询是指按照《碳排放权交易管理办法》等文件规定，以及碳排放权交易机构的相关规则，制定企事业单位碳排放交易方案，进行企事业单位碳排放权的购买、出售、抵押等各项操作的专业人员。

帮助企业开发和管理碳资产，制定企事业单位碳排放交易方案。

通过碳排放权购买、出售、抵押等帮助企业完成遵约，降低碳减排成本，助力企业实现“碳中和”。

④ 碳监测管理技术。

掌握温室气体排放监测、量化、报告及核查相关方法。

碳监测管理技术是能够系统了解碳排放相关理论知识，能制定碳排放监测计划，建立监测体系，开展监测活动，编制和报送监测报告，配合碳排放统计核算、核查等工作，为制定科学的碳排放管理策略提供依据。

建立核算工作组，确定核算边界，确认排放源、气体种类、识别流入流出边界的碳源流及其类别、收集和获取活动水平数据、选择和获取排放因子数据、计算排放量、编制核算报告、报送核算数据和资料，包括核查安排。

建立核查技术工作组、文件评审、建立现场核查组、实施现场核查、出具《核查结论》、告知核查结果、保存核查记录等。

（3）培训对象。

① 全国碳市场的各个行业（电力、石化、化工、建材、钢铁、有色、造纸、航空等）相关负责人、能源管理人员、技术人员；

② 企（事）单位、公共机构、低碳试点、交易所、环保咨询服务机构、技能技术服务公司、科研单位等相关领域人员；

③ 环境科学与工程、能源、工程管理、信息化技术等相关专业（应）届毕业生；

④ 从事能源、环境、大气、循环经济科研单位的相关领域工作人员；

⑤ 环评、环境监测、检测、咨询、运维等第三方服务机构有意愿从事碳排放管理行业人员；
⑥ 各相关交易所从事碳交易综合业务、自营业务以及经纪服务类业务的会员单位从业人员；
⑦ 从事温室气体排放核算核查的咨询服务机构、第三方审核机构、节能服务公司相关人员；
⑧ 国家低碳试点省市、园区、社区及政府与应对气候变化相关的管理人员；
⑨ 各生产性排污企业有意愿从事碳排放管理行业人员；
⑩ 各级环境部门相关工作人员有意愿从事碳排放管理行业人员；
⑪ 环保设备生产厂家有意愿从事碳排放管理行业人员；
⑫ 其他有意愿从事碳排放管理行业人员。

（4）培训师资。

邀请师资主要为工作在行业一线的精英人士，有相关政策制度制订参与者，有减排项目设计者、碳交易操盘者、企业排放履约核查核证者，还有涉碳诉讼律师从业者，实战经验丰富，培训具有针对性、实操性。

2. 中国石油和化学工业联合会牵头的职业技能培训

2021年3月9日，由中国石油和化学工业联合会牵头，联合中国电力企业联合会、中国钢铁工业协会、中国建筑材料联合会、中国有色金属工业协会、中国航空运输协会、冶金工业规划研究院共同申请设立的碳排放管理员，被人力资源和社会保障部、国家市场监督管理总局、国家统计局列入18项新职业之一并发布。[8]

《人社部 市场总局 统计局关于发布集成电路工程技术人员等职业信息的通知》（人社厅发〔2021〕17号）指出："（十四）4-09-07-04 碳排放管理员 L[L：表示绿色职业] 定义：从事企事业单位二氧化碳等温室气体排放监测、统计核算、核查、交易和咨询等工作的人员。主要工作任务：1. 监测企事业单位碳排放现状；2. 统计核算企事业单位碳排放数据；3. 核查企事业单位碳排放情况；4. 购买、出售、抵押企事业单位碳排放权；5. 提供企事业单位碳排放咨询服务。本职业包含但不限于下列工种：民航碳排放管理员、碳排放监测员、碳排放核算员、碳排放核查员、碳排放交易员、碳排放咨询员。"

中国石油和化学工业联合会目前已完成《碳排放管理员国家职业技能标准》《碳排放管理员职业能力建设指南》《碳排放管理员职业技能评价规范（2021版）》等文件编制，为碳排放管理员职业化发展奠定了制度基础。[9]

"碳排放管理员"职业化发展，满足了社会大众为获得新职业而进行的职业技能评价需求。

3. 其他机构培训

由于碳市场能力建设的巨大发展空间，很多机构看到了发展机遇，如人事人才网、中科院、中国节能协会、国家测评网等培训机构，还有些地方协会纷纷组织各类碳管理培训。

由于市场处于发展初期，还没有有效的市场监管机制，为吸引学员，有些不法机构夸大甚至进行虚假宣传，造成了碳管理员培训市场混乱，学员投诉频发。有些机构为自证清白，已暂停该项培训。

（三）发展展望

未来的碳排放管理员培训，将会呈现高校教育、全国碳市场能力建设中心和职业技能培训共促共育的局面。

1. 系统理论的培养

高校关于双碳的研究和教学无论在组织机构、教材编制、学科设置上都已初见端倪，对于碳排放管理员的培育具有理论优势。

早在 2011 年，四川大学就成立了新能源与低碳技术研究院，还设立全国首个碳中和技术的二级博士学科点，牵头建设天府永兴（碳中和）实验室，牵头编制《高等学校碳中和科技创新行动计划》。2021 年，“四川省碳中和技术创新中心”在四川大学正式揭牌，这是全国首家碳中和技术创新中心，2022 年 3 月 18 日，四川大学碳中和未来技术学院揭牌。2021 年 7 月 12 日，西南石油大学碳中和研究院正式挂牌成立。为更好地服务双碳目标的落地，其他省市关于碳的研究教学机构也陆续设立。

2022 年 1 月，中国社会科学院生态文明研究所在北京召开了《气候变化经济学》系列教材发布研讨会，教材邀请来自全国近 50 所高校和科研院所的近百位作者共同编写，形成了包括《气候变化经济学导论》《减缓气候变化经济学》《适应气候变化经济学》《全球气候治理》《碳排放核算方法学》《气候金融》《贸易与气候变化》《碳市场经济学》《低碳城市的理论、方法与实践》等 9 本教材共计 252 万字，这套教材学科交叉性强，且有理论、有方法、有政策、有案例，既可用于培训，也可用于教学，还可用于科普，为我国实现绿色低碳高质量发展、碳达峰碳中和目标的实现、相关专业人才培育、应对气候变化的国际交流合作等方面提供强有力的理论支撑。教材内容打破了经济学和相关科学原有学科体系的框条，体现出多学科交叉以及与实践深度结合等特色，有助于国内能源经济、低碳经济方面的人才培养，也有助于提高思想认识、提升决策能力。[7]

2021 年 12 月 10 日，碳储科学与工程被教育部列入普通高等学校本科专业目录新名单，中国地质大学等 4 所大学获得备案。2022 年将开始第一批招生。

2022 年 7 月 12 日，中国人民大学应用经济学院获批的“碳经济”专业硕士项目，通过系统培养学生学习“碳经济”基本理论与方法，掌握“碳经济”基本技能，使其具备从事国家低碳经济政策分析与研究，支撑制定国家碳中和规划与发展战略、行业发展规划、能源企业发展规划，碳金融资产分析、管理及开发等金融活动的能力。该专业旨在培养学生成为我国碳规划与发展、碳产业政策、碳市场与贸易、气候变化谈判、国际关系以及碳管理规划等领域高专业性、高科技性、高层次性的复合型“碳经济”人才，参与政府政策制定、企业碳排放管理和碳市场分析预测等工作。[10]

2. 理论与实践的结合

全国碳市场能力建设各中心，因为植根于各碳交易机构，具有丰厚的实践土壤，其开发和培训的课程更具有实践性、灵活性，更符合市场需求。目前针对不同行业需求，开发的林草碳汇、建筑碳管理、电力行业碳盘查等课程，满足不同行业的特殊需求，为企业开展的定制化培训，更是有力地推动了企业在碳资产管理培育中的进程。通过标准传递、思维传递以及知识传递助力企业和员工及时适应新时代发展。

全国碳市场能力建设各中心在主管部门的指导下将继续开展碳市场能力建设培训工作，发挥行业优势，为各行各业培育出更加符合行业特色的人才。

3. 继续教育培育

职业技能培训是指按照国家职业分类和职业技能标准进行的规范性培训。国家规定一些职位必须经过职业培训，获得技能等级证书后方可上岗。“碳排放管理员”作为新职业，中国石油和化学工业联合会牵头已完成了相关评价标准体系，对于已步入社会的人群，为适应双碳社会发展需求，需要提升自身能力，可以通过职业技能评价水平培训来实现。[4]

三、碳资产管理机构培育

（一）企业实施碳资产管理的动因

首先，政策和法律因素。中国为了彰显我国减缓气候变化的决心，制定了严格的减排目标和处罚规定。2020 年 9 月 22 日，习近平在第七十五届联合国大会一般性辩论上发表讲话并提出碳达峰碳中和目标。2021 年 9 月 22 日，中共中央、国务院发布《关于完整准确全面贯彻新发展理念做好碳达峰碳中和工作的意见》。2021 年 10 月 24 日，国务院发布《关于印发 2030 年前碳达峰行动方案的通知》（国发〔2021〕23 号）。2021 年 11 月 2 日，中共中央、国务院发布《关于深入打好污染防治攻坚战的意见》。2022 年 3 月 31 日，中国工程院在北京发布重大咨询项目成果“中国碳达峰碳中和战略及路径”。国家一系列双碳文件的出台，标志着国家实现双碳目标的鼓声越擂越紧，双碳工作的任务越来越具体，企业的控排任务更加紧迫。[2]

对于碳排放未能履约的企业，主管部门除罚款以外，还将从贷款、补贴、新建项目审批等各个方面管控失信企业，对企业来说也将面临其他相应的损失。2014 年 7 月 3 日，某上市公司未按时完成北京试点碳市场 2013 年度履约工作，人民网刊登了该公司被处罚的新闻。2014 年 7 月 4 日，该公司股票下跌了 1.07%。

其次，市场因素和机遇。由于能源及原材料价格上涨，一些采购商为了打造绿色供应链从而对采购的产品提出绿色节能要求，迫使下游供应商要进行绿色制造。欧盟宣布即将开征的碳关税，给予从事出口贸易的企业更强烈的信号。随着国家统一碳市场的开市，碳作为资产的金融属性不断被市场发掘，特斯拉“卖碳”的成功也让更多企业嗅到了碳市场的商机。过去两年特斯拉的“卖碳”收入分别为 5.49 亿美元、15.8 亿美元。有机构称，2022 年特斯拉的“卖碳”收入可能会超过 20 亿元。

最后，企业自身因素。市场的要求导致企业内部必须进行自我升级改造，采取节能减排的新标准，只有这样才能在市场上夺得优势。

如某控排集团公司，在控排第一年，作为第一批控排企业，不重视碳资产管理，采取法不责众、等待观望的态度，集团未对下属企业碳资产进行摸底，也未进行积极决策，在临近履约前发现 12 家下属企业共缺口配额 115.34 万吨，为完成履约，仓促购买配额，共支付 3 000 余万元。第二年该集团领导开始重视，成立气候保护部，加强政策研究，提升碳资产管理能力，向地方主管部门建议，采取标杆法对其所在行业进行配额分配，采取燃料替代等措施降低碳强度，实施稳健的市场交易策略，积极进行市场交易，当年获利 1 200 万元。

（二）碳资产管理机构逐渐成为市场新宠

1. 碳资产管理的由来

为在全球范围内减缓气候变暖的速度，1997 年 12 月 11 日，在日本京都，《联合国气候变化框架公约》缔约方通过了《京都议定书》，2005 年 2 月 16 日正式生效。为更好实现温室气体减排，《京都议定书》引入了三种灵活的市场机制，即排放贸易、清洁发展机制和联合履约。正是这三种机制的引入，使得全球性的温室气体排放控制体系开始构建，世界各国陆续建立碳交易市场，而其交易商品是碳资产，碳资产交易标的是温室气体控排指标。如何能在低碳发展模式下保持市场竞争力，化政策风险为发展机遇？如何实现减排量收益最大化？如何增加企业碳资产保值、增值机会，让企业占领绿色低碳发展的优势地位？碳资产管理愈发显得必要。

2. 碳资产管理相关概念

关于碳资产管理机构的发展，我们先从碳资产、碳资产管理、碳资产管理机构的概念说起。

（1）碳资产是指在强制碳排放权交易机制或者自愿碳排放权交易机制下，产生的可直接或间接影响组织温室气体排放的配额排放权、减排信用额及相关活动。主要包括 3 类：

① 在碳交易体系下，企业由政府分配的排放量配额。

② 企业内部通过节能技改活动，减少企业的碳排放量。由于该行为使得企业可在市场流转交易的排放量配额增加，因此，也可以被称为碳资产。

③ 企业投资开发的零排放项目或者减排项目所产生的减排信用额，且该项目成功申请了清洁发展机制项目（CDM）或者中国核证自愿减排项目（CCER），并在碳交易市场上进行交易或转让，此减排信用额也可称为碳资产。

（2）碳资产管理是企业围绕碳交易对碳资产进行战略规划和价值管理的一系列活动，兼顾经济、环境和社会三个层面的效益，平衡节能减排与企业发展之间的关系，旨在实现企业的价值最大化。它是企业环境管理的一部分，是对低碳管理的一种创新。具体内容包括综合管理、技术管理、实物管理以及价值管理。

进行碳资产管理的流程主要包括设立碳资产管理机构、建立温室气体报送系统、开发自愿减排项目、开展碳交易和企业履约。

（3）碳资产管理机构主要是针对企业碳资产开发、碳市场分析、碳配额管理、排放报告编制、质量控制、审核风险控制、碳交易运作等活动进行实时跟踪，反馈企业管理过程信息，并提出相应的解决方案。此外，该机构也会根据重点功能节点设置数据分析、报告编制、审核质控、交易管理等子部门，这些部门将分别与企业其他专业部门进行信息对接及方案评估改进，通过跨职能部门的水平整合和优化合作，提升综合管理能力以获得减少碳排放的最大潜力。

3. 碳资产管理机构现状

国外碳资产管理大多都采取集中管理，如法国电力集团（EDF）成立了 EDF Trading，代表 EDF Energy 负责欧盟排放许可权的买卖。国内碳资产管理起步较晚，自 2008 年开始，碳资产管理公司陆续出现并逐渐发展。以三大石油公司和外企为首的石化试点企业均较早地建立了专门的碳资产管理部门，随后市场上也出现了专业的碳资产管理公司。国家电网公司于 2013 年 11 月正式成立碳资产管理公司，专业从事碳资产经营业务。[1]

早期的碳资产管理公司主要是为具备减排行为的企业提供咨询服务，协助它们获得 CCER 指标，然后出售给需要履约的高耗能企业或者机构投资者，以及利用二者差价进行盈利操作。随着发展需求，目前的碳资产管理公司可以为企业提供全方位的碳管理服务，包括设计碳金融产品，利用碳资产融资等，业务模式越来越多元化，涉及的领域包括节能减排技术、企业生产经营、金融市场运作等，也更具交叉性，机构的专业性也越来越高。

2021 年 7 月 16 日，国务院国有资产监督管理委员会秘书长、新闻发言人彭华岗在碳市场开市的新闻发布会上说“目前部分中央企业已经组建了碳资产管理的专业机构”，但相对于整个碳市场发展来说碳资产管理机构的培育还有很大空间。[5]

（三）如何推动企业碳资产管理机构培育

1. 政府层面

（1）建立健全相关法规政策体系，引导培育合规发展。

碳资产管理机构政策法规体系建设是推进碳市场稳定发展、践行双碳目标的重要基础，出台碳资产管理机构相关办法，明确碳资产管理机构培育各主管部门职责及权限，建立配套机制，辅助碳资产管理机构培育工作顺利推进。

（2）总结成功经验，落实机构评估工作，形成培育推广样板。

碳排放管理机构的服务价值评估是标准制定的基础，是采购单位的重要依据。通过分析已经建立的碳资产管理机构培育经验，形成可借鉴模式，发挥“星星之火，可以燎原”的样板影响和带动作用，推动碳资产管理机构快速发展。

（3）强化培育指导，降税减负支持专业培育机构轻装上阵。

完整碳管理体系是以过程方法、PDCA 循环、生命周期分析理论（LCA）、风险管理理论（RMS）、ISO 管理体系标准的高阶架构（HLS）为编制基础，囊括“碳排放、碳资产、碳交易、碳中和” + “碳信用评级”（4 + 1 模块）的系统性管理体系。它涉及交易机构、核查机构、登记机构、结算机构等三方机构。政府对三方机构的税收优惠扶持，有利于传导至三方机构对企业碳资产管理机构培育支持中来。

2. 企业层面

作为控排和减排企业，培育自身碳资产管理机构培育应注意以下四点：

（1）组织领导，增强认识。

企业领导应充分重视，并熟悉相关政策，分层级分批次组织相关人员参加专业培训，增强各级领导推动碳资产管理机构培育的认识，建立专门的领导组织。

（2）储备人才，自主造血。

企业应加强碳管理相关人才储备，完善自主造血功能，吸纳相关专业人才、组织有关人员参加专业培训，紧跟政策要求，为组建碳资产管理团队奠定人才基础。

（3）出台办法，完善流程。

企业应制定碳资产管理相关制度，搭建碳资产管理数字化配套流程，确保碳资产管理机构工作有序开展。[3]

（4）摸清家底，合理布局。

企业应通过自摸家底，分析公司状况，选择合适的碳资产管理机构培育模式，成立自己的碳资产管理机构或选择由专业的碳资产管理机构托管。

3. 社会层面

碳资产管理机构培育就如任何一个新事物的发展一样，大家应以理性辩证的态度对待，需要各方的共同呵护与协助才能健康成长。相关专业机构应给予更多的专业辅助，社会公众可以作为市场监督员，及时指出其存在的问题。

四、结　论

目前，低碳行业专业需求激增而引起的资源短缺、政策缺失、行业矛盾、就业标准模糊等各种负面现象，本就是与碳市场发展进程相伴相生的，根本原因在于低碳职业人才和服务机构的增长速度没有跟上碳市场的发展速度。对于市场主体来说，无论碳资产管理员的培育还是碳资产管理机构的培育都需要早做谋划早行动，积极抓住碳市场发展机遇，才能在双碳发展中掌握发展主动权。依托职业能力培训专业人才、碳管理机构提供服务，充分将现有的资源最大化，解决目前双碳领域人才短缺、服务混乱的现象，有效发挥碳排放管理在碳市场生态圈的屏障作用。这也是四川乃至全国要不断完善碳排放管理人才和机构的政策内涵与目标。

参考文献

[1] 徐苗，张凌霜，林琳. 碳资产管理[M]. 广州：华南理工大学出版社，2015.

[2] 吴宏杰. 碳资产管理[M]. 北京：清华大学出版社，2018.

[3] 汪军. 碳中和时代：未来 40 年财富大转移[M]. 北京：电子工业出版社，2021.

[4] 曹开户，粟灵. 碳中和革命：未来 40 年中国经济社会大变局[M]. 北京：电子工业出版社，2021.

[5] 中国直播网. 国资委：目前部分中央企业已组建碳资产管理专业机构[EB/OL]. [2021-07-16]. https：//www.360kuai.com/pc/9aba73f3a1c4b4ed8?sign = 360_c9d79732&tag_kuaizixun = %E5%9B%BD%E5%86%85.

[6] 许维娜. 聚焦 18 个新职业之“碳排放管理员”：助力“双碳”目标实现 这份新“绿色职业”将发挥积极作用[EB/OL]. [2021-08-14]. http：//finance.people.com.cn/n1/2021/0814/c1004-32193094.html.

[7] 新华网. 助力碳达峰碳中和能力提升 《气候变化经济学》系列教材发布[EB/OL]. [2022-01-28]. http：//www.news.cn/fortune/2022-01/28/c_1128310211.htm.

[8] 津碳未来. 生态环境部气候司李高司长：推动碳排放管理员职业体系建设[EB/OL]. [2022-03-28]. https：//zhuanlan.zhihu.com/p/489183364.

[9] 中国石油和化学工业联合会.碳排放管理员职业能力建设再推进[EB/OL]. [2022-06-20]. http：//www.cpcif.org.cn/detail/cc1d70ea-3b60-45b6-b35f-dd215ab2a2b9.

[10] 董亚楠. 环境领域再添新专业！全国首个“碳经济”专业获批[EB/OL]. [2022-07-19]. https：//www.cenews.com.cn/news.html?aid = 991424.

企业碳中和与碳标签应用

罗朝劲，郑霞，吕可佳，朱秦川①

【摘　要】企业作为实施碳中和的中坚力量，目前国内还没有统一的较为权威的企业碳中和判定标准。为深入探索企业实施碳中和的路径，及企业在碳标签方面的市场推广应用，本文从不同行业企业碳中和规划、先进企业碳中和实践及碳中和数据报告等方面进行系统分析，研究目前碳中和企业的典型做法。同时从企业碳足迹、碳标签两个维度进行分析，从企业碳中和的实践层面进行深入分析，探讨企业实施碳中和，参与可持续发展的路径。

【关键词】企业碳中和；碳足迹；碳标签；推广应用

一、引　言

当前我国正面临全球新一轮科技革命和产业变革的历史机遇期，加快转变经济发展方式，增强企业的生存力、竞争力、发展力、持续力，成为贯彻党中央、国务院新发展理念、构建新发展格局、推动高质量发展的必然要求。我国提出努力争取 2060 年前实现碳中和的愿景，是对国际社会的庄严承诺，也是推动高质量发展的内在要求。目前我国产业偏重、能源偏煤、效率偏低的发展模式仍未得到根本改变。2020 年化石能源消费占比 84.1%，其中煤炭达 56.8%，提出到 2030 年非化石能源消费比重达到 25%左右，到 2060 年达到 80%，难度不言而喻[1]。本文从企业碳足迹、碳标签两个维度进行分析，从市场推广应用层面对企业碳中和实施方式进行讨论，探讨不同行业企业碳中和实施路径。通过研究目前企业碳中和的典型做法及遇到的问题，为后续研究工作提出建议，以支持中国企业成功实现包括碳中和、生态文明以及高质量绿色可持续发展的长期目标。

二、企业碳中和

（一）碳中和概念及国内外发展现状

根据政府间气候变化专门委员会（IPCC）发布的报告，碳中和指在尽最大可能采取减排

---

① 罗朝劲，四川联合环境交易所有限公司信息技术部总经理兼碳中和部总经理、中级工程师，硕士，研究方向为碳普惠、碳中和、碳信用；郑霞，四川联合环境交易所有限公司创新发展部研发经理、中级环保工程师，硕士，研究方向为碳资产开发和经营管理、碳普惠等；吕可佳，四川联合环境交易所有限公司碳中和部产品运营经理，学士，研究方向为碳普惠平台产品设计；朱秦川，四川联合环境交易所有限公司碳中和业务经理、中级经济师，硕士，研究方向为碳普惠、碳中和、碳信用。

措施后，对于少量难以避免的二氧化碳排放，通过与二氧化碳吸收实现等量平衡，净零排放指一个组织一年内所有温室气体排放与人为吸收之间达到平衡[2]。目前已有超过 130 个国家和地区提出了“零碳”或“碳中和”的气候目标，包括：已实现碳中和的 2 个国家，已立法的 6 个国家，处于立法中状态的包括欧盟（作为整体）和其他 5 个国家。另外，有 20 个国家（包括欧盟国家）发布了正式的政策宣示。提出目标但尚处于讨论过程中的国家和地区近 100 个①。其中德国、瑞典、日本、韩国等 16 个国家将碳中和目标明确写入了法律。不同国家和地区因发展阶段、能源结构、减排雄心、自然禀赋等的差异，采取不同的减排概念。中国、哈萨克斯坦、哥伦比亚等国家采用“碳中和”的提法，美国、加拿大、阿根廷等国家采用“净零排放”的概念。从完成时间来看，除印度宣布 2070 年实现碳中和外，其余国家均表示在 2060 年前实现碳中和。当然，各国减排目标也是动态提升的。

企业碳中和通常是指企业/组织测算在一定时间内，直接或间接产生的温室气体排放总量，通过节能减排、植树造林、购买碳信用等形式，抵消自身产生的二氧化碳排放量，实现二氧化碳“零排放”。企业碳中和可谓一项综合性“工程”，需要政策引导、金融支撑和科技助力，实现多角度跨领域合作。从产业分析，碳中和涉及能源、电力、工业、交通、建筑多个领域（见表 1）；从行业分析，源头减碳末端抵消的链条涉及能源结构调整、关键技术革新（低碳零碳负碳）及生态碳汇等多个维度。目前碳中和赛道关键集中在新能源汽车、光伏、风电等优势行业。在全球减碳大背景下，众多国际品牌、有前瞻性的企业为了展示企业社会责任感，纷纷加入科学碳目标倡议（SBTi）、可再生能源倡议（RE100）等，并宣布企业碳中和目标，甚至逐步要求供应链、下游制造商提供低碳零碳产品，来满足碳中和需求。越来越多的企业、网点、产品、活动被贴上了“碳中和”标签。通过对已公布“双碳”目标的企业进行整理，行业类型包括百度、腾讯、蚂蚁集团等头部互联网企业，也包括中国宝武、鞍钢集团等钢铁行业，通信行业标兵中国联通、中国电信也率先发布了行动计划。

表 1　部分发布“碳中和”计划企业

序号	企业名称	已公布的碳中和实施计划	行业
1	百度	《百度碳中和全景图》	互联网
2	360 数科	《360 数科碳中和计划》	互联网
3	腾讯	《腾讯碳中和目标及行动路线报告》	互联网
4	蚂蚁集团	《蚂蚁集团碳中和路线图》	互联网
5	哈啰出行	《哈啰出行碳中和路线图》	互联网
6	阿里巴巴	《阿里巴巴碳中和行动报告》	互联网
7	美锦能源	《美锦能源碳中和报告》	能源
8	中国宝武	《中国宝武碳中和行动方案》	能源

① http://www.chinapower.com.cn/tanzhonghe/zhengce/2021-05-21/75106.html。

续表

序号	企业名称	已公布的碳中和实施计划	行业
9	新奥股份	《新奥股份企业碳中和之路》	能源
10	中核集团	《中核集团碳达峰碳中和工作行动纲要》	能源
11	中国大唐	《中国大唐集团碳达峰与碳中和行动纲要》	能源
12	国家电网	《国家电网碳达峰碳中和行动方案》	能源
13	天风证券	《天风证券碳达峰碳中和行动方案》	金融
14	马上消费	《马上消费碳达峰碳中和路线图 2.0》	金融
15	上海证券所	《上海证券交易所十四五期间碳达峰碳中和行动方案》	金融
16	徐工集团	《徐工碳达峰碳中和行动规划纲要》	制造业
17	西门子	《西门子中国碳中和白皮书》	制造业
18	远景科技	《远景科技碳中和报告》	制造业
19	河钢集团	《河钢集团低碳发展技术路线图》	钢铁
20	鞍钢集团	《鞍钢集团低碳冶金路线图》	钢铁
21	津西钢铁	《津西钢铁绿色低碳发展报告》	钢铁
22	华北电力大学	《华北电力大学碳达峰碳中和行动方案》	其他
23	电科天奥	《电科天奥推进碳达峰碳中和工作计划》	其他
24	朗诗控股	《朗诗控股碳中和路线图》	其他
25	中国联通	《中国联通碳达峰碳中和行动计划》	通讯
26	中国电信	《中国电信碳达峰碳中和行动计划》	通讯

调研显示，80%的科技互联网头部企业设置了未来 5 ~ 10 年清晰的碳减排目标。在碳减排计划方面，展望 2030 年，有约 80%的科技互联网企业和能源企业计划届时将每年减少 0% ~ 5%的碳排放。自 2020 年至今，中国的科技互联网企业紧跟全球趋势，陆续发布“碳中和”目标与路线图，见图 2。

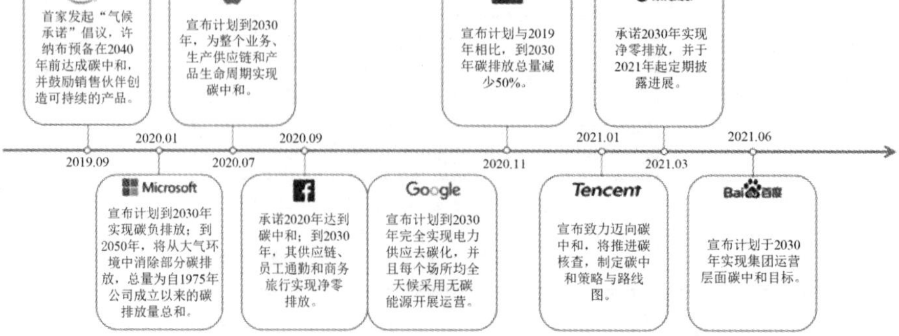

图 1　部分企业碳中和目标图

（二）企业碳中和实施路径分析

对于企业自发实施的碳中和，在缺乏统一判定标准的情况下，很难进行横向比较以及得到权威认可。关于企业碳中和标准，英国标准协会（BSI）发布的 PAS2060 是当前企业实施碳中和的主要参考。通过全国团体标准信息平台[①]查询到的国内碳中和相关标准 15 项，其中企业碳中和标准涉及光伏、建筑、林业、建材（水泥）等行业，见表 2。

表 2　企业碳中和评价相关标准

标准名称	公布时间	单位名称
光伏制造企业碳中和评价要求 第 1 部分：通用要求	2022-06-21	中关村材料试验技术联盟
园区碳中和评价通则	2022-06-09	
光伏产品碳中和评价要求	2022-05-31	
建筑碳中和评定标准	2022-03-29	天津市勘察设计协会
光伏发电站建设碳中和通用规范	2021-09-24	中国技术经济学会
光伏发电站运营碳中和通用规范	2021-09-24	
林产工业企业碳中和实施指南	立项中	中国林产工业协会
建材行业企业碳中和评估指南	研究中	中国建筑材料联合会
水泥生产企业碳中和评估指南	研究中	

纵观各企业碳中和实施方式，总体框架基本一致，大致分为五个层面：一是确定边界；二是碳排放核算；三是提出目标和实施减排；四是碳抵消；五是信息披露。

1. 确定边界

企业提出碳中和目标，首先需要确定边界，即确定覆盖范围。一般来说，一个企业的碳排放分为范围一（Scope 1）排放、范围二（Scope 2）排放、范围三（Scope 3）排放三种类型，三种类型排放描述见表 3。

表 3　企业的排放类型

排放类型	描述	说明
范围一	直接排放	企业物理边界或生产经营导致的直接向大气排放的温室气体，如公司拥有的燃油车辆、燃煤锅炉等
范围二	外购电力（热力）间接排放	企业因使用外部电力（热力）导致的间接排放
范围三	其他间接排放	因企业生产经营产生的所有其他排放，如员工通勤、上下游产品生产排放

① http://www.ttbz.org.cn/。

2. 碳排放核算

碳核算是较为通俗的说法，其完整名称应为“温室气体核算”，因为除二氧化碳外，还包括甲烷、氧化亚氮等 6 种气体。根据现有碳排放核算的研究，主要是基于核算标准、核算对象、核算方法等方面展开的。碳核算标准主要应用于包括国家或区域、企业或组织、产品服务等不同层级。国际上以生命周期评价 ISO14040 标准为基础形成的与碳足迹相关量化标准主要有 ISO14064（1-3）、ISO/TS14067、GHG Protocol、PAS2050，以及与碳中和相关的 PAS 2060 和国际标准化组织正在研究制定的 ISO/WD 14068 标准等[3]。国内企业碳排放主要使用的是国家发改委发布的 24 个行业温室气体排放核算方法与报告指南。另外还有国家质监局和国家标准委发布的 10 个行业工业企业温室气体排放核算和报告通则。碳核算相关标准见表 4。

表 4　碳核算相关标准

层级	范围	标准名称	发布单位
国家/区域	国际	国家温室气体清单指南（IPCC2006）	政府间气候变化专门委员会
	国内	省级（县区）温室气体清单编制指南	各省、区县主管部门
企业或组织	国际	碳中和承诺新标准（PAS2060）	英国标准协会（BSI）
	国际	温室气体　第一部分　组织层次上对温室气体排放和清除的量化和报告的规范及指南（ISO14064-1：2006）	国际标准化组织
	国际	企业核算与报告准则（GHG Protocol：2004）	国际标准化组织
	国内	企业温室气体排放核算方法与报告指南（24 个行业等）	国家发改委、生态环境部
	国内	10 个行业工业企业温室气体排放核算和报告通则	国家质监局和国家标准委
产品/服务	国际	产品与服务生命周期温室气体排放评估规范（PAS2050：2008）	英国标准协会
	国际	产品生命周期计算与报告标准（GHG Protocol：2011）	世界资源研究所与世界可持续发展工商理事会
	国际	产品碳足迹（ISO14067：2012）	国际标准化组织
	国内	建筑节能与可再生能源利用通用规范	国家住建部

关于碳排放，不得不提到“碳足迹（Carbon Footprint）”的概念。一般认为碳足迹是人类在生产生活中，直接或间接排放二氧化碳和其他温室气体的总量。目前对“碳足迹”定义的

争议主要体现在：碳足迹核算的内容是全部温室气体还是只包括二氧化碳排放。《联合国气候变化框架》将“碳足迹”定义为衡量人类活动中释放的或是在产品或服务的整个生命周期中累计排放的二氧化碳和其他温室气体的总量[4-5]。

在企业产品碳核算的过程中，主要采用的是生命周期评价法（LCA）。从 2009 年至 2017 年，我国自主开展产品碳足迹核算的企业寥寥无几。多是委托专业机构，采用全生命周期法进行核查。不同于组织的范围一和范围二碳排放数据披露，产品全生命周期的碳足迹核算要复杂得多。产品全生命周期碳排放核算的范围通常分为两种：一是从“摇篮到大门”，即从原料获取、原料运输、产品生产，到产品出厂或到达下游客户产生的碳排放；二是从“摇篮到坟墓”，即碳排放的计算覆盖一个产品的完整生命周期，包括到产品使用阶段和产品处置产生的碳排放[6-7]。ISO14067 是国际通用的产品碳足迹的核算标准。2021 年，住房和城乡建设部发布《建筑节能与可再生能源利用通用规范》（GB55015—2021），自 2022 年 4 月 1 日起实施，强制要求对建筑碳排放进行计算，涵盖建筑的建造阶段、建材生产及运输阶段、拆除阶段等的排放。

研究碳排放，有助于企业了解自身在整个生命周期内的温室气体排放源，并通过对各阶段碳排放计算分析各生命周期阶段碳排放占比，提出技术升级和产品优化的建议，进而针对性地提出管理、优化企业生产或运输等活动的建议。目前，碳排放核算主要有排放因子法、质量平衡法、实测法等几种方式。其中，排放因子法适用范围最广、应用最为普遍。四川联合环境交易所“点点”碳中和平台自主研发合成碳排放计算器，汇集碳排放因子数据库，从碳中和市场角度，为大型活动、企事业单位、公众社会生活提供碳排放计算服务。

3. 提出碳减排目标

在实现碳中和的过程中，企业必须提出一定的减排目标并定期检查更新减排目标。企业碳目标的提出可以参考 SBTi 组织发布的相关指南，让企业的碳目标更加科学、具有可操作性。SBTi 是“基于科学的目标倡议（The Science Based Targets initiative）”的简称，由世界自然基金会（WWF）、碳披露项目（CDP）、世界资源研究所（WRI）和联合国全球契约组织（UNGC）于 2015 年联合发起设定。截至 2022 年 2 月 9 日，全球已经有超过 70 个国家与地区的 2 466 家企业加入了科学碳目标倡议，包括超过五分之一的福布斯全球 500 强公司。与国际上一些发达国家相比，中国加入的企业数量还相对较少，目前共有 113 家中国企业（包括港澳台地区）加入，其中内地 56 家，香港 23 家，台湾 34 家。中国内地加入的 56 家企业覆盖了 22 个行业，并有 11 家做出了温度升幅 1.5 °C 的承诺，代表性企业包括京东物流、联想、通威等。2021 年 2 月 1 日，通威集团宣布全面启动碳中和规划，推动公司绿色低碳发展，并计划于 2023 年前基本实现碳中和目标。四川永祥作为通威集团的先锋企业，加入“科学碳目标”倡议，更加清晰地制定碳中和规划，更加科学地完成碳中和目标[8-9]。中国加入 SBTi 的部分企业见表 5。

表 5　中国加入 SBTi 的部分企业①

序号	公司名称	行业	加入时间	主要承诺
1	Lenovo 联想	科技	2020 年 7 月	到 2029/2030 财年，将温室气体绝对范围 1 和 2 的排放量从 2018/2019 财年基准年减少 50%。每款产品（例如笔记本、台式机和服务器）的温室气体排放减少 25%
2	JD 物流	运输	2020 年 11 月	到 2030 年，在 2019 基准年的基础上，将绝对范围 1、2 和 3 的温室气体排放减少 50%。 到 2030 年，将可再生电力的年度采购从 2019 年的 0%增加到 100%
3	四川永祥	光伏	2021 年 4 月	加入“远低于 2 °C”倡议
4	威海禄达	服装配饰，家庭饰品、进出口等	2021 年 6 月	到 2030 年，在 2019 基准年基础上，将绝对范围 1 和范围 2 温室气体排放降低 28%，并测量和减少其范围 3 排放
5	广州丰江电池	锂电池研发、生产和销售	2021 年 8 月	到 2029 年，在 2019 基准年基础上，将绝对范围 1 和 2 的温室气体排放减少 25%。 温室气体排放的绝对范围将减少 12.3%

4. 碳抵消

碳抵消是指通过购买碳信用来抵消企业剩余排放。碳抵消最早源于联合国下清洁发展机制（CDM）的项目减排量 CER（Certificated Emission Reduction）。一些非强制减排的企业从社会责任的角度出发，也开始购买 CER 这样的碳信用，用于抵消自身碳排放以达到碳中和的目的。发展到现在，碳减排产品来自全球各地的减排项目，项目包括水电、风电、光伏、农村沼气、造林等多种类型。碳信用及相关绿色产品种类见表 6。

表 6　碳信用及相关绿色产品种类

序号	产品名称	签发机构	描述
1	CER	联合国 UNFCCC	联合国清洁发展机制下的补充机制
2	CCER	中国生态环境部	中国温室气体自愿减排交易机制
3	VCU	VERRA	国际自愿减排市场
4	国内绿证	国家可再生能源信息管理中心	国内清洁电力的绿证属性，不能交易及注销
5	IREC	REC Standard	自愿绿色电力市场，只允许国资控股企业申请

5. 信息披露

企业碳中和，除了内在发展的需求，外部影响也不可缺失。企业碳中和披露的内容包括碳排放信息、碳核算依据、碳中和路径、碳抵消方案等。企业碳中和评价应作出一些规范性要求。目前金融机构及上市公司信息披露动作较为迅速。2021 年末，《金融机构环境信息披

① “碳管理咨询”微信公众号：什么是 SBTi 以及目前加入的中国公司情况。

露指南》正式发布，人民银行积极推动金融机构提升环境信息披露能力。2022 年 5 月，国务院国资委制定印发《提高央企控股上市公司质量工作方案》，对提高央企控股上市公司质量工作做出部署，要求要贯彻落实新发展理念，探索建立健全 ESG 体系，推动更多央企控股上市公司披露 ESG 专项报告力争到 2023 年相关专项报告披露“全覆盖”。从披露的碳排放信息分析，范围三的排放涉及太多外部数据，管理难度大，通常情况下，企业并不会核算范围三的排放。据统计，目前绝大多数上市公司披露的碳排放包括范围一（直接温室气体排放）和范围二（间接温室气体排放），少数上市公司披露了部分范围三（除范围二以外的间接排放以及价值链上下游的碳排放），但鲜有公司披露产品全生命周期碳排放数据。据报道，相关规范标准将陆续出台，《上市公司环境信息披露指南》行业标准已立项。

据统计，四川已完成“十四五”首轮企事业单位温室气体排放信息披露。据不完全统计，全省发电、石化、化工、建材、钢铁、有色、造纸、航空、金融行业已有 238 户企业完成信息披露。四川新网银行、成都银行、成都农商银行、雅安市商业银行、广元农商银行、广元市贵商村镇银行 6 户银行业存款类金融机构 2021 年完成了首次环境信息披露。

（三）企业碳中和案例分析

在活动碳中和层面，成都市质量技术监督局早在 2018 年 12 月就发布了《成都市会展活动碳足迹核算与碳中和实施指南》（DB5101/T 41—2018），规定了成都市会展活动碳足迹的核算原则、核算程序、核算边界、核算方法、碳足迹报告内容与格式、碳中和实施程序和碳中和声明等内容，开启了四川省社会活动碳中和标准化的先河。国家层面的《大型活动碳中和实施指南（试行）》由生态环境部于 2019 年正式发布，明确规定了用于抵消大型活动温室气体排放量的碳信用，应在相应的碳信用注册登记机构注销。已注销的碳信用应可追溯并提供相应证明。此后，北京市发布了《企事业单位碳中和实施指南》（DB11/T 1861—2021）地方标准，明确了企事业单位实施碳中和的流程和碳抵消的规范要求。2022 年 7 月 1 日，河北省地方标准《大型活动碳中和评价规范》（DB13/T 5560—2022）正式施行。对大型活动碳中和按照评价指标体系及要求的评分标准，通过综合打分进行评价。

2019 年，四川联合环境交易所的“点点”碳中和平台稍早于国家级碳中和实施指南推出。平台具备碳中和声明、碳排放计算、碳信用（碳减排量）购买、见证注销等碳中和全流程数字化服务功能，为企业碳中和提供有力支撑。截至 2022 年 8 月 31 日，“点点”碳中和平台个人用户 30 344 人。通过平台发布碳中和活动 2 280 场，其中成都市机关单位会议碳中和 2 020 场，占总量的 88.6%。实现碳中和总量 41 110.2 tCO_2e，其中，共有 56 场次企业碳中和，占活动总场次数的 2.46%，碳中和量占比高达 84.7%，是碳抵消的主力军。其中，既有宜宾中石油昆仑燃气有限公司、出光电子材料（中国）有限公司、通威太阳能（成都）有限公司、四川一汽丰田汽车有限公司等工业企业，也有成都燃气集团、四川航空股份有限公司、成都文化旅游发展集团、中国建筑西南设计研究院、都江堰青源国际大酒店、中国进出口银行四川省分行等非工业企业。企业碳中和案例见表 7。

表 7　四川省企业碳中和案例（部分）

类型	典型企业	碳中和量/吨
工业企业	宜宾中石油昆仑燃气有限公司 2022 年度 1、2 月份销售给四川时代新能源科技有限公司的燃气	20 950.00
工业企业	出光电子材料（中国）有限公司 2020 年全年生产经营活动	2 514.00
工业企业	通威太阳能（成都）有限公司	2 307.00
工业企业	四川一汽丰田汽车有限公司	2 220.06
工业企业	出光电子材料（中国）有限公司 2021 年全年生产经营	2 165.05
旅游景区	青城山—都江堰风景名胜区	1 861.00
工业企业	四川科伦药业股份有限公司	1 859.70
金融机构	兴业银行股份有限公司成都分行	1 170.67
公共建筑	2021 年度中建滨湖设计总部	657.00
金融机构	中国进出口银行四川省分行 2021 年日常经营活动	495.80

三、碳标签及碳中和标签

（一）碳标签

"碳标签"作为将产品或服务的碳足迹用量化的指数标识出来的信息标志，不仅是一种政策、方法或是环境管理工具，更多的是一种鼓励消费者和生产者支持和保护环境的方式①。碳标签自 2006 年开始得到世界范围内的广泛关注，其中英国是最早将碳标签从理论推向实践的国家。截至目前全球有 1 000 多家知名企业将"低碳"作为其供应链的必需，如沃尔玛、IBM、宜家等均已要求其供应商提供碳标签。英国专门设立了"Carbon Trust"机构②，并发布了全球首个碳标签，对部分产品认证并标识其在全生命周期中释放出的温室气体总量，包括食品、洗衣液等，产品认证时效为 2 年。目前，在世界范围内，已有 14 个国家和地区，开展了 19 种产品碳足迹评价制度，评价产品超过 2 500 种。同处亚洲的韩国，在计算产品碳足迹时，针对不同类别的产品，核算范围有所不同，主要体现在是否耗能上。对空调、冰箱等耗能家电产品，使用阶段的碳排放包含在内；对于非耗能产品类，不包含其使用阶段产生的碳排放。韩国自主制定了碳足迹核算指南，对空调、冰箱等产品的碳足迹计算做了明确规定。

2010 年 11 月，我国第一批产品低碳认证面世。11 家企业的 200 多类产品获得低碳标识。2015 年 10 月，国家层面发布低碳产品认证办法，国家质量监督检验检疫总局与国家发展和改革委员会发布了《节能低碳产品认证管理办法》。2017 年，上海市率先发布地方层面的政策文件，上海市质量技术监督局发布产品碳足迹核算通则（DB31/T1071—2017）。同时，我国第三方核查机构开展的产品碳足迹服务领域涉及化工、建材、机械、电气、电子、制药、照明、有色金属（包括铝制品）、纺织、太阳能、家用电器、汽车制造、机电、轻工日化、超

① https://mp.weixin.qq.com/s/yrPM6_4K5jqoJbQ9dEnKaA。

② https：//www.carbontrust.com/zh/womendexiangmu/tanxintuoanliyiyunkuangquanshui-tanzhongherenzhenghebiaoqian。

市服务、酒店服务等众多行业，获证产品达数百种。2020 年 9 月，国家提出“双碳”战略，国内碳市场爆发，越来越多的中国企业加速涌入碳中和的行列。2021 年 3 月 10 日，欧盟议会通过了提出建立“碳边境调整机制”的决议，从 2023 年起将对欧盟进口的部分商品征收碳关税，碳足迹是考量因素之一，提供产品全生命周期的碳足迹信息，或许是应对外贸碳壁垒的一个有效方式[①]。

随着双碳经济时代的到来，我国各产业碳标签发展均呈加速布局的趋势。2019 年 8 月，中国电子节能技术协会低碳经济专业委员会牵头成立了中国碳标签产业创新联盟，有效联结社会各方力量共同推动标准制定，推进产品碳标签互认评价工作，推广碳标签在消费品等领域应用。据统计，目前共有 117 家企业进行了碳标签评价资质申请并获得通过，见图 2。企业主要包括传统的碳核查机构、认证咨询企业及其他行业标杆企业。其中不乏传统的国家核查机构，如中国质量认证中心、广州赛宝认证中心服务有限公司、中国建材检验认证集团股份有限公司、中国船级社质量认证公司等；碳市场专业机构，如北京中创碳投科技有限公司、中碳绿林宝低碳科技有限公司、杭州超腾能源技术股份有限公司、广州绿石碳科技股份有限公司；科研研究单位，如中国环境科学研究院、上海建筑科学研究院有限公司、无锡市低碳研究院有限公司等机构。同时，还有以信息服务为擅长的互联网科技新兴企业，如你好碳标签科技（深圳）有限公司、成都兴城供应链集团股份有限公司、中和六零碳（深圳）发展有限公司。

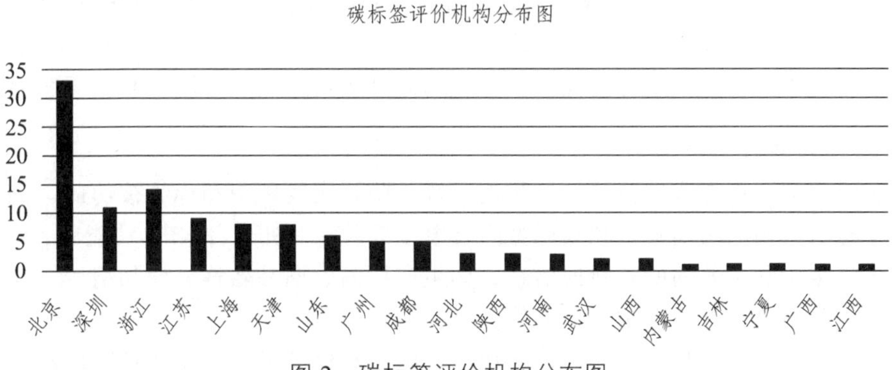

图 2　碳标签评价机构分布图

（二）碳中和标签及实现方式

碳中和标签是指通过购买并注销碳信用的方式，实现商品在生命周期中所排放的温室气体排放量全部碳中和，以标签的形式告知消费者商品碳中和信息[②]。

碳中和标签是四川联合环境交易所基于现有碳标签制度的一种创新，它不仅对商品在全生命周期中所排放的温室气体排放量进行核查认证，并且依据核查认证的结果，通过购买并注销碳信用方式实现商品碳中和，并以标签的形式认证商品为“零碳商品”。相对碳标签，碳中和标签具有四大优势：一是为商品提供了便捷有效的降碳途径；二是通过市场化手段降低了产品降碳成本；三是“零碳商品”更受低碳人士的欢迎，具有良好的绿色低碳广告效应；

① 国家生态环境部网站：https://www.mee.gov.cn/。

四是体现生产厂商践行绿色低碳理念的社会担当，提升了企业社会形象。

相比碳标签，碳中和标签增加了碳中和环节，每个碳中和标签都代表贴标商品完成了碳中和，体现了商品碳中和量对应的价值，具有金融属性。例如，某商品碳足迹认证的碳排放量为 5 $kgCO_2e$，市场上 1 $kgCO_2e$ 碳信用为人民币 0.1 元，则该商品的一个碳中和标签就含有 5 $kgCO_2e$ 碳信用的价值，即 0.5 元。由于碳中和标签具有金融属性，所以碳中和标签必须具有唯一性与防伪性。唯一性使得每个碳中和标签可以与其他标签区别开来，以实现对每个商品碳足迹认证和碳中和行为的追溯。防伪性用于验证碳中和标签的真实性，防止伪造碳中和标签导致的不真实碳中和行为。而碳标签仅显示商品在生命周期中所排放的温室气体排放量，并不具备金融属性，因此并不需要具备唯一性和防伪性。

碳中和标签的实现方式包括两个层面：一是信息层面，二是实物标签层面。1. 在信息层面碳中和标签的实现方式主要包括以下几个方面：

（1）每个碳中和标签对应一个唯一的有规律 ID，例如 SCEEX0000001，SCEEX0000002 等。

（2）采用信息技术中的单向加密算法，将有规律 ID 转换为无规律的字符串，作为碳中和标签 ID。

（3）建立碳中和标签数据库系统，在其中将每个碳中和标签 ID 对应至贴标商品信息，如生产厂商、商品名称、商品型号、商品图片、商品序列号、碳足迹证书、碳中和证书等。

（4）通过区块链技术对碳中和标签数据进行存储管理，防止碳中和标签被篡改及可追溯。

（5）提供碳中和标签验证服务，允许厂商和社会公众可通过碳中和标签 ID 验证碳中和标签的真伪，碳中和标签使用合规性，以及查询商品碳足迹认证、碳中和量等重要信息。

2. 实物标签层面

碳中和标签的实现方式主要是选择防伪标签，防止实物碳中和标签被伪造。例如，四川联合环境交易所选用的实物碳中和碳标签内含电子芯片，手机开启 NFC 功能后，靠近标签即可自动弹出该碳中和标签的所有验证信息，如生产厂商、商品名称、商品型号、商品图片、商品序列号、碳足迹证书、碳中和证书等。

因为碳中和标签必须具有唯一性、防伪性，碳中和标签需要采用实物防伪标签，并采用云计算、密码学、区块链等先进的信息技术，构建碳中和标签系统，所以，相比碳标签，碳中和标签具有更高的成本。在实际应用中，碳中和标签考虑到成本因素，通常应用于价值高、销售量大的商品类型，例如酒类、电子产品等，或者不需要实物防伪碳中和标签的商品。

四、问题及建议

我国企业在转型过程中坚决以先进关键技术为抓手，在新一轮的全球产业变革中占据先机。建议各行业企业，尤其是出口企业，应当尽早准备起来，做好组织层面碳排控制的同时，更多关注全生命周期的产品碳足迹，较低的产品碳足迹未来会成为我国产品畅销全球的核心竞争力。目前我国尚无权威的适合本国国情的企业碳足迹核算方法规范发布，也无系统的国家级碳标签管理制度出台，国家层面也并没有对碳中和认证进行统一监管，急需完善相关顶层设计、标准规范和认证体系。

我们建议构建“碳标签”平台溯源体系，通过信息化管理平台对企业和产品碳足迹、碳标签和碳中和信息进行一体化管理，具体指将产品生命周期（即从收集原料、生产、流通、使用、废弃的全过程）的温室气体排放量换算为 CO_2 排放量的碳信息，由碳排放量（碳足迹）认证（第一阶段）到低碳产品认证（第二阶段）再到碳中和产品认证（第三阶段）三个部分组成，在市场推广应用中不断促进温室气体减排技术的开发及其应用。同时，我们希望政府能够早日出台相关政策，明确鼓励企业实施碳中和，充分调动企业实施碳中和的积极性和主动性，让企业在国家“双碳”工作中发挥更大的作用。

后记：中国企业需要在实现碳中和的目标愿景中，寻求走出一条生态优先、绿色低碳的发展道路，在经济发展中促进绿色转型、在绿色转型中实现更大发展，任重但道不远！

参考文献

[1] 习近平生态文明思想研究中心. 正确认识和把握碳达峰碳中和[EB/OL]. [2022-07-16]. https：//theory.gmw.cn/2022-07/16/content_35887965.htm.

[2] 巢清尘.“碳达峰和碳中和”的科学内涵及我国的政策措施[J]. 环境与可持续发展，2021，46（2）：14-19.

[3] 康丹. 企业产品碳足迹核算及碳标签制度设计[D]. 西安：西安理工大学，2018.

[4] 冯林琳.“碳足迹”的由来[N]. 中国财经报，2021-08-26（B005）.

[5] 付伟，罗明诚，陈建成. 碳足迹及其影响因素研究进展与展望[J]. 生态经济，2021（8）：41-46.

[6] 王洪涛. 碳中和与生命周期碳足迹的核算、减排和披露[EB/OL]. [2022-11-29]. https：//mp.weixin. qq.com/s/RoGwxIgvew1VXJzBlXgH-Q.

[7] 碳中和洞见. 业内首个披露产品碳足迹的 ESG 报告，有哪些亮点？[EB/OL]. [2022-07-05]. https：//mp.weixin.qq.com/s/HPYZEl4NNEW1vFhJJr2jTw.

[8] SBTi 伙伴组织. SBTi 企业净零标准[EB/OL]. [2022-04-22]. http：//cn.unglobalcompact.org/climate. html//.

[9] 李晓真.“科学碳目标”倡议再进一程：金融机构净零标准制定正式启动[EB/OL]. [2022-04-21]. https：//mp.weixin.qq.com/s/8ixTSKv4oxYLJi9g7XjfFQ.

碳足迹、碳中和认证实践与进展

张浩[①]

【摘　要】本文总结梳理了国际国内碳足迹、碳中和认证的发展进程，系统分析了国际和国内碳足迹认证进展，归纳分析了我国 2021 年实现碳中和认证的组织、活动、产品的碳中和实践，围绕碳足迹、碳中和长远发展，提出相应工作建议。
【关键词】碳足迹；碳中和；认证

一、碳足迹概念及碳足迹认证进展

2021 年 12 月 2 日，中共四川省委十一届十次全体会议通过《中共四川省委关于以实现碳达峰碳中和目标为引领推动绿色低碳优势产业高质量发展的决定》,其中明确提出积极开展碳足迹认证与应用，大力发展绿色低碳外贸，推动建设国家绿色外贸示范区。这深刻体现出四川省委立足全省绿色能源优势，积极发展绿色低碳优势产业，以碳足迹认证为抓手，面向国际国内市场积极展示四川制造低碳排放的优势。

（一）碳足迹、碳标签概念

碳足迹是指个人、组织、活动或产品直接/间接导致的温室气体排放总量。目前，碳足迹主要面向的评估对象是产品，即产品生命周期内的碳足迹，涵盖了一种产品从原料开采到使用寿命终止期间产生的温室气体排放总量[1]。

根据英国标准协会发布的 PAS2050 标准，产品碳足迹应该与范围或边界相关联，最常见的范围或边界是：

（1）从摇篮到大门：主要适用于 B2B（企业对企业）产品。测算的范围是从原料开采到产品生产，以及产品出厂期间的温室气体排放总量。

（2）从摇篮到坟墓：主要适用于企业对消费者（B2C）的产品。测算的范围是从原料开采到产品生产、经销、使用和最终处置期间的温室气体排放总量[2]。

产品碳足迹的评价范围按照从摇篮到大门或者从摇篮到坟墓进行，当前国内大部分产品碳足迹评价都覆盖从摇篮到大门，主要原因是面向消费者的产品开展评价较少，且大多数产品的使用、处置回收环节的数据难以收集。碳足迹的评价范围详见图 1。

---

① 张浩，中国质量认证中心成都分中心主任助理兼绿色发展部部长、工程师，硕士，主要研究方向为企业碳核查、产品碳足迹评价、碳达峰碳中和方案等领域。

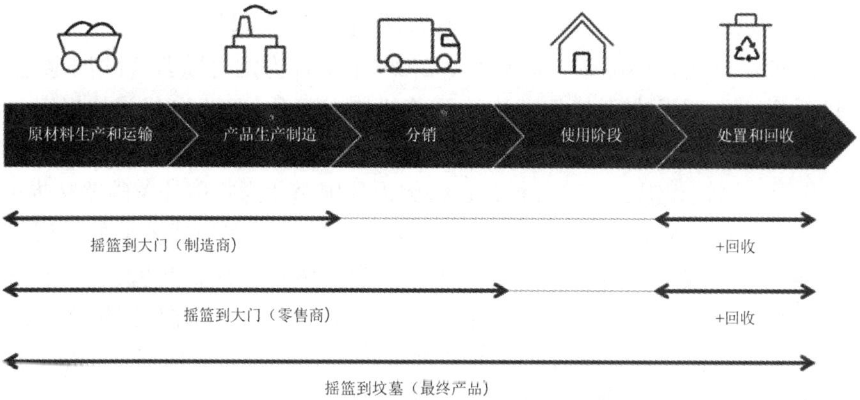

图 1　产品碳足迹评价范围示意图[1]

在产品碳足迹的基础上，相关第三方认证机构依据国际国内标准进行认证并颁发认证证书，同时向认证企业颁发相关碳标签。产品碳标签是指将已认证的产品碳足迹信息在产品的包装上以标签形式展示，通过加施碳标签的方式，一方面引导消费者选择碳排放更低的产品，另一方面有助于提升企业在消费者心中的形象，向消费者展示企业的减排承诺。代表性国家的碳标签见图 2。

图 2　代表性国家和地区的碳标签[3-4]

（二）国际产品碳足迹认证进展

借助“碳标签”制度等碳标识体系引导消费者选购低碳产品，带动产业结构调整和产品生产工艺优化是降低温室气体排放的国际通行手段。当前，有些国家或地区制定了自己的碳足迹评估计划，开始推行基于碳足迹认证的碳标识制度。目前世界已有 12 个国家或地区立法，要求其企业实行碳足迹评价并加施碳标签。2007 年 3 月，英国推出全球第一批加贴碳标签的产品；2011 年 4 月，日本开始实施农产品碳标签制度，要求摆放在商店的农产品通过碳标签，向消费者显示其生产过程中排放的二氧化碳量；美国、瑞典、加拿大和韩国等国也相继推出碳标签计划。随着全球气候变化问题加剧，碳足迹相关的法规政策也逐渐加码，例如法国以议会立法的形式确保碳标签制度得以顺利推行，带有一定的强制性，从 2011 年 7 月 1 日起，凡是在法国制造、出售以及使用的产品均必须标注碳足迹，试运时限至少一年。2021 年 4 月，法国国民议会又通过“在产品上添加碳排放分数标签”（CO_2 Score Label）修正法案，率先在纺织服装业试行。欧盟委员会发布有关修订《电池指令》的法律草案，根据草案，从 2024 年 7 月起，工业及电动汽车电池制造商和供应商必须提供碳足迹声明。从 2026 年 1 月开始，必须按照碳强度性能类别为产品贴上相应标签，便于消费者了解电池生产过程中的碳排放量、电池容量、使用年限和回收方式、是否含有有害物质和安全风险等信息。

此外，产品碳足迹或将影响碳税收计算，2021 年 7 月为配合欧盟《欧洲绿色新政》提出的更严格减排目标，欧盟发布了建立碳边境调节机制（简称“CBAM”）的提案，拟从 2023 年开始试运行，要求进口产品提供碳足迹信息，并从 2026 年起正式对部分国家和地区进口的水泥、电力、化肥、钢铁和铝征收碳关税，也将倒逼各国企业为打破外贸碳壁垒提前做好准备。

与此同时，企业也面临着越来越大的压力，需要计算、披露和减少他们的温室气体排放，以满足国际国内法规的要求，越来越多的企业开展产品碳足迹评估与验证。众多的国际国内大公司都在要求其供应链企业核算产品碳足迹，而且需要得到第三方公证机构的评审或验证。全球有 1 000 多家知名企业将“低碳”作为其供应链的必需，如沃尔玛、IBM、宜家、苹果、特斯拉等均已要求其供应商提供碳足迹报告或碳标签。

（三）我国产品碳足迹认证进展

1. 国内碳足迹和低碳认证的整体情况

随着碳标签在欧美等发达国家逐渐流行，我国相关政府部门与地方也开始探索低碳相关的认证标识。2013 年 2 月 18 日，国家发改委与国家认监委联合印发我国第一部低碳认证立法文件——《低碳产品认证管理暂行办法》，并相继发布通用硅酸盐水泥、平板玻璃、铝合金建筑型材、中小型三相异步电动机、建筑陶瓷砖（板）、轮胎、纺织面料 7 种产品认证目录，但该暂行办法仅针对产品生产及使用过程简化的核算认证，并不是以生命周期思想为核心的碳足迹标识认证制度。因此，中国在碳足迹具体制度设计与立法层级上仍然处于空白，至今尚未在全国实施完整的碳足迹评价及碳标签认证体系，亟待加以完善；国内企业开展碳足迹的需求主要以应对国际市场需求、国外客户要求以及国内如绿色制造、绿色产品政策激励为主。

尽管如此，个别行业与地方对碳足迹标准、认证试点工作还在逐步实践。目前发布的碳足迹行业标准主要集中在电子电气行业，例如《产品碳足迹 产品种类规则 液晶电视机》（SJ/T11718—2018）、《通信产品碳足迹评估技术要求 第 1 部分：移动通信手持机》（YD/T 3048.1—2016）、《电器电子产品碳足迹评价 第 1 部分：LED 道路照明产品》（T/DZJN 002—2018）等，广东省与深圳市市场监督管理局分别发布《产品碳排放评价技术通则》（DB44/T 1941—2016）、《产品碳足迹评价通则》（SZDB/Z 166—2016）等地方标准，北京市发布地方推荐性标准《电子信息产品碳足迹核算指南》（DB11/T 1860—2021）。但由于产品碳足迹需求主要集中于国际市场，因此企业在开展碳足迹评估认证时，仍多采用国际通用标准。我国也在加紧对现行国际碳排放标准跟踪研究，2015 年《国务院办公厅关于印发〈国家标准化体系建设发展规划（2016—2020 年）〉的通知》（国办发〔2015〕89 号），规划中提及针对产品碳足迹标准的相关要求。

在碳标签探索方面，中国电子节能技术协会（CEESTA）、中国质量认证中心（CQC）及国家低碳认证技术委员会于 2018 年 11 月在湖北武汉联合举办 2018 电器电子产品碳标签国际会议，同期发布《中国电器电子产品碳标签评价规范通则》团体标准。确定中国首例电器电子行业“碳足迹标签”试点计划。将由独立于制造厂、销售商和消费者的社会第三方机构执行，受政府监督管理，为企业和消费者提供客观、公正的评价结果，这项举措标志着以电子行业为突破口的碳足迹标签在国内开始实施。2019 年 8 月 10 日，首届粤港澳大湾区产品碳标签国际论坛在深圳召开，广东省已经着手研究制定碳标签制度。2021 年浙江在全省生态环境保护工作要点中更是明确提出探索产品“碳标签”认证制度。工信部已针对光伏行业在 2021 年 3 月生效的《光伏制造行业规范条件》中鼓励光伏企业通过 PAS 2050 和 ISO 14067 进行碳足迹认证。

2. 国内相关地区碳足迹认证试点情况

深圳、成都等国内部分地区开展了碳足迹评价评价与认证相关工作，但仅停留在试点企业的试点产品层面，发布的评价标准还未收获在企业推广应用的成果，且产品层面的碳足迹认证体系尚未建立，无法在各地区乃至全国推广和应用。

（1）广东省深圳市。

从 2013 年至今，深圳市陆续开展了产品碳足迹、低碳认证等相关工作。《深圳市应对气候变化“十三五”规划》：探索建立我市低碳产品标识制度，研究碳排放核算方法和评价体系，逐步构建产品碳排放基础数据库，研究制定相应技术规范、评价标准、评价规则。2016 年 1 月，深圳市市场监督管理局组织制定了深圳市标准化指导性技术文件《产品碳足迹评价通则》（编号：SZDB/Z 166—2016），以规范深圳市企业产品碳足迹的分析和评价，减少温室气体排放。《深圳市人民政府打造深圳标准构建质量发展新优势行动计划（2015—2020 年）》提出，选择重点领域开展产品碳足迹评价和碳标识工作，积极推动深圳市优势名牌产品取得碳标识，大力推动与国外碳标识体系间的互认工作。2017 年下半年，深圳市提出“探索产品碳足迹标识制度、建立碳排放基础数据库”的工作目标。深圳市发改委及市场监督管理局计划投入数千万资金开展产品碳足迹清单数据库与服务平台建设。

（2）四川省成都市。

2017—2019 年，成都市主管部门（市发改委、市质监局、市商务局）通过各类资金渠道在成都市组织开展了低碳产品认证试点、低碳认证与碳标识制度建设、出口产品低碳认证工作，进一步深化了成都市低碳认证与碳标识制度建设工作，助力成都市国家低碳城市建设，并逐渐成为打造成都造产品绿色化、低碳化品牌建设的重要途径。

自 2017 年以来，成都市低碳认证工作逐步展开，成果丰硕。截至 2021 年 12 月底，全市共有 39 家企业获得 52 张低碳或碳足迹证书，在 15 个副省级城市中排名第一。为鼓励成都市出口产品低碳认证和碳足迹认证工作，成都市人民政府办公厅于 2019 年 2 月印发的《成都市鼓励和支持开展出口产品低碳认证若干政策措施》提出：鼓励支持认证服务体系建设，指导成立成都出口产品低碳标准和认证联盟，支持认证评价标准和认证技术规范制定。鼓励和支持认证对象培育，支持具有代表性的行业和产品先试先行开展认证，引导其发行绿色债券，拓宽融资渠道，在市长质量奖等评选中，优先支持拥有出口产品低碳产品认证的企业，同时支持认证企业拓展国际市场，给予参加境内外展会补助。上述激励措施的出台极大地鼓励了成都市企业参与低碳认证工作的积极性，也为稳步推进成都市低碳认证体系提供了保障。

（3）江苏省淮安市。

2015 年 4 月，江苏省淮安市发改委在全市重点耗能企业节能降碳方案会议上首次提出实施产品碳足迹试点示范计划，得到 10 多家企业特别是台资企业的高度关注。2015 年 6 月，江苏省淮安市发改委与台湾电机电子工业同业公会签约开展产品碳足迹试点示范项目，依据产品碳足迹方法标准，为江苏凡新新材料科技有限公司、东威（淮安）五金工业有限公司、金湖县常盛动力机械配件有限公司等 3 家企业编制产品碳足迹方案，台湾电电公会专家先后 5 次深入企业开展产品碳盘查工作。10 月中下旬，中国质量认证中心陆续颁布实联化工（江苏）有限公司、金湖县常盛动力机械配件有限公司、江苏凡新新材料科技有限公司等三家公司的 6 项产品碳足迹证书，标志着淮安市历时一年多的产品碳足迹试点示范工作首战告捷，取得初步成效。

二、碳中和概念及碳中和认证进展

2021 年 9 月 14 日，中国质量认证中心向中山市大自然木业有限公司颁发《碳中和证书》，标志着大自然家居成为中国家居行业首个实现碳中和的“灯塔”企业[5]。

2022 年 4 月 13 日，伊利集团浙江伊利乳业有限公司获得必维集团颁发的碳中和核查声明，成为中国冷饮行业首个“零碳工厂”，这也是伊利第 4 家“零碳工厂”[6]。

2022 年 5 月 25 日，伊利正式发布中国首款“零碳冰激凌”。须尽欢人间悦桃冰激凌获得碳中和认证证书，成为中国首个全周期实现零排放的冰激凌产品[7]。

“碳中和工厂”“零碳工厂”“零碳产品”……，随着碳达峰碳中和战略目标的提出，碳中和各项行动和认证方兴未艾。国内主管部门、各行各业纷纷采取行动，通过一系列举措践行碳中和实践，探索迈向未来的碳中和道路。

（一）碳中和概念

《IPCC 全球升温 1.5 °C 特别报告》中对碳中和定义如下：当一个组织在一年内的二氧化碳排放通过二氧化碳去除技术应用达到平衡，就是碳中和或净零二氧化碳排放[8]。

英国标准协会发布的 PAS2060：2010《碳中和论证规范》是全球第一个提出碳中和论证的标准，2014 年发布了新版本的 PAS2060：2014《碳中和论证规范》。PAS2060 是国际公认的碳中和规范，以现有的 PAS2050 环境标准为基础。PAS2060 规定了组织、产品和活动量化、减少、抵销温室气体（GHG）排放的要求。

根据上述适用范围，碳中和宣告分为以下两种。

1. 碳中和承诺宣告（Declaration of Commitment to Carbon Neutrality）

进行此种宣告的实体必须建立宣告标的物的碳足迹报告，并且拟定碳足迹管理计划，以描述该标的物将如何达到碳中和。

2. 碳中和达成宣告（Declaration of Achievement of Carbon Neutrality）

进行此种宣告的实体必须实际完成减量行动，并抵换残余排放量。此种宣告只针对某时间范围内的特定范畴；若该实体想要延长时间或扩大范畴，必须重新进行查证[9]。

为了避免各类实体仅以花钱购买碳信用的方式来达成碳中和，PAS2060 将温室气体减量作为碳中和宣告的必要条件，因此规范实体应实行碳足迹管理计划，并量化其减排成效，以满足 PAS2060 中所列之要求。例如：碳足迹管理计划应按时执行并随时修正；若为单次活动，应于活动开始前规划完成并尽可能做最大减排，同时于结束后进行检视。

实现净零碳排放是一个长期的过程，为此，企业必须建立碳足迹管理计划以及实施方案。依据 PAS2060 规范，为证实实现碳中和，企业需要规划并完成的主要工作包括：碳中和承诺→温室气体减排→抵消剩余排放量→碳中和宣告。

（1）碳中和承诺。为证实碳中和，需要为企业制订碳足迹管理计划，包括：碳中和达成时间表、设置减排目标、制定相应的措施和策略。

（2）碳减排行动。协助企业实施碳足迹管理计划，包括：建立流程并定期评估，运用计算方法和工具监测碳减排计划，确认抵消所需要的经核证的减排量。

（3）抵消剩余排放量。为实现碳中和，协助企业选择符合 PAS2060 要求的、适用的碳抵消项目类型。

（4）碳中和宣告。依据 PAS2060 的要求，为企业编制碳中和宣告，以对外展示企业符合碳中和要求，并经过独立第三方的验证。

2019 年，生态环境部正式发布了《大型活动碳中和实施指南（试行）》（以下简称《指南》），用于指导大型活动实施碳中和[10]。2010 年以来，国内一些大型活动相继开展了或准备开展碳中和相关工作，如 2014 年 APEC 北京峰会、2017 年 G20 杭州峰会等大型国际会议开展了碳中和活动，2022 年北京冬奥会等大型活动也在申报文件中提出了低碳办会的目标。国内已开展的碳中和通常参照国际上相对成熟的标准化文件实施，国家层面还没有相关标准指南，《大型活动碳中和实施指南》的发布填补了我们国家这方面的空白。

根据《指南》，碳中和实施程序包括碳中和计划、实施减排行动、量化温室气体排放、碳中和活动以及碳中和评价 5 部分内容，具体见图 3。

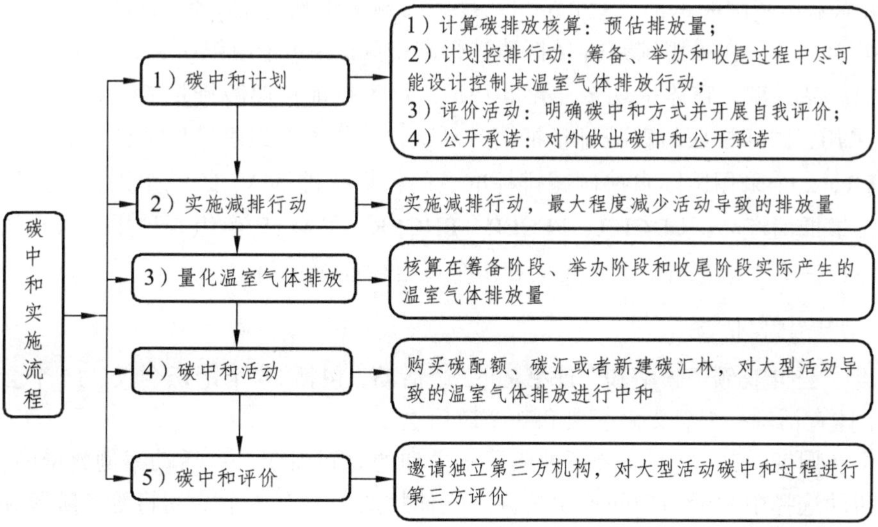

图 3　大型活动碳中和实施流程

大型活动参与人数多，社会影响大，温室气体排放量大。为倡导低碳举办大型活动的理念，《指南》提出在大型活动筹备、举办和收尾阶段应当尽可能实施控制其温室气体排放行动，并确保控排行动的有效性，规定大型活动组织者需要先控排和减排，再实现碳中和。

依照国内碳中和相关指南和PAS2060等国际标准，企业在产品、组织、活动碳排放核算的基础上，经过减排后仍有剩余排放，这部分通过购买森林碳汇等碳抵销额度把剩余的碳排放进行抵销，从而实现碳中和。

（二）我国碳中和实践

2022年3月，广州碳排放权交易所发布了《碳中和2021》报告[11]，聚焦分析我国各类碳中和模式的具体实施情况、实施主体、核心要素等，报告根据公开的资料数据收集和分析了2021年实现碳中和认证的组织、活动和产品的具体情况，共采集到152个案例。

1. 组织碳中和情况

2021年，公开获颁“碳中和”证书的92个组织，包括48个金融机构、15个生产型企业、10个公共机构、9个商场、酒店及写字楼、9个园区和1个行政村。

（1）中和周期：91个组织公开披露了碳中和的时间周期，占组织案例数量的98.91%，其中67个组织是针对过往排放量进行中和，其余25个则是对未来的碳排放进行预先中和，开展预先碳中和的组织中，有21个金融机构。

（2）抵消量：87个组织公开披露了抵消量，2021年获得“碳中和”证书的组织所披露的抵消量合计14.59万吨二氧化碳当量。生产型企业和园区排放水平较高，碳减排量注销总量也相对较高，商场、酒店、写字楼和公共机构的注销总量次之，金融机构的注销量最少。

（3）中和方式：各组织主要通过光伏发电、绿电采购或购买绿证、其他综合节能方式减少碳排放，在执行自身减排计划后，对于无法避免的剩余排放，通过碳抵消的方式来实现碳中和。碳抵消的方式包括碳减排量抵消和碳配额抵消两种，89个组织采用碳减排量抵消的方式，2个组织采用碳配额抵消，1个组织选择碳配额+碳减排量结合的抵消方式。

（4）抵消产品：在采用碳减排量抵消进行碳中和的89个组织中，84家组织公开披露了具体的抵消产品类型，整体呈现多样化的特征。国家核证自愿减排量CCER最受欢迎，共计71个组织采用；国际核证的碳减排量抵消产品次之，共5个组织采用清洁发展机制下的核证减排量CER、2个采用国际自愿碳减排标准下的核证减排量VCUs。个别案例采用了区域核证的碳减排量抵消产品：CDCER、FFCER、PHCER。另有5个组织选用了未经认证的抵消产品，具体包括3个碳汇林、1个光伏和1个可再生能源项目。

2. 活动碳中和情况

2021年，公开获颁“碳中和”证书的52个活动，包括24个论坛会议、15个会展及商贸活动、6个体育活动、5个文化庆典和2个政府会议。

（1）中和周期：35个活动公开披露了碳中和的时间周期，占活动案例数量的67.31%，绝大部分活动选择中和活动期间产生的温室气体排放，只有1个活动将筹备阶段和收尾阶段纳入碳中和范围。

（2）核算标准：25 个活动披露了碳排放核算的标准依据，占活动案例的 48.08%，其中最广泛使用的标准是《大型活动碳中和实施指南（试行）》，25 个披露核算标准的活动中有 20 个采用上述指南；少数活动同时使用了国际标准，包括 ISO14064-1 和 *The Carbon Neutral Protocol*；还有 1 个活动采用地方标准《成都市会展活动碳足迹核算与碳中和实施指南》。

（3）抵消量：45 个活动公开披露了碳减排量的注销数量，占活动案例总数的 86.54%。2021 年获得“碳中和”证书的活动所披露的抵消量合计 200.75 万吨二氧化碳当量。体育活动的碳减排量注销总量较高，会展及商贸活动次之，其余活动类型的注销总量相对较低。在体育活动中，两个大型运动会注销的碳减排量占了绝大部分，一个是北京 2022 冬奥会和冬残奥会实现碳中和，注销了碳减排量 170 万吨二氧化碳当量，另一个是全国第十四届运动会和第十一届残运会，其注销减排量达 24.1 万吨二氧化碳当量。

（4）中和方式：从活动进行碳抵消方式来看，主要分为碳减排量抵消和碳配额抵消两种，50 个活动采用碳减排量抵消的方式，1 个活动采用碳配额抵消，1 个活动选择碳配额 + 碳减排量结合的抵消方式。通过碳配额抵消的 2 个活动中，1 个活动选用上海碳配额 SHEA，1 个活动选用湖北碳配额 HBEA。

（5）抵消产品：在采用碳减排量抵消进行碳中和的 50 个活动中，仅 31 个活动公开披露了具体的抵消产品类型，整体呈现多样化的特征。国家核证自愿减排量 CCER 最受欢迎，共计 23 个活动采用，其余则为 VCUs、CDCER、FFCER、PHCER、CQCER。17 个活动选用了未认证的抵消产品，具体包括 14 个碳汇林、2 个地区开发的生态产品和 1 个共享单车项目。

3. 产品与服务碳中和情况

2021 年，公开获颁“碳中和”证书的产品与服务数量及种类较少，产品涉及保健品、石油、服装和纸张四类，服务涉及航班和邮轮。

（1）碳排放核算的范围边界：4 个碳中和产品都计算了全生命周期的碳排放，具体包括从原材料提取、制造、运输、销售、使用直至废弃阶段所产生的温室气体排放量。服务碳中和案例以航空和海运为主，主要对服务提供过程中燃油消耗的直接排放进行中和。

（2）中和的时间周期：大多数产品与服务均针对过往排放量进行中和，复印纸产品则涉及对未来碳排放进行预先中和。

（3）碳排放核算标准：只有 4 个案例披露了具体的核算标准，在已披露的实现碳中和的产品与服务中，主要选用的标准是 PAS2050 和 ISO14067。

（4）抵消量：2021 年有 2 个产品和 2 项服务公开披露了碳减排量注销量。产品中，一个是中国石化联合中远海运、中国东航开发的碳中和石油产品，其抵消量为 10.35 万吨二氧化碳当量；另一个是江苏红豆实业股份有限公司开发的沙滩裤产品，其抵消量为 30.64 吨二氧化碳当量。服务中，一个是四川航空航班服务，其抵消量为 31.532 吨二氧化碳当量；另一个是中化石油新峪洋号油轮，其抵消量为 8583 吨二氧化碳当量。

（5）中和方式：除了一个航班选择碳配额抵消方式外，其余产品与服务都选择碳减排量抵消的方式，且多数选择 CCER 抵消产品，还有少数选择未认证碳汇林作为抵消方式。

目前，“碳中和”产品与服务仍处于探索阶段，相关行业正在积极尝试开发碳中和产品，以适应绿色消费及践行双碳社会责任的需求。

三、我国碳足迹、碳中和认证发展建议

2021 年是我国“十四五”开局之年，也是我国开启“碳达峰碳中和”征程的元年。在双碳战略目标的指引下，各类组织纷纷采取行动，加强碳排放管控，以碳足迹或碳中和认证的形式展示其绿色发展成效。但在标准体系、互认采信、信息披露等方面还存在明显不足。建议国家尤其是四川省从以下方面拓展完善碳足迹、碳中和认证体系。

1. 完善碳足迹、碳中和标准体系

当前，国内开展的碳足迹和碳中和认证依据的都是国际标准，国内碳足迹和碳中和认证的指导性文件与标准严重匮乏，我国仅针对活动碳中和出台了部门指南文件。建议围绕重点行业企业需求，在国际产品生命周期评价和碳足迹通用标准（ISO14040 和 ISO14067）的基础上，制订分类产品碳足迹标准通则和细则（PCR），搭建产品碳足迹标准体系，明确统一的核算边界、核算方法、背景数据库，形成规范一致可比的碳足迹标准体系。四川省可借鉴广东省经验，构建形成全省统一的碳标签，发动和引领辖区内主要认证机构、重点企业使用统一的碳标签。建议及时研究制定产品和组织层面实施碳中和的标准体系与技术指导文件，明确用于碳排放抵消的产品体系，规范指导碳中和认证。

2. 探索开展碳足迹认证互认采信

当前，国内开展碳足迹认证工作较为松散，多数为企业委托认证机构开展，CQC、SGS、天祥、必维等知名的认证机构都在为企业提供碳足迹认证服务。为推动我国制造的绿色低碳产品更好地走向国际市场，发挥我国相关产业低碳制造比较优势，需要探索推动碳足迹认证互认采信工作，与国外主管部门和认证机构对接，鼓励国内外有影响力的第三方认证机构共同制订碳足迹审核认证规范，建立符合国际规范的认证流程，扩大体系的影响力，推动认证结果得到国际市场和客户的认可。采用互联网服务等创新方式，保证认证质量、提高认证效率、降低认证成本。通过标准和认证体系的扩展，通过企业的不断应用实践，加强与相关机构的合作，通过举办国际会议等形式，加强与其他国家地区以及行业组织、市场相关方的交流，持续扩大体系的影响力，在国内外争取更广泛的认可和采信。四川省可优先选取光伏电池片、锂电池等产品，积极推广碳足迹认证，加施碳标签，向国内外客户以及消费者展示碳排放管控成效。

3. 推动构建统一的披露平台，建立规范的碳足迹、碳中和信息披露制度

当前社会各类主体碳足迹、碳中和行为数据整体呈现零散无序状态，数据披露和追踪制度缺失，碳排放重复计算及碳减排量重复计量风险显著，不利于优化配置减排量资源，并且难以确保碳中和行为的有效性。因此，亟须建立统一规范的碳中和信息披露制度，搭建统一的碳足迹、碳中和信息披露平台，确保碳中和行为数据可查证、可追溯。

参考文献

[1] 碳信托：产品碳足迹标签[EB/OL]. https：//www.carbontrust.com/zh/womendeyewu/zhengmingherenzheng/chanpintanzujibiaoqian.

[2] PAS 2050. Specification for the assessment of the life cycle greenhouse gas emissions of goods and services [S]. London：British Standards Institution，2008.

[3] 刘清芝，周才华，张小丹. 国际低碳产品认证制度（上）[J]. 认证技术，2013（9）：66-67.

[4] 刘清芝，周才华，张小丹. 国际低碳产品认证制度（下）[J]. 认证技术，2013（10）：54-55.

[5] 家居行业首家！大自然家居获碳中和认证[EB/OL]. [2022-07-11]. http：//www.nature-cn.cn/news/ brand/4321.html.

[6] 必维认证见证中国冷饮行业首个“零碳工厂”在伊利诞生[EB/OL]. [2022-07-11]. https：//www.prnasia.com/story/359053-1.shtml.

[7] 中国首款碳中和冰激凌上市 须尽欢冰激凌引领低碳生活[EB/OL]. [2022-07-11]. https：// baijiahao.baidu.com/s?id = 1733874655545859352&wfr = spider&for = pc.

[8] IPCC 全球升温 1.5 °C 特别报告[EB/OL]. [2022-07-09]. https：//www.ipcc.ch/sr15/.

[9] PAS 2060. Specification for the demonstration of carbon neutrality[S]. London：British Standards Institution，2014.

[10] 关于发布《大型活动碳中和实施指南（试行）》的公告[EB/OL]. [2019-06-14]. https：//www.mee.gov.cn/xxgk2018/xxgk/xxgk01/201906/t20190617_706706.html.

[11] 碳中和报告 2021[EB/OL]. [2022-03-12]. http：//www.cnemission.cn/article/news/jysdt/202203/20220300002459.shtml.

大数据和应对气候变化

赵康平[①]

【摘　要】本文系统梳理了对运用大数据等技术手段创新支撑应对气候变化做出相关部署的系列政策文件，评估了国内运用大数据技术手段统筹推进应对气候变化的感知体系、数据资源和算力网络基础，并从利用大数据开展气象预报和气候变化预测、运用大数据助力行业企业节能减排降碳、结合大数据和人工智能加强气候变化影响监测和风险预警等三个方面，分析了大数据支撑应对气候变化的应用现状。总结了目前我国运用大数据支撑应对气候变化，特别是在气候变化影响和风险的分析评估方面仍然面临的四个主要问题，提出了为更好地运用大数据、物联网等现代信息技术支撑应对气候变化，下一步应重点实施的六大任务。利用好我国日臻完备的信息基础设施，加强相关理论研究与技术研发，必将更快地推动实现气候变化的大数据治理。

【关键词】生态环境；大数据；气候变化；预测

一、引　言

20世纪中叶以来，全球平均温度增速达0.15 °C每十年，预计到21世纪中期，气候系统的变暖仍将持续，国际社会已日益认识到气候变暖对人类当代及未来生存与发展造成的严重威胁和挑战，采取积极措施应对气候变化已成为全球共识。与全球气候变化整体趋势一致，我国气温上升明显，1951—2020年平均气温升温速率达0.26 °C每十年，高于同期全球平均水平，已对我国自然生态系统带来水资源安全风险明显上升、陆地生态系统稳定性下降、海洋和海岸带生态系统受到严重威胁、农业气象灾害和病虫害加剧、与高温热浪等极端天气气候事件相关的健康风险增加、基础设施和重大工程建设安全稳定性和可靠耐久性降低等产生诸多的严重不利影响[1]。

党中央、国务院高度重视应对气候变化，基于推动构建人类命运共同体的责任担当和可持续发展的内在要求，党的十八大以来，为实现应对气候变化目标，在习近平生态文明思想指引下，我国坚持人民至上、生命至上，充分考虑人民对美好生活的向往、对优良环境的期待、对子孙后代的责任，积极制定和实施了一系列应对气候变化战略、法规、政策、标准与行动；秉持创新、协调、绿色、开放、共享的新发展理念，加快构建新发展格局，大力推进经济、能源、产业结构转型升级；把握污染防治和气候治理的整体性，推动降碳与污染物减排、改善生态环境质量协同增效；坚持系统观念，统筹发展和减排、整体和局部、短期和中

① 赵康平，四川省环境政策研究与规划院大数据研究部副主任、高级工程师，硕士，从事水生态环境规划、环境空间管控与大数据应用研究。

长期之间的关系，大力推进碳达峰碳中和，不断提高应对气候变化力度，增强适应气候变化能力[2]。

通过坚定实施积极应对气候变化国家战略，我国取得了初步搭建起应对气候变化政策体系、气候监测预警水平不断提高、重点领域适应气候变化能力有效提升、全社会广泛参与应对气候变化意识逐步增强等一系列积极成效。但由于应对气候变化基础性工作欠账较多，相关理论研究与技术研发相对薄弱，知识和经验供给仍不充分，特别是对气候变化影响和风险的分析评估不足，对气候变化直接/间接威胁自然生态系统和经济社会系统的复杂性、广域性、深远性的认识亟待提升，因此当前和未来一段时期我国应对气候变化工作仍面临较大的挑战[1]。因此，为进一步强化我国应对气候变化行动举措，提高气候风险防范和抵御能力，相关部委在科学深入开展气候变化影响风险和应对气候变化成效评估等工作的基础上，相继发布和出台了《国家适应气候变化战略 2035》《科技支撑碳达峰碳中和实施方案（2022—2030 年）》《关于加快建立统一规范的碳排放统计核算体系实施方案》等系列政策文件，对新时期我国各重点领域、区域应对气候变化工作的指导思想、基本原则、主要目标和重点任务等做出明确部署。

在应对气候变化相关的系列政策文件中，都突出强调了要推进大数据、云计算、区块链、5G、物联网等现代信息技术在构建监测、评估、模拟、预报技术体系等方面的应用。大数据是以容量大、类型多、存取速度快、应用价值高为主要特征的数据集合，正快速发展为对数量巨大、来源分散、格式多样的数据进行采集、存储和关联分析，从中发现新知识、创造新价值、提升新能力的新一代信息技术和服务业态。[3]国家历来重视促进大数据发展以及深化大数据在包括环境、资源、气象等各行业的创新应用，推动建设数据强国，提升政府治理能力。2015 年国务院印发《促进大数据发展行动纲要》，明确提出推动环境保护、节能降耗、安全生产等领域数据的汇聚整合和关联分析，并探索开展一批综合应用试点，有效促进各级政府社会治理能力提升。2016 年原环境保护部办公厅印发《生态环境大数据建设总体方案》，提出通过建设生态环境大数据、大平台、大系统，形成生态环境信息“一张图”，实现生态环境综合决策科学化、生态环境监管精准化、生态环境公共服务便民化。[4]在全面建设社会主义现代化国家的新发展阶段，充分发挥大数据等先进技术手段的创新支撑作用，统筹推进减少温室气体排放，增加碳汇，防范或减轻气候变化产生的不利影响和潜在风险，对于保障经济社会发展和生态环境安全具有重要意义。

二、大数据支撑应对气候变化的基础

蒋洪强等[5]对大数据在生态环境领域的研究与应用的发展历程、主要方向、理论基础等进行了梳理，将包含气象服务、气候变化在内的生态环境大数据建设技术路线概括为以建立“天地空一体化”的数据感知系统为前提，以建立多源异构大数据集成与存储系统为基础，以建立多维时空大数据治理体系为核心。经过较长时期的生态环境大数据建设，开展了一系列方向各异、形式多样的应用实践，我国在生态环境大数据监测体系、治理体系等方面都奠定了较为坚实的基础。

（一）感知体系基础

“十三五”时期，生态环境部建成 1 436 个城市环境空气质量监测点位，约 1 000 个降水监测点位，1 940 个地表水水质断面（点位），906 个集中式饮用水水源监测断面（点位），1 649 个海水环境质量国控监测点位，2 583 个生态环境质量监测点位，约 80 000 个城市声环境监测点位，1 410 个环境电离辐射监测点位和 44 个环境电磁辐射监测点位；自然资源部建成 10 168 个国家级地下水监测点，并持续调查跟踪土地资源及耕地面积、海平面、海洋灾害等；住房和城乡建设部对污水处理、垃圾处理进行监控；水利部建成 2 833 处地下水监测井，并开展水土流失、洪涝干旱灾害动态监测；其他农业、渔业、地震灾害、能源、气温、降水、森林等分别由农业农村部、应急管理部、国家统计局、中国气象局、国家林业和草原局等按各自的职能职责进行动态跟踪[6]。

“十四五”时期，生态环境部计划将国家城市空气质量监测站点扩充到 1 734 个，将国家地表水环境质量监测断面扩充到 3 646 个，设置土壤环境背景点 2 364 个、基础点 20 063 个，设置 1 912 个国家地下水环境质量考核监测点位，并对健全完善水生态监测、水污染溯源监测、农村环境监测、海域生态环境监测、辐射环境监测、新污染物监测等做出系统谋划，同时，对构建高低轨组网、多手段综合、能力完善、响应快速、有序衔接、自主可控的立体遥感监测网络，加快形成全方位、高精度、短周期遥感监测能力，形成覆盖全国主要区域的碳监测网络，协同完善温室气体统计监测核算，提升全球遥感数据获取和影像处理能力，对研发极地、全球陆地和海洋监测产品等工作进行了部署[7]。

（二）数据资源基础

沈文海[8]针对气象大数据，从地面观测、天气雷达、气象卫星、数值预报 4 个方面分析了气象数据资源的现状，并重点以全国多普勒天气雷达布设，以风云气象卫星系列，以 GRAPS、T639 为代表的天气预报模式和以 BCC_CSM2、DERF2.0 为代表的气候预测模式，对未来数据增幅进行预测，估算到 2020 年左右气象卫星资料量可达约 30TB/d，数值预报模式数据的日增量也可达 TB 级。何霄嘉[9]等检索了包含《中国环境年鉴》《中国环境统计年鉴》《中国海洋年鉴》《中国海洋统计年鉴》等在内的我国统计年鉴出版和国内外经严格同行评议公开发表的论文情况，总结了我国国家、相关部委、省级各个层面出台的应对气候变化政策体系，梳理了中国生态系统研究网络（CERN）等遥感技术在环境监测、林业、气象、自然资源调查等领域的应用情况，分别从自然生态系统、经济社会活动、社会安全领域，对我国适应气候变化的数据的总量、质量等进行了现状评估。刘桂芳等[10]则根据数据不同特点，按照气候变化驱动因素科学数据（土地覆盖、气溶胶等）、气候变化事实科学数据（海洋、冰冻圈等）、气候变化影响与适应科学数据（人口、水文、农牧渔业等）、气候变化未来预估科学数据（气温、降水、海平面等）和气候变化经济社会数据（能源、碳排放等）等 5 大类、20 小类，对近年来气候变化数据共享与服务的情况进行了全面梳理。总的来说，经过多年努力，我国在气候变化科学数据及共享方面的数据安全和精度、服务内容和效率都得到很大提升，基本建立起支撑应对气候变化的数据基础，与世界先进水平的差距不断缩小。

（三）算力网络基础

“十三五”时期，我国信息化发展取得历史性成就，数字中国建设取得决定性进展和显著成效。建成全球最大规模的信息基础设施，5G 商用全球领先，互联网普及率超过 70%；信息技术产业取得重要突破，5G、区块链、人工智能等领域专利申请量全球第一；数字经济实现跨越式发展，2020 年数字经济核心产业增加值占 GDP 比重达到 7.8%；信息惠民便民水平大幅提升，“互联网＋政务服务”应用广度和深度快速拓展，国家政务服务平台基本建成并开通服务，全国政府网站集约化水平显著提升；信息化发展环境持续优化，信息化发展法律政策框架基本形成[11]。

“十四五”时期，为落实《中华人民共和国国民经济和社会发展第十四个五年规划和 2035 年远景目标纲要》《国家信息化发展战略纲要》要求，抓牢信息革命的历史机遇，加快数字化发展、建设数字中国，培育新发展动能，激发新发展活力，加快推进国家治理体系和治理能力现代化，相关部委相继发布和出台了《“十四五”国家信息化规划》《关于加快构建全国一体化大数据中心协同创新体系的指导意见》《全国一体化大数据中心协同创新体系算力枢纽实施方案》《“十四五”大数据产业发展规划》等系列政策文件，围绕以下做好顶层设计：夯实数字基础设施，推动数据中心合理布局、供需平衡、绿色集约和互联互通，促进要素数据流通，增强数字技术创新能力，构建稳定高效数字产业链，充分发挥数据要素价值，提升行业赋能效应，提升数字治理效能，建设网络强国、数字中国。

三、大数据支撑应对气候变化的应用分析

大数据支撑应对气候变化的应用方向较多，总体可分为直接和间接两类。直接是指可充分利用大数据擅长处理海量、多维、异构数据，高效构建情景模型，解决问题复杂性、计算效率、方法可扩展等方面的挑战[12]，分析气候变化模式、预测气候变化趋势。间接根据所处阶段的不同，可细分为正向与逆向两个方面。其中，正向是指深度融合大数据、人工智能、5G 等技术，引领工业、农业、金融业等不同领域高碳流程的零碳、低碳再造和数字化转型，降低全生命周期碳排放；逆向是指结合物联网、大数据和人工智能等新一代信息技术，加强气候变化影响监测和风险预警，提升相关基础设施、重大工程与重点产业应对极端天气气候事件及其次生灾害的能力。

（一）应用现状

在直接支撑方面，赵苗苗等[13]对全球和我国在利用大数据开展气象预报与气候变化预测方面的应用进行了梳理，指出气候体系因内部相互作用给预测预报带来了极大的复杂性和可变性，以及随着对气候系统和陆面的认识逐步深入，气候研究模式也从大气环流到陆、海、空耦合，再到包括人类生活圈在内的地球各个系统耦合的模式不断演进，所需的数据也发展为包含气象、植被、人类干扰等全方位数据，而大数据正是因为在海量数据的集成整合、高

速存储、高效管理、分析和挖掘方面的优势，有助于综合多源数据，更好地开展长期跟踪评价，提高预测预报精度。

在间接正向支撑方面，全国各省区市积极探索和利用大数据推动能源、电力、工业、建筑等领域低碳化、数字化、智能化，助力节能减排降碳取得了良好的经验成效[14]。上海运用能源互联网技术，整合电网中散落电力负荷，帮助电网提升低谷负荷，“削平”高峰时段电网负荷，提高电力资源利用效率，节能减排效果显著。重庆率先提出“智慧住建”理念，联合腾讯共同打造腾讯云微瓴智能建造平台，打通产业链，覆盖规划设计、施工建造、运维运营等建筑全生命周期，推进大数据、人工智能等信息技术与建筑业深度融合，持续推动单位建筑面积能耗下降。杭州以数字化改革为抓手，构建以“双碳大脑”为核心的数智治理平台，对 2 000 多家重点企业和公共建筑，实施电力、石油、煤炭、燃气等多种能效数据的全维度精准采集，并创新研发“能耗双控码”，一对一协助重点用能企业建立个性化“用能账户”，实现用能余额“码”上查、柔性调控“码”上管，有效推动企业能耗管理“精打细算”，预计年度可降低企业能耗总量约 2.3 亿度[15]。间接正向支撑还有深化碳排放权交易平台建设、以大数据推动绿色低碳生活方式等应用形式。比如北京市交通委与高德合作，通过数据融合，在高德地图 App 推出了北京公交地铁拥挤程度实时直观展示，方便乘客选择更合适或体验更好的出行方式，以数据透明推动公众参与低碳环保，为应对气候变化作贡献[16]。

在间接逆向支撑方面，黄磊等[17]聚焦支撑 SDG13（联合国可持续发展目标第 13 项——“气候行动：采取紧急行动应对气候变化及其影响”）中气候相关灾害、气候变化应对两个具体指标，整合遥感对地监测数据、地面站点数据、基础地理信息数据等，构建地球大数据方法，建立极端气候与灾害数据集成分析平台，展示了围绕共建“一带一路”国家和地区高温热浪、全球林草火灾、全球温室气体排放、全球陆地生态碳汇变化评估 4 个方面进行分析与趋势预测的成果和应用案例。陈晖萌等[18]介绍了大数据在商业银行环境气候风险管理中的应用实践，通过采集整合企业污染排放、环评、排污许可、能耗等信息，研发企业环境气候风险模型，对企业环境气候风险进行打分或评级，进一步分析环境气候风险与企业违约风险的关联关系，一方面将相关分析结果融入授信业务全流程，可高效识别企业环境气候信用风险，另一方面也可帮助企业改善环境气候表现。

（二）主要问题

《促进大数据发展行动纲要》中定义的大数据的几个特征“数量巨大、来源分散、格式多样”，也正反映了目前大数据支撑应对气候变化的几个主要问题。一是数据监测采集仍不充分。对自然生态、耕地保护、海洋资源、气象灾害、地质灾害等的监测网络建设、业务范围、技术手段应用的深度广度与快速扩张的管理需求不匹配，对应对气候变化、大气污染协同控制等战略任务的精细化支撑不够。二是数据整合集成仍不完善。目前应对气候变化的相关基础数据散见于 150 多种统计年鉴及国家已建成的 LUCC、湖泊、地表径流等一批专题数据库中，且存在指标设置有重复、数据格式不统一、空间范围不一致、更新周期不同步等情况。三是数据共享开放仍不通畅。气候变化数据资料遍布国民经济和科学研究的各行各业，涉及环境、气象、农业、林业、水利、交通等众多领域[19]，由于“气候系统观测—影响风险评估—采取适应行动—行动效果评估”的气候变化治理工作体系尚不完善，缺乏对大数据支撑气候变化的统一规划，在相关专题库和信息平台建设上仍存在孤岛现象，导致信息资源分散，制约跨部门、跨领域的信息互通共享。同时，部分数据资源的社会开放程度不够，如水文资料数字化版本获取困难、海平面观测数据公开程度较低，影响激发数据要素价值。四是模型算法仍不深入。对气候变化直接/间接威胁自然生态系统和经济社会系统的复杂性、广域性、深远性的认识亟待提升。目前发展的包括 CLM（Community Land Model）和 SHAW（Simultaneous Heat and Water）等在内的多种陆面过程模式，在预测未来的气候和环境时，由于气候情景、模型结构的不确定性等因素，仍然存在匹配不佳等一些问题[20]，进而导致对气候变化影响和风险的分析评估不足。

四、大数据支撑应对气候变化的发展建议

（一）完善调查监测体系

升级以卫星、雷达为主的观测设备和“地空天”协同观测技术，提高观测自动化、智能化水平。建设对大气圈基本气候变量的长期、稳定、连续观测系统，形成完整的大气圈三维立体观测能力。统筹资源，统一布局，共同建设集约、协同、高效的跨部门多圈层观测系统。开展冰川、多年冻土、积雪、湖泊、生态系统等连续监测，完善高寒区气候环境变化观测系统。构建岸基、海基、空基、天基一体化的海洋和气象综合观测系统及相应的配套保障体系，实现关键海区海洋和气候要素的实时监测。加强生态系统观测，开展人类活动排放、下垫面变化以及重要人工生态系统变化等观测。加强行业碳排放统计监测能力建设，开展动态实时全覆盖的二氧化碳排放智能监测。

（二）加强数据融合共享

加强顶层设计和统筹规划，明确各部门数据治理的范围边界和共享的使用方式，推进自然资源、生物多样性、碳循环、物候、LUCC、地表径流、碳汇、碳通量、土地利用、能源等各专题数据集数据格式统一、空间范围一致、更新周期同步，进一步构建统一的时空标签和索引，实现所有指标信息可挖掘、能回溯。构建关联分析、对比分析等校验算法和工具，提升数据质量、保障数据精度。推进气候变化数据中心体系建设，形成“标准统一、动态更新、共享应用”的气候变化资源目录，建立涵盖多圈层及人类活动的大数据共享平台，推动各部门各领域通过平台开展数据汇交，实现气候变化及其社会经济影响数据联通共用，并保障各级各类数据完整性和安全性。加强各部门各领域的共享性思维、开放性思维，逐步优化面向社会的数据开放度，除涉及国家安全、个人隐私等方面数据之外应当能放则放，支持和鼓励社会机构、公众充分利用资源开展创新[21]。

（三）提升模拟预测能力

深化气候系统多圈层、多时间尺度相互作用及其影响的机理研究。研发天气气候一体化数值预报系统，开展精细化网格预报预测。提高对臭氧、气溶胶、植被生态过程等的模拟和预测。推动构建月度、年度气候预测系统，提高对未来的气候预测水平。逐步推动形成以无缝隙全覆盖、智能数字为主要特征的天气气候预报预测完整业务体系。开展重大极端天气气候事件归因分析，发展极端天气气候事件和复合型灾害预测预警技术。建设气候变化风险早期预警平台和分灾种气象灾害监测预报预警系统，提升极端天气气候事件及中小河流洪水、山洪灾害、地质灾害、森林草原火灾等预警准确率、精细度和提前量。研发基于大数据融合的碳汇模拟技术。加强基础设施与重大工程气候变化影响监测和风险预警。

（四）健全标准规范建设

在梳理整合生态环境、自然资源、水利、气象等各领域已有的各类大数据建设标准规范体系的基础上，参考 DAMA（国际数据资产管理协会）数据管理体系、DCMM 数据管理能力成熟度评估模型（Data Management Capability Maturity Model）、国家大数据标准化工作组大数据参考架构等成果，并借鉴国内外其他大数据标准规范，面向应对气候变化数字化、智慧化要求，从指标分类编码、数据存储和传输交换、图示表达、产品服务、运行维护等多维度[22]，研制大数据支撑应对气候变化覆盖“气候系统观测—影响风险评估—采取适应行动—行动效果评估”全过程的标准规范体系。重点完善大数据安全保障体系，加强大数据环境下的网络安全问题研究和基于大数据的网络安全技术研究，明确数据采集、传输、存储、使用、开放等各环节保障网络安全的范围边界、责任主体和具体要求，健全完善数据注册、数据授权、数据使用、数据保密等制度[23]，鼓励和保护创新的同时，切实保障涉及国家利益、公共安全等信息的安全。

（五）深化决策管理应用

统筹规划建设气候变化风险早期预警平台、分灾种气象灾害监测预报预警系统、气候变化风险监测与气候治理技术数字平台、高温热浪与气候敏感疾病监测应急响应平台等应对气候变化相关系统平台，并与生态环境、水利、气象、自然资源等部门已建或在建的生态保护红线监管平台、“三水统筹”监测管理平台、气象综合预报预测分析平台、气象服务支撑平台、地球系统大数据平台、河长制信息管理系统、数字孪生流域、防汛抗旱“四预”业务平台、取用水管理政务服务与调配综合平台、水库运行管理信息系统、国土空间基础信息平台、国家—省—市—县交互贯通的会商系统等系统平台做好交互衔接，全面提升模拟评估、预警预报、趋势分析、态势研判、精细管控、督察执法等方面的定量化、可视化水平，强化大数据支撑应对气候变化评估分析结果在政府治理、社会管理的全方位应用，提升各类主体科学决策、指挥调度、应急处置等能力。

（六）助推行业降碳行动

强化能源、工业等领域相关统计信息的收集和处理能力，逐步建立完善碳排放统计核算体系。加强行业碳排放统计监测能力建设，健全电力、钢铁、有色、建材、石化、化工等重点行业能耗统计监测和计量体系。统筹推进温室气体排放因子数据库，逐步建立覆盖面广、适用性强、可信度高的排放因子编制和更新体系，为碳排放核算提供基础数据支撑。推进大数据、5G、云计算、区块链等技术应用，优化数据采集、处理、存储、传输方式，探索开展温室气体排放监测、校验、模拟等基础研究。工业领域利用大数据、5G、工业互联网、云计算、人工智能、数字孪生等对工艺流程和设备进行绿色低碳升级改造，提升碳排放的数字化管理水平。能源领域以智能微网、虚拟电厂等新模式新业态为依托，加强大数据等技术应用，开展智能调度、能效管理、负荷智能调控等智慧能源技术示范，推动能耗下降。农业方面集成气候变化实时预测能力，提升农业生产对于气候变化相关性的耦合度，建立针对不同气候变化因素的生产策略，减低生产成本，提高气候变化适应能力，减少温室气体排放[24]。

五、结　语

气候变化影响的方面多、范围广、时间长，是全人类的共同挑战。应对气候变化，事关中华民族永续发展，关乎人类前途命运。随着建设数字强国战略的深入推进，良好的信息基础设施和大数据处理“数量巨大、来源分散、格式多样”的数据，高效有序、交叉性强、综合性高的自身优势，正有利于将气候变化中的机理研究、归因分析等关键问题转化为信息与计算科学领域的决策、优化问题，回溯过去踪迹、监测当前状态、研判未来趋势，推动政策驱动落实到技术践行。同时也应看到，气候变化的大数据支撑仍存在整合不到位、共享不通畅以及人才不足等问题，要真正实现气候变化的大数据治理任重道远，需要更为深层次的体制机制改革和有力的政策为其保驾护航[25]。

参考文献

[1] 生态环境部 国家发展和改革委员会等 17 部委关于印发《国家适应气候变化战略2035》的通知[EB/OL]. [2022-06-07]. https：//www.mee.gov.cn/xxgk2018/xxgk/xxgk03/202206/t20220613_985261.html.

[2] 国务院新闻办公室发表《中国应对气候变化的政策与行动》白皮书[EB/OL]. [2021-10-27]. http：//www.gov.cn/zhengce/2021-10/27/content_5646697.htm.

[3] 国务院关于印发促进大数据发展行动纲要的通知[EB/OL]. [2015-09-05]. http：//www.gov.cn/zhengce/content/2015-09/05/content_10137.htm.

[4] 环境保护部办公厅关于印发《生态环境大数据建设总体方案》的通知[EB/OL]. [2016-03-08]. https：//www.mee.gov.cn/gkml/hbb/bgt/201603/t20160311_332712.htm.

[5] 蒋洪强，卢亚灵，周思，等. 生态环境大数据研究与应用进展[J]. 中国环境管理，2019，11（6）：11-15. DOI：10.16868/j.cnki.1674-6252.2019.06.011.

[6] 生态环境部. 2018 中国生态环境状况公报[EB/OL]. [2019-05-29]. https：//www.mee.gov.cn/ywdt/tpxw/201905/W020190529619750576186.pdf.

[7] 生态环境部关于印发《“十四五”生态环境监测规划》的通知[EB/OL]. [2021-12-28]. https：//www.mee.gov.cn/xxgk2018/xxgk/xxgk03/202201/W020220121627956920736.pdf.

[8] 沈文海. 气象数据的“大数据应用”浅析——《大数据时代》思维变革的适用性探讨[J]. 中国信息化，2014（11）：20-31.

[9] 何霄嘉，董利苹，曲建升，等. 我国适应气候变化数据发展现状、需求和战略建议[J]. 遥感技术与应用，2017，32（3）：585-592.

[10] 刘桂芳，诸云强，关瑞敏，等. 大数据时代中国气候变化科学数据共享服务的发展现状与趋势分析[J]. 地理研究，2021，40（2）：571-582.

[11] 中央网络安全和信息化委员会印发《“十四五”国家信息化规划》[EB/OL]. [2021-12-27]. http：//www.cac.gov.cn/2021-12/27/c_1642205314518676.htm.

[12] 魏丹青. 大数据开辟应对气候变化研究新途径[J]. 浙江经济，2018（19）：46.

[13] 赵苗苗，赵师成，张丽云，等. 大数据在生态环境领域的应用进展与展望[J]. 应用生态学报，2017，28（5）：1727-1734.DOI：10.13287/j.1001-9332.201705.001.

[14] 韦泽多. 大数据赋能广西“双碳”绿色发展[J]. 市场论坛，2021（11）：82-86.

[15] 国网杭州供电公司. 杭州电力 创新赋能城市绿色发展[N]. 人民日报，2021-10-29（17）.

[16] 晏路辉. 气候变化与大数据可以擦出怎样的火花[J]. 可持续发展经济导刊，2020（3）：40-42.

[17] 黄磊，贾根锁，房世波，等. 地球大数据支撑联合国可持续发展目标：气候变化与应对[J]. 中国科学院院刊，2021，36（8）：923-931.DOI：10.16418/j.issn.1000-3045.20210705004.

[18] 陈晖萌，张明哲. 大数据在环境气候风险管理中的应用探索[J]. 中国银行业，2021（12）：98-100.

[19] 王昕，王国复，黄小猛. 科学大数据在全球气候变化研究中的应用[J]. 气候变化研究进展，2016，12（4）：313-321.

[20] 牛书丽，王松，汪金松，等. 大数据时代的整合生态学研究——从观测到预测[J]. 中国科学：地球科学，2020，50（10）：1323-1338.

[21] 杨大鹏. 数据开放共享的机制与对策研究：基于浙江的经验分析[J]. 中国软科学，2021（S1）：392-398.

[22] 蒋云钟,冶运涛,赵红莉,等. 水利大数据研究现状与展望[J]. 水力发电学报,2020,39（10）：1-32.

[23] 陈迎春. 政府大数据开放共享框架构建及安全保障研究[J]. 互联网天地，2022（3）：28-31.

[24] 王望来. 气候大数据与智能农业应用研究[J]. 木工机床，2018（4）：39-41，45.

[25] 郭少青. 基于大数据治理对气候变化背景下城市可持续发展的对策研究[J]. 西南民族大学学报（人文社科版），2018，39（3）：205-213.

附　录

附录 1　四川省绿色低碳发展数据图

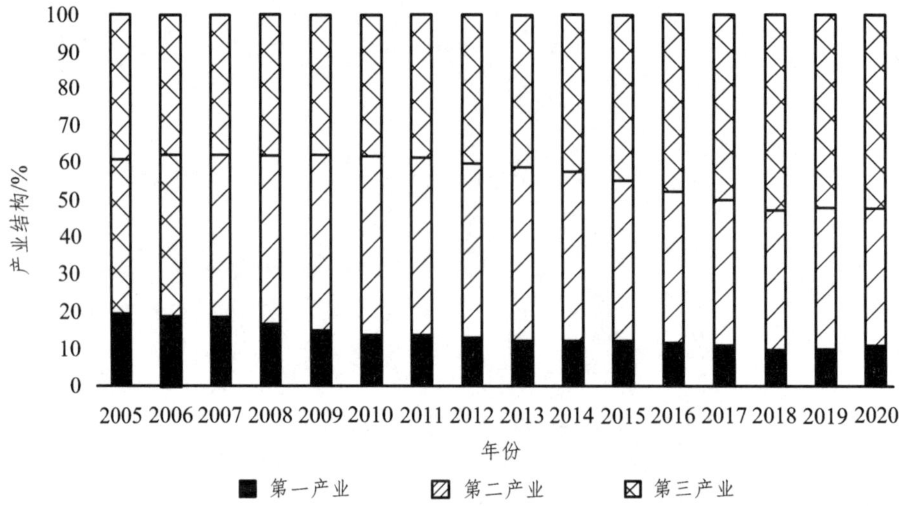

附图 1　2005—2020 年四川省三次产业增加值占比

数据来源：《四川统计年鉴》。

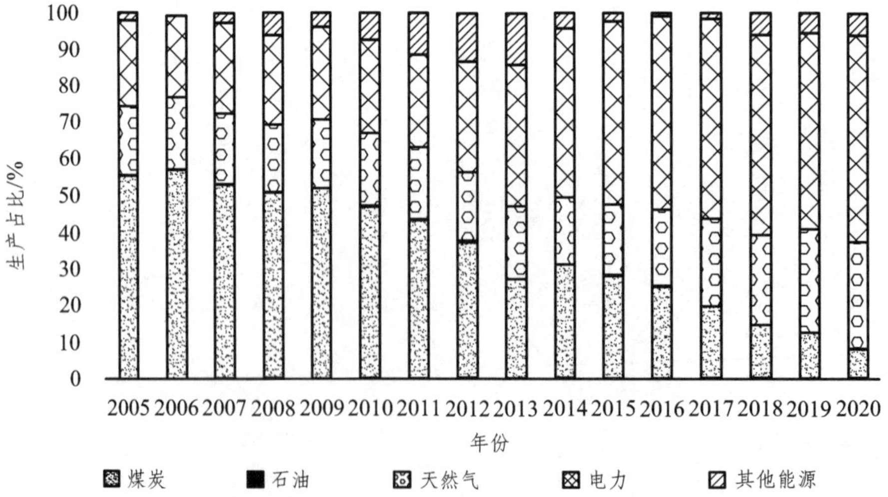

附图 2　2005—2020 年四川省能源生产结构

数据来源：《四川统计年鉴》。

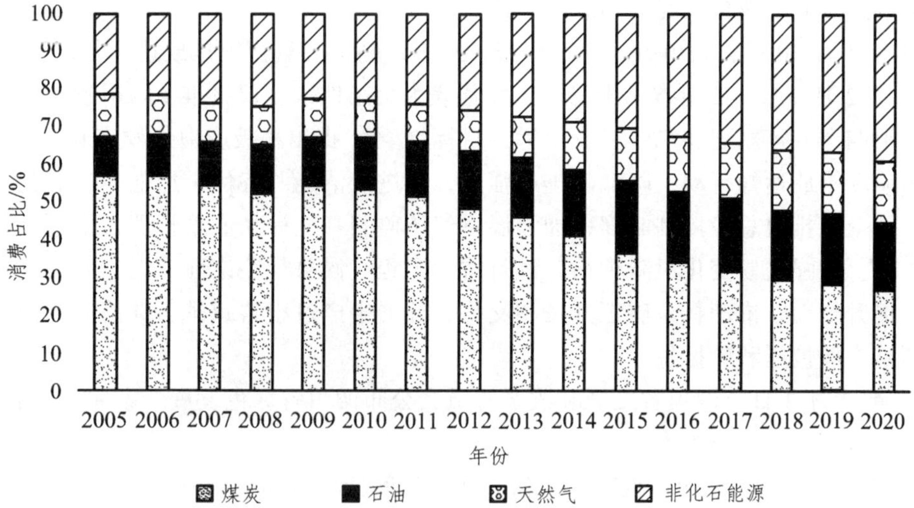

附图 3　2005—2020 年四川省能源消费结构

数据来源：《四川统计年鉴》。

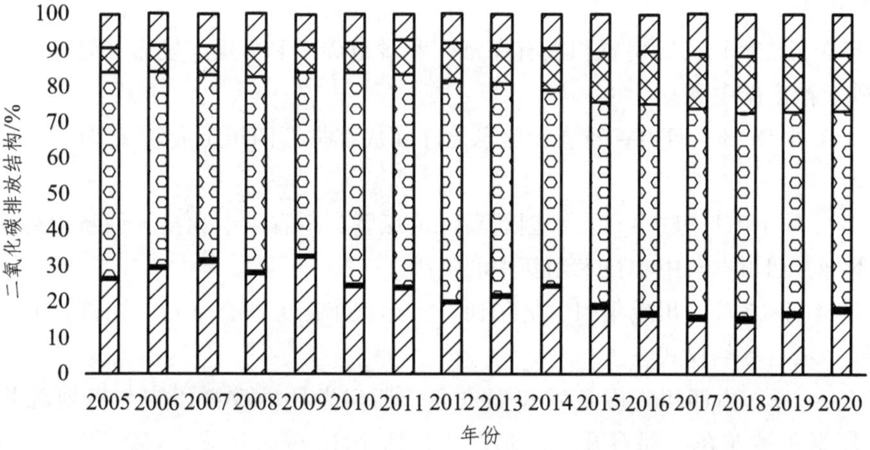

附图 4　2005—2020 年四川省能源活动二氧化碳排放结构

数据来源：四川省环境政策研究与规划院测算。

附录 2　四川省绿色低碳发展大事记

2021 年 1 月 15 日，四川省节能减排及应对气候变化工作领导小组办公室召开四川省应对气候变化工作推进会，部署推动《四川省二氧化碳排放达峰方案》编制工作。

2021 年 1 月 29 日，国网四川省电力公司自主研发的首个“电碳”监测模型投入使用，实现四川电网排放与减排状况的动态精准监测。

2021 年 1 月 30 日，四川省政府工作报告提出，制定二氧化碳排放达峰行动方案。

2021 年 2 月 2 日，四川省第十三届人民代表大会第四次会议批准《四川省国民经济和社会发展第十四个五年规划和二〇三五年远景目标纲要》，提出积极应对气候变化。有序推进二〇三〇年前碳排放达峰行动，降低碳排放强度，推进清洁能源替代，加强非二氧化碳温室气体管控。健全碳排放总量控制制度，加强温室气体监测、统计和清单管理，推进近零碳排放区示范工程。加强气候变化风险评估，试行重大工程气候可行性论证。促进气候投融资，实施碳资产提升行动，推动林草碳汇开发和交易，开展生产过程碳减排、碳捕集利用和封存试点，创新推广碳披露和碳标签。

2021 年 2 月 3 日，四川省发展和改革委员会公布四川省绿色发展专家库专家名单，154 名省内绿色发展领域专家入库。

2021 年 2 月 9 日，全国首批碳中和债券在银行间债券市场成功发行。四川机场集团、雅砻江水电参与发行。

2021 年 2 月 23 日，四川天府新区、国网四川省电力公司决定，共建天府新区公园城市“碳中和”示范区。

2021 年 3 月，经第三方机构核查与认证，中国・雅安大数据产业园成为国内首个碳中和国家绿色数据中心。

2021 年 3 月 29 日，《四川省积极有序推广和规范碳中和方案》发布，倡导在控制温室气体排放基础上推广碳中和。

2021 年 3 月 18 日，四川省经济和信息化厅在成都举行四川工业领域“碳达峰、碳中和”交流座谈会。

2021 年 4 月 10 日，碳中和技术创新高峰论坛暨四川省碳中和技术创新中心揭牌仪式在四川大学举行，四川省碳中和技术创新中心揭牌。

2021 年 4 月 22 日，川威集团、亿华通、大运汽车三方联合举行“西部首条氢燃料电池重卡示范线”项目签约仪式。

2021 年 4 月，由四川省绿色发展促进会、四川省环境政策研究与规划院共同举办的 2021 年首届绿色沙龙在成都召开。沙龙以“共话 2030 减碳达峰，‘碳’索绿色发展机遇”为主题。

2021 年 4 月 29 日，四川省国资委举办第三十四期“四川国资国企大讲堂”，邀请专家作碳达峰、碳中和有关专题讲座，支招四川国资国企率先突破、引领示范。

2021 年 4 月 30 日，凯盛（自贡）新能源太阳能新材料一期项目在自贡川南新材料产业基地投产点火。项目作为我国西部地区首条光伏玻璃生产线，填补了西南地区缺少光伏玻璃供应商的空白。

2021 年 5 月，《四川省绿色低碳发展形势与展望（2020）：推动绿色复苏，促进低碳转型》出版发行。

2021 年 5 月 18 日，四川省生态环境厅在湖北武汉率先完成全国碳市场第一个履约周期碳排放配额预分配。

2021 年 5 月 18 日，省领导联系指导清洁能源产业机制在成都召开 2021 年度第一次联系会议。

2021 年 5 月 13 日，“碳惠天府”绿色公益平台上线启动仪式举行，同步登录微信、支付宝、微博、抖音等。

2021 年 5 月 18 日，2021 第十七届国际绿色建筑与建筑节能大会暨新技术与产品博览会在成都开幕。大会以“聚焦建筑碳中和，构建绿色生产生活新体系”为主题，中国气候变化事务特使解振华作书面致辞。

2021 年 6 月 1 日，四川省人民政府办公厅印发《四川省生态环境领域省与市县财政事权和支出责任划分改革实施方案》。

2021 年 6 月 4 日，四川川省政府国有资产监督管理委员会印发《关于省属企业碳达峰碳中和的指导意见》，探索构建具有四川国资国企特色的绿色低碳发展模式。

2021 年 6 月 5 日，《四川省人民政府关于建设天府实验室的通知》印发，明确焦零碳能源、资源碳中和、地热及碳汇 3 大研究方向，布局零碳能源系统、高分子低碳循环、地热资源开发等 8 个前沿研究中心，赋能清洁能源（氢能、光伏、储能等）、环保装备、绿色建材 3 大产业赛道。

2021 年 6 月 16 日，金沙江乌东德水电站成功并入南方电网，正式投产发电。

2021 年 6 月 10 日、23 日，四川省分两批组织首次开展 21 个市（州）首次温室气体清单编制成果技术审查。

2021 年 6 月 13 日，四川省发展和改革委员会、四川省能源局印发《四川省“十四五”光伏、风电资源开发若干指导意见》，提出规划建设金沙江上游、金沙江下游、雅砻江流域、大渡河中上游 4 个风光水一体化可再生能源综合开发基地。

2021 年 6 月 18 日，四川省发展和改革委员会印发《四川省园区循环化改造推进方案》，提出到 2025 年 75%的国家级园区和 50%的省级园区实施循环化改造。

2021 年 6 月 28 日，满载乘客的首发列车 D1758 次动车平稳驶出泸州高铁站，向着成都方向飞驰而去，标志着绵泸高铁内自泸段正式开通运营，结束了四川泸州、自贡不通高铁的历史。

2021 年 6 月 28 日，国家领导人向金沙江白鹤滩水电站首批机组投产发电致贺信。

2021 年 6 月 29 日，全省生态环境保护工作会议在成都召开。

2021 年 6 月 30 日，我国首个采用设计施工总承包（EPC）模式建设的百万千瓦级大型水电站雅砻江杨房沟水电站实现首台 37.5 万千瓦机组并网发电。

2021 年 7 月 8 日，中航成都碳中和产业基金合作框架协议签约仪式在天府新城会议中心举行。

2021 年 7 月 12 日，西南石油大学碳中和研究院正式成立并挂牌，设立“天然气绿色开发利用研究中心”“零碳能源系统研究中心”“储能技术研究中心”“二氧化碳高效捕集与绿色转化研究中心”4 个研究中心。

2021 年 7 月 16 日，全国碳排放权交易市场开市，四川企业参与首日交易。

2021 年 7 月 20 日，中国技术经济学会发布由通威新能源牵头编制的中国首个碳中和团体标准《光伏发电站建设碳中和通用规范》和《光伏发电站运营碳中和通用规范》，填补了行业标准空白。

2021 年 7 月 27 日，四川冶控集团有限公司揭牌成立。组建后的冶控集团炼钢规模达 1049 万吨，成为全国最大的短流程炼钢集团。

2021 年 7 月 29 日，四川省林业和草原局印发《四川林草碳汇行动方案》，提出到 2025 年基本建立林草碳汇高质量发展体系。

2021 年 7 月，全国首单区县级碳中和绿色中期票据成功在成都新都区发行，发行规模为 0.66 亿元。

2021 年 7 月 16 日，中国工程院院士四川行暨碳达峰碳中和院士对接会在成都举行。

2021 年 8 月 6 日，四川省发展和改革委员会、四川省能源局印发《四川省公（专）用充电基础设施项目省级预算内基本建设投资补助管理暂行办法》，支持高速公路、城乡公共区域、景区等场所的公（专）用充电基础设施。

2021 年 8 月 18 日，四川省节能减排及应对气候变化工作领导小组对 2021 年上半年能耗双控目标完成情况红色预警的广元市、雅安市、阿坝州 3 个市（州）政府主要负责人进行约谈。

2021 年 8 月 24 日，经四川省推进成德眉资同城化发展领导小组审议通过，四川省生态环境厅印发《成德眉资同城化发展生态环境保护规划》。

2021 年 8 月 24 日，四川省发展和改革委员会召开全省碳达峰碳中和市县工作推进视频会议。

2021 年 8 月 24 日，“2021 年四川省节能宣传周和低碳日、四川省公共机构节能宣传系列活动、四川省节能环保品牌推广全川行活动”启动仪式在成都举行。启动仪式上，四川电力、四川发展、五粮液集团、新希望集团签署《碳达峰碳中和共同行动宣言》，川渝联动发布《节能减碳倡议书》。

2021 年 8 月 25 日，四川省环境政策研究与规划院、省环境保护政策法制研究会、省碳中和技术创新中心、四川联合环境交易所联合举办题为“双碳新时代，转型新机遇”的四川省开启应对气候变化新征程研讨会。

2021 年 9 月 7 日，首届中国数字碳中和高峰论坛在成都举行。开幕式上，《数字空间绿色低碳行动倡议书》正式发布。

2021 年 9 月 18 日，由中国首席经济学家论坛、四川省政府国有资产监督管理委员会、四川省地方金融监管局联合主办的“双城双碳双循环——中国首席经济学家高峰论坛”在成都举行，拉开中国首席经济学家论坛的入川首秀。

2021 年 9 月 23 日，乐山市商业银行在中国人民银行征信中心动产融资统一登记公示系统对碳排放权配额进行质押登记和公示，成功为乐山市五通桥恒源纸业再生利用有限公司发放四川首笔碳排放权质押贷款 60 万元。

2021 年 10 月，兴业银行成都分行向四川环龙新材料有限公司发放一笔 2500 万元的“碳足迹”挂钩贷款，标志着四川省内银行发放的首笔融资成本与企业碳排放表现挂钩的贷款。

2021 年 10 月，蒲江县委社治委发布《蒲江县碳中和绿色生活方式专项规划》，向公众发起绿色低碳生活倡议。

2021 年 10 月 15 日，成都燃气签署《中国城市燃气企业甲烷控排倡议书》。

2021 年 10 月 20 日，四川省碳达峰碳中和工作委员会召开第一次会议。

2021 年 10 月 26 日，第五届国际城市可持续发展高层论坛在成都开幕。论坛以“公园城市迈向碳中和”为主题。

2021 年 10 月 27 日，四川联合环境交易所、四川长江造林局合作共建全国碳市场能力建设（成都）中心凉山基地签约授牌仪式在成都举行。

2021 年 10 月 28 日，中国政府向《联合国气候变化框架公约》秘书处正式提交《中国落实国家自主贡献成效和新目标新举措》。四川的《“光伏村庄”的绿色脱贫新模式》《积极开发农村沼气项目》2 个案例入选作为我国低碳能源体系建设、控制农业温室气体排放成效部分的优良实践案例。

2021 年 10 月 28 日，川渝两地通过视频方式共同召开成渝地区双城经济圈生态环境保护第三次联席会。会上签署《四川省生态环境厅 重庆市生态环境局应对气候变化合作框架协议》。

2021 年 10 月 29 日，以“绿色金融助力‘碳达峰、碳中和’”为主题的 2021 天府金融论坛在成都举行。

2021 年 10 月 30 日，“高新杯”碳达峰碳中和法治保障研讨会暨四川省法学会能源法学研究会 2021 年会召开，成都高新技术产业开发区人民法院、四川联合环境交易所、西南石油大学签署《碳达峰碳中和法治协作保障框架协议》，全省首个“绿色金融巡回法庭 绿色金融诉源治理工作站”揭牌。

2021 年 11 月，成都双流国际机场通过国际机场协会的机场碳排放 3 级认证，成为中国内地第三家、中西部地区第一家通过 3 级认证的机场。

2021 年 10 月 19 日，四川省人民政府办公厅印发《关于深入实施财政金融互动政策的通知》，明确支持绿色金融政策。

2021 年 11 月 2 日，永祥新能源举行二期 5.1 万吨高纯晶硅项目调试开车誓师大会，标志着永祥新能源二期项目全面进入生产运行阶段。

2021 年 11 月 3 日，四川省生态环境厅印发《四川省碳排放权交易市场数据质量监管和碳排放配额清缴工作方案》，启动碳市场首个履约期配额清缴工作。

2021 年 11 月 9 日，首期天府碳资产管理沙龙暨四川省碳市场政策培训举行。

2021 年 11 月 10 日，四川省发展和改革委员会发布四川省“百家”“千家”重点用能单位 2020 年度能耗总量控制和节能考核结果。

2021 年 11 月 10 日，经赤水河省级河长同意，四川省生态环境厅印发《赤水河流域四川段生态环境保护规划（2021—2025 年）》，成为首个专章纳入应对气候变化的流域规划。

2021 年 11 月 24 日，四川省发展和改革委员会公布各市（州）“十三五”能源消耗总量和强度“双控”目标考核结果，自贡、攀枝花、德阳、遂宁、内江、南充、达州、巴中、眉山、资阳 10 市考核结果为超额完成等级。

2021 年 11 月 25 日，四川省第十三届人民代表大会常务委员会第三十一次会议通过《四川省嘉陵江流域生态环境保护条例》，四川首次将应对气候变化融入省级生态环境保护地方立法。

2021 年 11 月 30 日，川渝在重庆九龙坡区、四川成都和内江同时启动成渝氢走廊建设。

2021 年 11 月 30 日，内江氢燃料电池重卡示范线和公交示范线正式投入运营。其中，氢燃料电池重卡示范线是西部首条。

2021 年 12 月 1 日，四川省生态环境厅通过全国碳排放权注册登记系统，首次向纳入全国碳排放权交易市场的 48 户温室气体重点排放单位发放碳排放配额（CEA）和履约通知书。

2021 年 12 月 2 日，中共四川省委十一届十次全会通过《中共四川省委关于以实现碳达峰碳中和目标为引领推动绿色低碳优势产业高质量发展的决定》，提出牢牢把握将清洁能源优势转化为高质量发展优势的着力方向，聚力发展清洁能源产业、清洁能源支撑产业和清洁能源应用产业，加快推动能源结构、产业结构战略性调整，大力促进经济社会发展全面绿色转型，走出一条服务国家战略全局、支撑四川未来发展的绿色低碳发展之路。

2021 年 12 月 2 日，四川省发展和改革委员会、四川省能源局印发《四川省可再生能源电力消纳保障实施方案（试行）》，标志着可再生能源电力消纳保障机制迈出关键步伐。

2021 年 12 月 8 日，四川省人民政府印发《支持绿色低碳优势产业高质量发展若干政策》。

2021 年 12 月 9 日，四川省发展和改革委员会召开碳达峰碳中和专家座谈会。

2021 年 12 月 10 日，四川首家民营银行——新网银行发布《首次环境信息披露报告》，提出建设“碳中和”先行银行。

2021 年 12 月 13 日，联合国开发计划署 Re：Think 2021：城市创新与零碳未来会议在成都举行。

2021 年 12 月 14 日，推动成渝地区双城经济圈建设重庆四川党政联席会议第四次会议召开前，川渝党政代表团在宜宾三江口长江生态公园共同启动成渝地区双城经济圈碳达峰碳中和联合行动。

2021 年 12 月 14 日，全球首个超高海拔光伏实证实验基地——甘孜州正斗光伏实证实验基地启动建设。

2021 年 12 月 15 日，四川省节能减排及应对气候变化工作领导小组办公室通报各市（州）“十三五”控制温室气体排放目标责任评价结果。成都、广元、泸州 3 个市评价结果为超额完成等级。

2021 年 12 月 20 日，中共四川省委全面深化改革委员会第十五次会议审议通过《四川省加快建立健全绿色低碳循环发展经济体系实施方案》。

2021 年 12 月 20 日，成都市人民政府发布《成都市绿色低碳发展报告（2020）》《低碳成都 100 案例》。

2021 年 12 月 23 日，天府永兴实验室在四川天府新区揭牌成立。实验室作为省政府批复建设的天府实验室四个重点实验室之一，是开展绿色低碳领域关键核心技术研究的核心平台。

2021 年 12 月 23 日，四川省人民政府办公厅印发《四川省巩固污染防治攻坚战成果提升生态环境治理体系和治理能力现代化水平行动计划（2022—2023 年）》，提出实施重点行业企业低碳化建设工程、非二氧化碳温室气体控排工程、低碳（零碳或近零碳）试点示范工程。

2021 年 12 月 24 日，四川省经济和信息化厅公布 2021 年省级绿色制造示范单位名单，115 户（个）企业（园区）入围。

2021 年 12 月 28 日，四川省发展和改革委员会印发《四川省节能信用管理办法》，推进节能信用体系建设，惩戒节能领域相关责任主体失信行为。

2021 年 12 月 29 日，成都市第七届青年技能竞赛碳排放管理员项目举行，来自成都大学等 29 家单位 46 支队伍 92 名选手参加竞赛。

2021 年 12 月 31 日，四川累计 46 家控排企业按时足额完成碳排放配额（CEA）清缴履约。按企业数计，履约完成率为 95.8%；按履约量计，履约完成率为 99.7%，均高于全国平均水平。

2022 年 1 月 5 日，四川省绿色低碳优势产业基金出资人签约仪式在成都举行，标志着首期规模 100 亿元、总规模 300 亿元的四川省绿色低碳优势产业基金成功组建、正式运营。

2022 年 1 月 7 日，成都市节能减排及应对气候变化工作领导小组办公室印发《关于表彰 2021 年度“碳惠天府”机制建设先进单位和贡献单位的决定》。

2022 年 1 月 10 日，全国首个省级新型电力系统研究平台——四川省新型电力系统研究院揭牌成立。

2022 年 1 月 12 日，四川省人民政府印发《四川省“十四五”生态环境保护规划》。

2022 年 1 月 18 日，四川省人民政府工作报告首次将“有序实施双碳战略”作为全省四大重点工作，要求加快发展绿色低碳优势产业，有序推进碳达峰碳中和。

2022 年 1 月 21 日，四川省多措并举降低碳市场清缴履约成本研讨会暨天府碳资产沙龙（第二期）在成都举行。

2022 年 1 月 22 日，普光气田天然气累计产量突破 1000 亿立方米，成为我国首个达到千亿方的高含硫气田。

2022 年 1 月 25 日，通威太阳能眉山公司成为眉山市首家百亿企业授牌仪式在眉山基地隆重举行。

2022 年 2 月 9 日，四川林业集团有限公司正式成立，旨在建设国内一流的综合型林业集团。

2022 年 2 月 10 日，生态环境部、国家发展改革委、重庆市人民政府、四川省人民政府印发《成渝地区双城经济圈生态环境保护规划》。

2022 年 2 月 10 日，成都市金堂县整县屋顶分布式光伏开发试点县项目开工仪式在成阿商务中心举行。

2022 年 2 月 12 日，四川天府新区正式启动公园城市标准化综合试点。

2022 年 2 月 15 日，重庆市人民政府办公厅、四川省人民政府办公厅印发《成渝地区双城经济圈碳达峰碳中和联合行动方案》。

2022 年 2 月 24 日，阿坝州委读书班专家授课暨州委理论学习中心组学习（扩大）会议在马尔康市举行。

2022 年 2 月 23 日，2022 四川省—巴伐利亚州高层对话会在成都举行。

2022 年 3 月，雅安市印发《雅安市“低碳贷”实施方案》《雅安市工业和信息化领域绿色企业（项目）认定管理办法》。

2022 年 3 月 2 日，眉山市青神生态环境局下达行政处罚决定书，对青神华力塔基热电有限公司未按时足额完成首个碳市场履约周期清缴进行处罚，标志着四川首个碳市场、首个应对气候变化执法案件诞生。

2022 年 3 月 2 日，四川省经济和信息化厅办公室印发《四川省重点领域企业节能降碳工作方案（2022—2025 年）》。

2022 年 3 月 3 日，四川省人民政府印发《四川省“十四五”能源发展规划》，提出高质量打造国家清洁能源示范省和全国优质清洁能源基地。

2022 年 3 月 4 日，十三届全国人大五次会议四川代表团在驻地举行小组会议，讨论通过 18 件四川代表团建议，包括关于加快推进川渝能源保障一体化建设的建议，关于支持四川绿色低碳优势产业高质量发展的建议，关于支持四川优化调整能源结构推动实现碳达峰碳中和的建议，关于加快启动西藏、西北电力入川通道建设的建议，关于将水电纳入全国绿电交易范围的建议。

2022 年 3 月 16 日，成都市发出广泛使用“碳惠天府”微信公众号及小程序的倡议。

2022 年 3 月 10 日，成都市印发《成都市近零碳排放区试点建设工作方案（试行）》。

2022 年 3 月 14 日，《中共四川省委 四川省人民政府关于完整准确全面贯彻新发展理念做好碳达峰碳中和工作的实施意见》印发。

2022 年 3 月 15 日，四川省林业和草原局印发《关于开展林草碳汇项目开发试点的通知》，启动林草碳汇项目开发试点。

2022 年 3 月 15 日，四川省级工程技术研究中心——四川省光伏建筑一体化系统工程技术研究中心揭牌。

2022 年 3 月 16 日，省生态环境保护委员会第三次会议暨省生态环境保护督察工作领导小组 2022 年全体会议召开。

2022 年 3 月 18 日，四川大学举行第二轮“双一流”建设推进大会，成立碳中和未来技术学院、智能科学与技术学院。

2022 年 3 月 18 日，我国海拔最高的百万千瓦级水电站——雅砻江两河口水电站最后一台机组正式投入商业运行。

2022 年 3 月 18 日，国网四川最大单体充电站成都龙泉驿十陵充电站正式投入商业运营。

2022 年 3 月 21 日，泸州市 2022 年“世界森林日”主题活动暨“绿芽低碳森林”启用仪式在纳溪区举行。

2022 年 3 月 22 日，进出口银行四川省分行通过购买成都市“碳惠天府”机制碳减排量（CDCER），实现自身营运碳中和，标志着进出口银行成为全国首家开展经营活动碳中和的政策性银行。

2022 年 3 月 22 日，川投集团和东方电气集团在成都签署战略合作协议，助推我省绿色低碳优势产业高质量发展。

2022 年 3 月 25 日，由四川省人民政府主办，四川省四川生态环境厅、省经济合作局承办的四川省节能环保产业暨环保基础设施招商会在成都举办。

2022 年 3 月 25 日，宁德时代宣布，全球知名认证机构 SGS 为四川时代颁发 PAS2060 碳中和认证证书，宁德时代宜宾工厂成为全球首家电池零碳工厂。

2022 年 3 月 28 日，洪雅县林业局增挂“洪雅县森林碳汇管理局”牌子，成为四川首个森林碳汇管理局。

2022 年 3 月 30 日，四川省人民政府办公厅印发《“电动四川”行动计划（2022—2025 年）》。

2022 年 3 月 30 日，成都市召开碳达峰碳中和工作领导小组第一次全体会议，要求抢抓绿色低碳发展新机遇，以空间、产业、交通、能源“四大结构”优化调整为牵引，努力走出一条服务国家战略、厚植城市发展优势的绿色低碳之路。

2022 年 3 月 30 日，四川省绿色发展促进会“双碳”专委会成立“T20 双碳行动联盟”，举办碳达峰近零排放行动沙龙，发布《碳达峰近零排放行动倡议书》。

2022 年 4 月 1 日，267 辆中通新能源客车交付绵阳市公共交通集团公司仪式举行。

2022 年 4 月 6 日，雅安市宝兴县法院在审理的一起盗伐林木案中，6 名被告人通过四川联合环境交易所自愿认购 24 吨的“碳汇”用于盗伐林木行为的替代性生态修复。该案是四川省首例引入“碳汇”理念开展修复性司法案件。

2022 年 4 月，成都首个近零碳建筑——中建滨湖设计总部（中建低碳智慧示范办公大楼）建成。

2022 年 4 月 14 日，四川省碳达峰碳中和工作委员会办公室召开四川省严厉打击碳排放数据造假行为电视电话会议。

2022 年 4 月 24 日，成都巴莫科技有限责任公司获得国际权威机构 SGS 颁发的达成碳中和宣告核证声明证书，全球首家碳中和正极材料生产基地诞生。

2022 年 4 月 24 日，四川省发布《四川省近零碳排放园区试点建设工作方案》，启动省级近零碳排放园区试点。

2020 年 4 月，剑阁县林业局成立剑阁县森林碳汇事务中心。

2020 年 4 月底，四川省首个市级交通运输领域碳中和研究中心——巴中低碳交通研究中心正式揭牌成立。

2022 年 5 月 7 日，四川省发展和改革委员会、四川省能源局印发《四川省“十四五”可再生能源发展规划》，提出加快构建以水电为主、水风光多能互补的可再生能源体系，加快建成世界级优质清洁能源基地。

2022 年 5 月 10 日，四川省第一个、全国第二个县级碳汇管理局——眉山市洪雅县森林碳汇管理局挂牌成立。

2022 年 5 月 11 日，成都产业投资集团有限公司、成都环境投资集团有限公司成立成都绿色低碳产业投资集团有限公司，注册资本为 20 亿元。

2022 年 5 月 17 日，产品碳足迹赋能四川省绿色低碳优势产业高质量发展研讨会在成都举行，四川省节能协会和成都亿科环境科技有限公司启动产品碳足迹服务平台。

2022 年 5 月 20 日，首次举办的四川省绿色低碳优势产业专场网络招聘会在成都人才网正式启动，全省 72 家单位共提供 1436 个岗位。

2022 年 5 月 30 日，成都市政府、攀枝花市政府、阿坝州政府、甘孜州政府、凉山州政府协同推进绿色低碳优势产业高质量发展合作协议签署仪式在成都举行。

2022 年 5 月 20 日，经济和信息化厅绿色低碳发展领域专家服务团走进巴中。

2022 年 6 月 2 日，绵阳公交集团发布“碳惠绵州”积分系统。

2022 年 6 月 5 日，成都市明确，将每个月 5 日设为绿色低碳出行日，全天持天府通卡乘客在轨道交通全线网乘车 8 折优惠，持天府通卡在中心城区“5 + 1”区域乘坐常规公交线路免费。

2022 年 6 月 7 日，四川省林业和草原局印发《四川省林草碳汇发展推进方案（2022—2025 年）》，要求防控资源无序圈占、盲目开发、弄虚作假等风险。

2022 年 6 月 15 日，四川省生态环境厅在四川天府新区举行四川省 2022 年全国低碳日活动。活动现场，正式发布《2021 年四川省应对气候变化 10 大事记》《四川省碳达峰碳中和跟踪研究报告（2022）》。

2022 年 6 月 14 日，“碳排放管理员和碳资产管理机构规范培育”的天府碳资产沙龙（第三期）在成都举行。

2022 年 6 月 14 日，2022 首届西南产业“双碳”发展会议暨“CARBON TALK 共创低碳财富”碳中和会议召开，举行西南碳中和产业联盟启动仪式。

2022 年 6 月 15 日，首次四川省气候投融资研讨会在四川天府新区举行。

2022 年 6 月 15 日，四川机场集团联合四川航空公司，分别从成都天府机场、成都双流机场同时起飞 3U6933、3U8963 全流程碳中和航班。

2022 年 6 月 17 日，宜宾市在三江新区举行 2022 年节能宣传周暨近零碳排放园区创建启动仪式。

2022 年 6 月 21 日，四川省职业技能鉴定指导中心联合重庆市职业技能鉴定指导中心以视频会议形式召开《碳排放交易》《碳排放核算》《碳排放核查》《碳资产管理》《碳资产评估》《碳排放审计》六个专项职业能力考核规范专家评审会。

2022 年 6 月 30 日，全国碳市场能力建设（成都）中心江西基地及江西基地实训中心揭牌仪式在江西南昌举行。

2022 年 6 月 30 日，测试、检验和认证机构 SGS 为宜宾锂宝新材料有限公司颁发 PAS 2060 碳中和宣告核证证书，宜宾锂宝成为正极材料领域全球领先的“零碳工厂”。

2022 年 7 月，宜宾市“碳大脑”智慧平台项目全面建设完成，进入试运行阶段。智慧平台将实现“看碳、析碳、降碳”三大功能。

2022 年 7 月 5 日，四川省节能减排及应对气候变化工作领导小组办公室印发《四川省 2022 年应对气候变化行动计划》。

2022 年 7 月 21 日，四川省人民政府印发《四川省“十四五”节能减排综合工作方案》。

2022 年 7 月 21 日，2022 世界动力电池大会在宜宾市召开，大会主题为“智汇绿色动力 创享低碳未来”。论坛现场举行了“四川省动力电池产业创新中心”、“四川省新能源汽车先进动力技术创新中心”授牌仪式以及动力电池项目签约仪式和“揭榜挂帅”科技项目签约仪式。

2022 年 7 月 21 日，空中客车飞机全生命周期服务项目动工动员大会在成都举行。

2022 年 8 月 4 日，中共四川省委、四川省人民政府印发《美丽四川建设战略规划纲要（2022—2035 年）》，提出建设“绿色低碳经济发展试验区”，打造中西部地区最具经济活力的新兴绿色增长引擎。

2022 年 8 月 4 日，四川省经济和信息化厅、四川省财政厅印发《关于落实省政府〈支持绿色低碳优势产业高质量发展若干政策〉的通知》，明确将组织推荐一批绿色低碳优势产业重点园区、绿色低碳优势产业重点项目、节能降碳项目、绿色园区（低碳化、循环化改造）、绿色工厂（低碳化、循环化改造）、重点领域关键核心技术揭榜任务攻关项目、绿色低碳优势产业制造业创新中心、首台（套）推广应用、高成长性优质企业股权投资、新建大型超大型数据中心补助项目等。

2022 年 8 月 19 日，主题为“探索近零碳路径，促进高质量发展”的四川省近零碳排放园区建设咨询会在成都举行。

2022 年 8 月 22 日，四川省生态环境厅、经济和信息化厅公布四川省近零碳排放园区试点名单，天府总部商务区总部基地、成都经开区绿色汽车产业园、宜宾三江新区东部产业园等 17 家园区纳入试点。

2022 年 8 月 19 日，四川省 17 家科研院所、行业组织、投融资机构和咨询服务机构联合发布全国首份近零碳排放园区倡议——《关于科学建设近零碳排放园区的倡议》。

2022 年 8 月 27 日，四川省人民政府、工业和信息化部共同举办的 2022 世界清洁能源装备大会在德阳举行。大会设置主论坛及八大主题分论坛、清洁能源装备展览会、清洁能源装备特色小镇展示等活动。

2022 年 8 月 27 日，“成（都）德（阳）高端能源装备集群”国家级先进制造业集群正式启动建设。